赢得生意

做穿越周期的幸存者

观因 韩长生 著

中信出版集团｜北京

图书在版编目（CIP）数据

赢得生意：做穿越周期的幸存者 / 观因，韩长生著 .
北京：中信出版社，2025.1. -- ISBN 978-7-5217
-7174-9

Ⅰ . F724.6

中国国家版本馆 CIP 数据核字第 2024LK3279 号

赢得生意：做穿越周期的幸存者
著者： 观因 韩长生
出版发行：中信出版集团股份有限公司
（北京市朝阳区东三环北路 27 号嘉铭中心　邮编　100020）
承印者： 北京通州皇家印刷厂

开本：880mm×1230mm 1/32　　印张：10　　字数：219 千字
版次：2025 年 1 月第 1 版　　　　　印次：2025 年 1 月第 1 次印刷
书号：ISBN 978-7-5217-7174-9
定价：69.00 元

版权所有·侵权必究
如有印刷、装订问题，本公司负责调换。
服务热线：400-600-8099
投稿邮箱：author@citicpub.com

目 录

本书所获赞誉　　　　　　　　　　　　　　　　Ⅲ
推荐序 / 俞朝翎　　　　　　　　　　　　　　　Ⅶ

第一章　"变"出来的增长　　　　　　　　　　　001
　　　　企业三思：思危、思退、思变　　　　　003
　　　　企业经营的"上三路"：使命、愿景、价值观　019
　　　　企业不同阶段的文化特征及组织特征　　　043

第二章　心与魂：企业生存的基石　　　　　　　067
　　　　阿里生死关头的文化提炼　　　　　　　069
　　　　企业如何找到自己的心与魂　　　　　　082
　　　　组织如何"上下一条心"　　　　　　　　094
　　　　创业期的生存文化构建　　　　　　　　104

第三章　知与行：企业升级的引擎　　　　　　　117
　　　　阿里最重要的一次组织升级　　　　　　119
　　　　文化如何从"同心"到"同行"　　　　　138
　　　　如何用"刚"的制度落地"柔"的文化　　153

	什么是真正的"懂业务"	176
第四章	**攻与守:激活业务活力**	**197**
	走出盲区,成就千亿市值	199
	从业务中来,到业务中去	207
	树立标杆,助推业务	225
	复盘迭代,历久弥新	236
第五章	**破与立:企业生生不息的不二秘诀**	**243**
	文化涅槃:阿里巴巴的破与立	245
	文化的分蘖与破立	260
	企业文化是组织之"道"	271
附录	**对谈:被文化逼出来的长期主义**	**281**
后记		**299**
致谢		**305**

本书所获赞誉

关明生　阿里巴巴前总裁兼首席运营官

企业文化不是道德观念,而是企业的游戏规则,它是一个生态系统,决定了我们为谁带来价值主张,是我们经营这番事业的初心。从长期来看,它决定了企业的发展和兴衰。希望这本书会对企业有所帮助。

吴晓波　财经作家

所有伟大的公司都不来自一个既定的"蓝图"。纵观阿里的发展,总是呈现出波浪式增长曲线,起伏随时会发生,不可捉摸、无所不在,每一条都有可行性,但是每一条也都可以被证伪。所以,决定其成功的,与其说是战略的英明,不如说是价值观认同和强悍的执行文化。我认识观因多年，她曾以局内人之姿身处其中，转换视角后又得以纵览其中奥秘，深度解剖，原汁呈现，相信她的这本新书可以帮助企业唤醒组织赢的本能，创造赢的状态与局面。

贾伟　LKK 洛可可咨询设计集团创始人、
董事长，艺术家，《产品五品》作者

今天，无论是实体产品，还是服务类产品，要想打动用户，从众多产品中脱颖而出，就要被赋予独特的用户观、价值观、世界观，产品才会有灵魂，才能实现作品、制品、用品、商品、废品这五个价值，这也是我多年来做产品的心得。

产品如此，企业也是如此。要让企业拥有独特的活力，迸发出无穷的创造力，就要赋予其独特的价值观与文化体系，从"产品三观"到"产品五品"，将企业从单纯的连接方式变成一个有温度的生命体，才能不断孕育出好产品。

作者在企业管理方面有多年的研究经验，对企业如何建立起自己的文化观与生命力有自己的心得，相信这本书会对企业的发展有所裨益。

贺学友　阿里中供铁军前销售战神，驿知行创始人

企业顺境增长靠实力，逆境增长靠心力。在同质化严重的市场环境下，企业的竞争最后都会进入心力层面，哪个企业的心力更强大，敢于逆风作战，哪个企业的心思更细腻，善于发现客户需求，这个企业就更有机会在市场竞争中赢。而企业的心力则源于企业的文化。企业有"赢"的文化，才会有"赢"的结果。观因是我在中供的老战友，我们一起打赢过很多逆风战。对于如何建立"赢"的文化，她有比较多的方法论，相信一定能帮助到你的事业。

朱仁华　之江商学院执行院长

观因老师是之江商学院的首席顾问，给我们企业家学员上课，课后获得一致好评。她对企业文化及文化引领下的公司发展颇有研究和实战心得，不愧为在"大厂"（阿里铁军）历练并实战出来的，因此有不少企业家尊称并聘请她为"企业发展顾问"。观因老师做人特别诚实，做事特别认真，这本书是她两年不分昼夜付出的成果。相信这本书可以让更多企业管理者获益匪浅，并成为更多企业的"发展顾问"。

徐莉俐　麻省理工学院 u. lab 实验室中国合伙人，香港理工大学数字经济研究中心数字生态组主任

组织发展是战略的孪生姐妹，一体两面，同等重要。尤其在当下破坏性变革层出不穷的时代，原有的边界和框架不断被打破，组织和系统思考变得尤为关键。如何能够守正出奇、与时俱进？观因把名师的指导和多年的一线实践经验毫无保留地分享给我们，让我们在混沌中拨云见日，何其幸也。

推荐序

俞朝翎

创业酵母创始人、阿里巴巴前全国 B2B 直销总经理

我于 1999 年加入阿里巴巴，是最早加入阿里的员工之一。一路走来，从一线销售员开始，到销售管理者，再到大"政委"[①]，一直到中供全国总经理，管理 6000 多人的团队，我在阿里干了十三年。十三年历程，经历颇多，让我凝练出自己的一套关于企业治理、组织打造、业务增长的体系。而"中供铁

[①] "政委"是阿里巴巴 HR（人力资源）的一种。阿里巴巴的 HR 分职能型 HR 和业务型 HR，后者即"政委"。"政委"主要负责文化的宣导和坚守、组织和人才的发展等，是既懂人力资源管理又懂业务的"通才"。"政委"和 HRBP（人力资源业务合作伙伴）的区别是：HRBP 从理论到实践均源自国外，属于 HR 三支柱理论体系下的概念。而"政委"体系土生土长在阿里巴巴。它们的共性是基于企业发展和业务需求倒逼，突破传统六大模块的人力资源管理创新。

军",也成为我人生的一大标签。走出阿里后,我投身企业教育行业,帮助发展期企业解决所遇到的种种问题。

在辅导企业的过程中,我发现一个现象,很多管理者会觉得管理很难、很累、很无趣。有些管理者,甚至索性放弃管理,直接自己干。这种做法是不可取的,因为人力终究有穷尽,靠一个人单打独斗是难以持续的。之所以会出现这种情况,我认为原因出在管理者没有建立起正确的管理认知。在多年的管理实践中,我认为"带团队就是带人心,建公司就是建文化",明白这个道理,无论是带团队,还是管公司,都会轻松很多。

我在我的个人著作《干就对了——业绩增长九大关键》中提到业务管理三大黄金法则,其中有一条就是"状态＞习惯＞流程＞技能＞工具",当一个人的状态/心态不行的时候,再好的流程、技能、工具都是无效的。因为心是一个人的发动机,发动机不行了,轮胎再好也没用。而团队是由一个个的人组成的,要带好团队就是要带好人心。作为管理者,要学会识人,学会了解下属内心所想、所需、所感,并据此调整每个人的状态,激发他的"心",让员工的内心感受到温度,这样才会迸发出无穷的战斗力。

小团队是这样,那大团队的"心"是什么呢?就是企业文化。一个人的动力源泉是他的心,一家公司的动力源泉就是企业的文化。我在向企业分享管理体系的时候绘制过一张工具图,将整个企业的治理结构绘制其上,称之为酵母管理天地图。该图将企业体系分为头、腰、腿三个部分,其头部就是由使命、愿景、价值观组成的企业文化。因为文化是企业治理的核心，有了文化才会有战略，有了战略才有具体的业务模式、组织架构、各种流程制度。所以一个公司要保障体系的完善、一致，就一定要从文化入手，有了统一的文化体系，其他的体系就有了主心骨，管起公司来就不会散乱、没有章法。

现今是一个供应大丰富的时代，不少产业都处于需求停滞、供应饱和的状态，商业从增量竞争演变为存量竞争，企业的生存变得艰难起来。在相同赛道里，如何赢得这场生意？如何不下牌桌？我想这是每位管理者都在冥思苦想的问题。当一个问题难以从外部找寻答案的时候，从内部着手往往会有不一样的效果。现今，模式、市场的红利虽已经所剩无几，但组织效能的红利还是比较大的。在同样的市场，谁的创新更多一点，谁的效能更高一些，谁就能赢得生意，留在牌桌之上。要想让企业更有活力、更具效能，就需要企业拥有自己独特的"心"，也就是企业文化，因为企业文化是企业穿越周期、克服逆境的动力之本。我在几十年的职业生涯里，无数次见证过这个道理。

那么如何建文化，如何通过文化增强企业效能？我想，这本书可以给您一些启发。本书作者观因作为阿里巴巴的第一代"政委"，是阿里最早期企业文化的见证者、建设者，离开阿里后，也陪伴过大中小不同规模的企业成长，帮助不同企业落地过企业文化，从而让企业焕发出非凡的活力与创新力。这本书是她在文化治理方面多年的结晶，我想会给不少希望赢得生意、发展人的企业朋友一些启发。

第一章
"变"出来的增长

随着中国经济的发展,企业管理教育的普及,"企业文化"一词逐渐深入人心,越来越多的企业经营管理者意识到企业文化的重要性。但在企业中,企业文化到底扮演着什么样的角色,发挥什么样的作用?企业文化作为一个体系,由什么构成,其内涵和定义到底是什么?随着企业的发展,企业文化在不同阶段是什么样的?对于这些问题,可能不少企业经营者并没有深入了解。所以在本书的第一章,我们将结合一些企业的变革案例,讲述企业文化在企业发展中所发挥的作用,然后我们会展开讲到企业文化的三个重要组成部分——使命、愿景、价值观的定义与标准,以及企业在不同阶段的文化特征与组织特征,让大家更加深入地了解企业文化,以便更容易理解后文关于实操落地的内容。

企业三思：思危、思退、思变

电视剧《大明王朝1566》中，有句著名的台词："做官要三思。……三思就是思危、思退、思变。"其实做人亦如此。人生在世，要保持对危险的觉知，能及时发现潜在危险。发现危险后要敢于主动退步，留出缓冲的空间。有了缓冲之后，就要变一种思路去解决问题。这样人生虽有曲折，但最终会走得比较远。

做企业也要三思，一帆风顺时要"思危"，能看到风险。利欲熏心，盲目追求利润，最终被风险吞噬的企业不在少数。"思危"能够让人感知到当前行业已经到达顶峰，即将衰退，或某项投入实际上已经失败，这时就要"思退"，勇于退出，不要留恋当前利润或沉没成本。而"思退"并不是为了退，而是为了给"思变"留足空间，要通过变革发现新的机会，再造增长动力。如此企业才能持续地"赢"得生意。

近年来，电商平台之争进入白热化阶段，京东、抖音、拼多多等平台不断放大招，攻向对手要害。在此之际，关于电商平台的先手者、老大哥——阿里"式微"的舆论不绝于耳。但阿里巴巴集团2024年11月15日公布的2025财年第二季度（自然年2024年第三季度）业绩显示，整个集团该季度收入为2365.03亿元，同比增长 5%，经营利润为 352.46 亿元，同比增长 5%；其中作为电商主战场的淘天版块（淘宝与天猫）也实现了营收的增长，而平台上的高净值用户"88VIP"会员数同比双位数增长，总数已经达到 4600 万。更加喜人的还有海外市场，2024 年"双十一"期间，淘宝的销售额在泰国增长 40%，在澳大利亚增长近 30%，海外新用户增长了一倍。除却淘天，阿里另一大版块阿里云的收入也实现了 7% 的同比、11.5% 的环比增长。"式微"之言不攻自破。而这些结果的背后离不开这一年多来阿里不断尝试的"变"。

2023 年，阿里巴巴在第二个"本命年"之际开始了近年来规模最大的一次组织变革，对原有的大集团进行了名为"1+6+N"的拆分。"1"是指阿里巴巴集团的上市公司主体，"6"是指 6 个业务集团（云智能、淘天、本地生活、国际商业、菜鸟、大文娱），"N"是指多家独立的业务公司。拆分出来的公司可以独立融资、上市，以此提升不同单元的战斗力。

同年 9 月，阿里巴巴"十八罗汉"之二的蔡崇信与吴泳铭分别担任阿里巴巴集团董事会主席与集团 CEO 职务，并明确了阿里巴巴"用户为先、AI（人工智能）驱动"的战略重心，将业务重心聚焦在阿里云和电商版块。在 AI 和云方面，集团不断重磅投入在基础设施上，并引进了新一批关键人才。以 AI 相关产品为主的阿里云在 2024 年第三季度实现了 7% 的同比增长，其利润则为阿里各版块中增长最快的。在电商端，淘系一方面主动放弃了"价格战策略"，在用户体验上不断投入，另一方面也不断推动海内外一体化，向海外不断伸出触角。同时淘系也开始全面 AI 化，推出各种 AI 工具，提高效率。前文提到的淘系高净值用户增长、海外市场增长即为这一系列动作的结果与回报。2024 年 11 月，阿里 CEO 吴泳铭发布全员邮件，宣布进行新的组织架构调整，将淘天、国际商业、1688、闲鱼等电商业务合并至阿里电商事业群统一管理，开始新一轮的变革。

变革是沉重的。寥寥数言，看似简单，但对阿里而言，这场变革带来的是从帅到将到士的大型人事调整，带来的是将过去投入时间、精力、金钱的业务直接放弃，带来的是将重心投入新的未知战场。变革是高雅的叫法，俗的叫法应该叫"折腾"。折腾历来是不被人喜欢的，那么为什么要做如此大的折腾呢？简而言之，就是要避免组织因为惯性而僵化，通过折腾让组织重新恢复活力与敏捷，适应新的环境。而这并不是阿里巴巴第一次做这么大的变革，在上一个"本命年"2011 年，阿里也开展了一次以"拆"为主题的变革。先是将淘宝"一拆三"——拆分为三个相互独立的公司，即淘宝、淘宝商城（后来的天猫）和一淘网，目的是更有效、精准地服务客户。随后又对大集团进行拆分，拆出了淘宝网、一淘网、天猫商城、聚划算、阿里巴巴国际业务、阿里巴巴小企业业务和阿里云计算，形成七大事业群体系，又被称为"七剑下天山"。半年后，阿里巴巴又进行了更大规模的拆分，拆出了 25 个事业部，事业部之间彼此赛马，希望赛出更能应对未来复杂市场环境的业务与人才。这次组织拆分被马云称为"阿里巴巴成立 13 年来最艰难的一次组织变革"。阿里妈妈事业部、本地生活事业部等就是在这次调整中出现的。

彼时彼刻，恰如此时此刻。

为什么阿里巴巴两次在"本命年"之际发起如此大规模的自我变革？其实都是因为公司层面已经感受到了危险，开始"思危"。2011年的阿里巴巴已经是一个集团化的企业，是中国互联网业的领头者之一，但连续发生的"黑名单事件""十月围城"等（在后文中会有详细叙述）给领导层敲响了警钟，公司开始"思退"，停下对业绩的疯狂追求，思考企业经营的"本心"，回归"客户价值"。阿里巴巴最终"思变"，开始不同方式的变革，重新开始生长。2024年4月，在变革开始一周年之际，马云在阿里巴巴内网发文道："这一年最核心的变化，不是去追赶KPI（关键绩效指标），而是认清自己，重回客户价值轨道。我们向大公司病开刀，从一个决策缓慢的组织重新回到效率至上、市场至上，重新让公司变得简单和敏捷。"

现在如此，当时也如此。

大概从PC（个人计算机）互联网时代起，商业世界不再是确定性的时代，而移动互联网则将不确定性彻底引爆，随后的智能时代直接将确定性打进了坟墓。从此，想依靠一份详尽的战略规划书、一项核心技术、一些管理方法就一劳永逸的时代成为过去。企业要发展，必须"变"，变革成为新商业时代的主流。战略要经常迭代，产品要经常创新，组织要经常变革，稍有懈怠就会被甩下时代的列车。创业进入"变"时代，只有常变才能常新，常新才能长青。这就是阿里巴巴经常进行组织变革的原因。不仅阿里巴巴这样，字节跳动、小米、腾讯等公司也都经常进行变革。像小米，仅在 2021 年就进行了 30 多次不同程度的组织调整。

两个变革失败的案例

变革的重要性不言而喻，人人都想变革，但变革本身就是一个充满不确定性的事件，变革成功者寥寥无几，失败的才是大多数。我曾经与一家公司有深入接触，这是一家人力服务型企业，发展多年已经成为这个行业的领导者，也是这个行业首批上市的公司之一，客户遍布全国。这个行业的特性是现金流极好，利润率也比较高，但天花板很低。当业务达到一定规模之后，再想上一个台阶就需要大量加人，而加人则会带来大量的管理成本。该公司的创始人其实很早就意识到了这个问题，一直都在尝试创新，推出新的业务。每次国家有什么新政策，市场有什么新风口，他都会立马去研究，推出相关的业务。从"制造 4.0"到"人工智能"，从"SaaS"（软件即服务）到"大模型"，他们不放过任何一个机会，同时做相应的宣发，进行舆论造势，再配合资本运作，公司股价一路飙升，最高时达到了上市时的 5 倍。但落到具体动作上，每次都是换汤不换药，用老业务填充新概念推出去。若干年过去，该公司所发布的新业务没有一个存活超过一年的，公司也没有长出新能力，最终资本市场给出了反馈，股价破发，跌回到上市时的价格，其行业龙头的位置也被后起之秀替代。

还有另一家公司曾经找我做咨询，这家公司是某电器类目当之无愧的龙头企业，是这个类目的开创者，一手线下渠道策略炉火纯青，每年创造出20亿元的营收。但电商时代开启之后，后来者借助电商红利迅速占据了不少市场份额，而这家公司过去所依赖的线下营销的成本则越来越高，于是企业的利润越来越低。好在企业总经理的敏锐度还不错，早早意识到这个问题，并尝试进行变革。既然是变革，自然会遇到组织问题，于是经朋友牵线，这位总经理找到我进行了几次沟通。在一对一的沟通中，我对他的印象还不错，年轻有为（为公司的第二代总经理）、有激情、有想法、有干劲，似乎能做成一些事情，于是我表示可以再深入接触一下，看看能否进行合作。我习惯在开始合作之前到企业里去看看，看看大家的工作状态，与更多的企业人员聊聊看法，去闻闻"味道"、摸摸"土壤"，以便更好地进行合作。但不看不知道，一看吓一跳，正是这次企业之旅让我停止了这次合作。

这家企业因为是以生产起家，所以整个企业都在工业区。于是我们驱车从市区出发，越开越远，越开越偏，周边越来越荒凉。终于到了地方，我发现这家企业的大门是传统工厂的那种伸缩门。保安打开门之后我们便进到里面。进去之后下车来看，四面是厂房，因为年久，外墙已经稍微泛黄，但红色的企业文化标语还很醒目，写着客户价值、学习、高效、创新等六条企业价值观。但引导人并没有为我介绍，就直接将我引到了会议室里，会议室里已经有人落座，各自在处理自己的事情。时间到了之后，又陆续有几名人员入场。

会议的具体内容就不赘述了，但给我的感觉就是与会人员在真正重要的事项上很难达成一致，即使是对现状的陈述也意见不一。比如聊到组织架构、汇报关系，公司是区域中心制还是产品中心制，大家总会争论不休。后来我让他们拿纸笔画下来，结果起码画了三种组织架构出来，每一种在细节上又有一些不同。在讨论到业务规划时，他们又争论起来，有人认为现有产品体系的未来空间不大，要尽早研发新的体系；有人则认为现在的产品体系已经是市场头部，还能继续赚取不少利润，要继续做下去。有争论很正常，但我察觉到一个信息，讨论中发言的以老管理者为主，年轻的管理者很难插上话，即使偶有发言也很轻易地被盖过去。

这是会上的情况，会后的发现更让我对这次合作打了退堂鼓。会后我在园区中找了几位员工，想让他们帮我介绍一下企业文化价值观的具体内容。但没想到他们连价值观的基本条文都说不上来，更别说具体内容了。可见这家公司的价值观只是在企业的墙上挂着，没有走下来过。若是哪天企业迁址，如果不翻阅文字材料，可能价值观都要被遗忘了。

基于种种观察，我觉得这家企业还没有变革的基础，它的文化氛围支撑不了变革带来的动荡。最后我向总经理表达了我的想法，现在还不是合作的时机，并且建议他把业务上的变革放一放，从隐性的文化角度上看一看。总经理表示理解，但业绩压力在前，后续我也没有听到他们在文化上有哪些动作，依然围绕业务去做尝试。再后来，随着线上流量的崛起，这家企业的市场份额被大幅度抢占。而此时再去做线上拓展，已经错过了最佳时期，因为此时的线上竞争也进入白热化阶段，流量成本与线下相比不遑多让。最终，这家企业进行的若干次线上尝试也都以失败告终。看着曾经的行业开拓者、领军者这样一步步衰落，属实令人唏嘘，但也无可奈何。

这家企业的失败，从表面来看是因为对线上运营的认知出现了偏差，认为线上运营只是多了一个销售渠道而已，只在前线配置一个线上团队，把线下的打法挪到了线上，其他都大同小异。但其实从业务链路到商业模式、从人才画像到组织架构，线上和线下千差万别，可以说除了法人一样，其他都是不一样的。

这是我亲身经历过的两个真实案例，两家企业都是细分行业的龙头，创始人都保持着商业的敏锐度，也在"思危、思退、思变"，但为什么都以失败告终？俗话说"船小才好调头"，相比这两家细分行业龙头、每年有十几二十亿元营收的企业而言，年营收8000多亿元、员工数十万的阿里无疑是一艘巨船。为什么阿里相对容易且成功地进行了多次变革？背后的原因是什么？中小企业要学习哪些内容、建立怎样的体系才能不断灵活地进行自我变革，在如今"爆炸式"的商业生态里存活下来？这是本书要讲述的内容。接下来我们就简析一下阿里多次成功变革背后的原因。

阿里变革成功的原因

"主动找罪受"：在问题暴露之前行动

变革是痛苦的，意味着你必须放弃既有的东西，揭开旧伤疤才能长出新肉；变革也是不确定的，计划再周全也会有各种意想不到的问题，没人敢打包票一定会成功。所以，"多做多错，不如不做"，最后实在不行了，再被时代逼着开始变革是大多数人的想法。但阿里不是，阿里的变革大多是在问题暴露之前自己发起的，主动给自己找点"罪"受。主动变与被动变虽然都是在变，但性质完全不一样。主动变是"迭代局"，即使不成功，有一些亏损，但无伤大体，还有再来一次的机会，心态会比较稳。被动变是"生死局"，不成功就会死，心态就会急，在具体操作上会更慌乱，因为没有任何容错空间，每一步都必须成功，但往往越慌乱就越容易出错。

古人云：天晴修屋顶，下雨练内功。

那么阿里是如何建立这种"主动找罪受"的意识的呢？其实从一开始，变革的思想就融入阿里的基因了。在最早的阿里价值观"独孤九剑"中，很重要一条就是"创新"。不创新，毋宁死。

阿里价值观"独孤九剑"中"创新"对应的行为标准
1分：适应工作环境的变化，并付诸行动。
2分：不断改善个人工作方式方法，使个人绩效得以持续提升。
3分：乐于接受变化，并以积极正面的态度参与其中。
4分：能提出与本职工作密切相关的建议，从而提升团队绩效。
5分：创造变化，并带来公司业绩突破性的提高。

在2005年推出的新价值观"六脉神剑"中，阿里将"创新"升级为"拥抱变化"，即迎接变化，勇于创新；而在2019年的

"新六脉神剑"里,"拥抱变化"又升级为"唯一不变的是变化"。

阿里价值观"六脉神剑"中"拥抱变化"对应的行为标准
1分:适应公司的日常变化,不抱怨。 2分:面对变化,理性对待,充分沟通、诚意配合。 3分:对变化产生的困难和挫折,能自我调整,并正面影响和带动同事。 4分:在工作中有前瞻意识,建立新方法、新思路。 5分:创造变化,并带来绩效突破性的提高。

阿里价值观"新六脉神剑"中"唯一不变的是变化"的诠释和行为描述
诠释 ● 无论你变不变化,世界在变,客户在变,竞争环境在变。 ● 我们要心怀敬畏和谦卑,避免"看不见、看不起、看不懂、追不上"。 ● 改变自己,创造变化,都是最好的变化。 ● 拥抱变化是我们最独特的DNA。 **行为描述** ● 面对变化不抱怨,充分沟通、全力配合。 ● 对变化产生的困难和挫折,能自我调整,并正面影响和带动同事。 ● 在工作中有前瞻意识,建立新方法、新思路。 ● 创造变化,带来有突破性的结果。

"变化"一直都是阿里的核心价值观,而且公司通过考核将价值观关联到每个员工的晋升与收入(我们将在后续章节讲如何进行价值观的考核)。在这样的机制运行下,无论是集团领导,还是基层员工,都无时无刻不在变化之中。所以从表面看,阿里的变革是从对外宣告开始的,但实际上阿里一直都在准备,一直都在变革,公开的对外宣告只是阶段性的总结提炼而已。

将底层目标贯穿变革始终

变革从表面上看是为了激发组织活力，提升组织效能，建设第二曲线，但这并不是最终的目标。为什么要提高组织活力，活力提高了要去做什么？为什么要寻找第二曲线？这些才是底层之问。因为组织活力、组织效能、第二曲线这些是表面目标，不是企业经营的底层目标。盲目追求表面目标，就会进入管理的"自嗨"，认为这些目标达到了，任务就完成了，天下就太平了。但脱离经营本质的组织活力只是梦幻泡影，是一种假象。

在我所遇见的企业中，甚至有不少企业之所以进行变革是因为看到大家都在变革，自己不变革好像追不上潮流，但并没有想明白自己到底为什么要变，变革的目的是什么。这样怎么能变革成功呢？模糊的目标只能带来糊涂的结果。

第一，因为目标模糊，行动就会没有方向，做具体的事就会毫无章法，乱打一通。第二，模糊的目标会让变革失控，当整体没有清晰目标的时候，各个单元就会将自己的目的代入整个变革之中，为自己谋求更大利益。当单元之间的利益有所冲突的时候，企业就会进入内斗状态。第三，模糊的目标不能激励人心，不能号召大家一起投入未来的变革之中，因为变革是痛苦的，未来是不确定的，必须有一个激励人心的目标才能带领大家一起变革。

所以，企业要变革成功，必须有一个清晰明确的底层目标用以指引整个公司的变革。而这个目标就是"客户价值"。所有的变革归根到底都是为了为客户提供更好的价值。如果现在的组织形态、业务形态无法为客户提供更好的价值，或是没有更好的方法、更高的效率可以为客户提供价值，那么企业就要进入变革期。

以阿里为例，阿里变革的最终目标是什么？动力来自哪里？其实从始至终，就是阿里在成立初期就确立下的使命——让天下没有难做的生意。这是阿里的使命，也是阿里的客户价值。阿里所有的变革都是为了这个，所有的变革行为也围绕这个进行。当发现组织效能低下，不能更好地服务广大企业之时，变革！当发现组织封闭，不再倾听用户声音的时候，变革！当发现企业创新不足，不能用最前沿、最高效的方式满足用户需求的时候，变革！一切变革都是为了"让天下没有难做的生意"。

这也是所有变革的纲领。各个单元也许有自己的目的，但必须以"让天下没有难做的生意"为最高纲领，必须在此使命的引领下进行变革。当基于一个共同的目标进行变革的时候，整个组织就会形成一股合力，促进整个生态的繁荣，而非各自单打独斗，甚至内耗。而这个目标也是振奋人心的，是能够激励人投身变革的。多年的业务发展、无数的案例都在告诉每个参与变革的阿里人，自己的工作是有价值的，是真正能够帮助中小企业成长的。

在管理学界有个叫"基因论"的观点，认为每个企业都有自己的基因，基因决定企业的能力。比如腾讯有 to C（面向消费者）社交的基因，天生就有做成 to C 业务的能力；阿里有 to B（面向企业）的基因，做社交很吃力，做商业就很好。但我觉得真正的基因论不是基于能力，而是基于共同信仰，这个组织共同相信什么是有价值的。能力很容易补充，但共同信仰很难更改。比如阿里曾做过一款社交软件叫"来往"，想切入 to C 社交领域，但失败了。后来来往的部分人员重新组队，转战 to B 社交，服务于企业的管理与协同，做出了极大提高中小企业办公效率的"钉钉"，一战而成。钉钉创始人无招（陈航）说过："我们得到了马老师想做社交的一些支持，来往没死，而是延续到了钉钉上，我们从个人社交走向了中小企业。……实际上我们继承了阿里当年的使命，让天下没有难做的生意，这是我内心坚信的东西。"还是同一个团队，还是同一个业务方向（社交），结果却截然不同。其原因就是对客户价值的信仰不同，相较于 to C 的社交，钉钉团队对企业社交的客户价值敏感度更高，会更容易捕捉客户的需求，也更容易从 to B 的服务中获得成就感，因为这是跟阿里的使命——让天下没有难做的生意——相契合的。

所以当我们想要展开变革的时候，不妨花一些时间想一想：我们变革是为了什么？我们的底层目标是什么？这个目标能否激励全员参与进来？

让"老人越老越珍贵"

在阿里 2023—2024 年的这次变革中，有个细节是，多位早已离开业务一线的合伙人重新回归，如蔡崇信、吴泳铭等人，他们是阿里早期的18个创始人中的成员，也是阿里发展史上的功臣。随着阿里的成功，他们个人早已功成名就，实现财富自由。他们本来可以过上闲云野鹤的生活，为什么还要回到企业里处理这些复杂的事情，万一失败了还可能晚节不保？当然有人会说，这些人是主要股东，他们有责任回到企业里。但我也问过很多普通的已"毕业"的阿里人："如果组织有需要，你愿不愿意再回到公司业务一线？"大多数人都是愿意的，表示如果组织还需要他们这些"老家伙"，他们随时都可以回去，再燃烧一把。

"老人"不知何时在企业管理中已经成为一个负面词：干不动了，没有激情，但又占据核心资源，是不少管理者绞尽脑汁都想"干掉"的人。但除了"老人"自身的工作优势，对于企业变革而言，"老人"也是尤为重要的，因为他们是文化传承的载体，文化传承能够保障企业在变革中保持初心，不会走错路，不会变着变着把自己变没了。为什么在阿里的企业变革中，这么多早已"功成名就"的"老人"愿意回到一线？因为有着基于共同信仰的文化传承。我们在前文已经说了，在多年的业务实践中，"让天下没有难做的生意"这一使命早已在阿里深入人心，也已成为我们这一帮人的个人使命。很多老阿里人即使离开了阿里，也依然从事着各种服务企业的工作，帮企业解决问题。就像我自己，我给自己企业确立的使命就是"寻找并赋能有梦的创业者，并肩打造以客户为导向的敏捷战略 – 敏捷组织!"，这是我在自己的个人事业里对"让天下没有难做的生意"的践行。

聚是一团火,散是满天星。虽然我们这些人已经不在阿里,但我们在各自的行业、各自的生涯里都践行着共同的使命,共同铸就一个大的生态。基于共同使命的召唤,我们这些人也随时可以放下自己的小事业,回归到大使命里去,这就是基于共同信仰的力量,无论身在何处,都能召之即回。

"老人不好用"的问题,其实是很多企业在成长过程中缺失机制建设而导致的后果。前文我们说到"六脉神剑"中的"拥抱变化",就是在不断用文化、机制激励人创新,避免思路僵化。我自己其实已经不年轻了,但我跟年轻人一样,喜欢迎接挑战,具有一定的创新思维,这就是企业长期赋能员工创新的结果。一个好的组织机制会让"老人越老越珍贵",而非"越老越白费"。

以上便是对阿里能多次变革成功的一个简要分析,其一是有"主动找罪受"的意识,其二是有指引变革的底层目标——客户价值,其三是有"让天下没有难做的生意"的共同信仰。那么这三者合一是什么?就是优秀的企业文化。

变革成功的关键是企业文化

企业的业务成功背后是人的成功,人的成功背后则是人心的成功。让组织内的人心凝聚到一起,相信同一个未来,这是变革成功的必要条件。企业文化的作用就在于此:让组织成员有共同的使命、价值主张与游戏规则。

文化是什么？

企业文化是在企业经营中所形成的具有企业特色且被全体成员遵循的文化观念、经营思想、信念、意识、行为准则和道德准则的总和，也就是我们经常讲的企业的使命、愿景和价值观。

企业文化是变革的根本，更是经营的根本。

大变革时代，自我变革必须进入常态化，这是企业持续赢的必要条件。企业变革失败很多时候不是能力的问题，是人心的问题，人心不齐，变革就绝对不会成功。

在前文举的两个案例中，两家企业单从能力上来说其实都不错，在所在行业里都是顶级的存在，但变革之所以失败，要么是因为组织上下关于变革的认知不同（一把手想变，员工不太想变），要么是因为变革的目的不那么正确（只是把变革当成博取资本市场欢心的噱头，而不是基于客户价值的深层蜕变），自然难以成功。而这其实也是因为两家公司文化机制建设的匮乏，一家看似有文化但只存在于墙上，一家连墙都没有上。

所以在大变革时代到来之际，我们很诚挚地建议各位企业的经营者，在变革之前一定要想一想文化的问题，因为文化决定战略、组织与人心，决定变革成败。

所有伟大的企业，背后都有一个伟大的组织。

所有伟大的组织，都有一个小题大做、死磕到底的文化！

企业经营的"上三路":使命、愿景、价值观

在企业治理、战略发展中有"上三路""下三路"之说,"下三路"指的是组织、人才、KPI,负责战略的执行。而"上三路"则是使命、愿景、价值观,负责引导战略的生成、组织的发展。那么如何理解"上三路",以及"上三路"分别在组织中会发挥什么样的作用,我们将在本节进行探讨。

企业文化不是道德观念,而是企业的游戏规则

我曾向阿里巴巴首任COO(首席运营官)关明生讨教过,文化该如何去定义。他的回复言简意赅,又一语中的:

企业文化不是道德观念,而是企业的游戏规则。

企业文化是一个生态系统,其中使命是源头,决定了企业为谁带来价值主张,是企业经营事业的初心。包括使命、愿景、价值观的文化体系,若用一句话来说,就是一个有统一的游戏规则,为目标客户带来他们不可或缺的价值主张的生态系统。

企业文化蕴含着企业存在的意义和企业实现梦想的方式,即企业的游戏规则是什么。在清晰的使命的指引下,加上好的战略和领导力,平凡人亦能成非凡事。

在这个生态系统里面,使命、愿景、价值观分别为企业提供

了动力来源、未来图景和行为准则（见图1-1）。

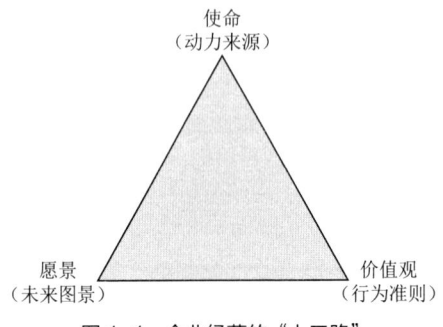

图1-1　企业经营的"上三路"

目前国内外关于企业文化的模型相对知名的有两个，分别叫洋葱模型和睡莲模型。洋葱模型[①]从外到里包含四层，分别是物质层、行为层、制度层和理想层，也就是所用、所为、所说和所想（见图1-2）。睡莲模型[②]以睡莲的花叶、枝梗和根三个部位来对应企业文化的三个部分，水面上的花和叶是文化的外显形式，中间的枝和梗是企业内公开倡导的价值观、使命、愿景等，最下面的根是意识信念等（见图1-3）。

---

① 洋葱模型出自荷兰心理学家、管理学家吉尔特·霍夫斯泰德（Geert Hofstede）的《文化与组织》。
② 睡莲模型出自美国企业文化专家埃德加·沙因（Edgar Schein）的《组织文化与领导力》。

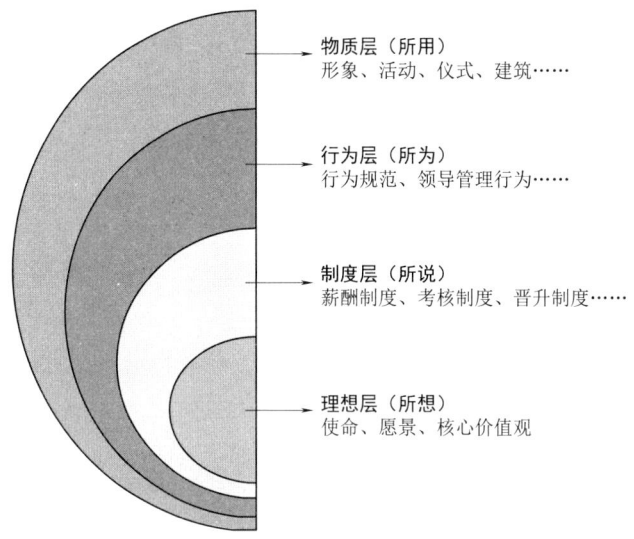

图1-2 企业文化洋葱模型

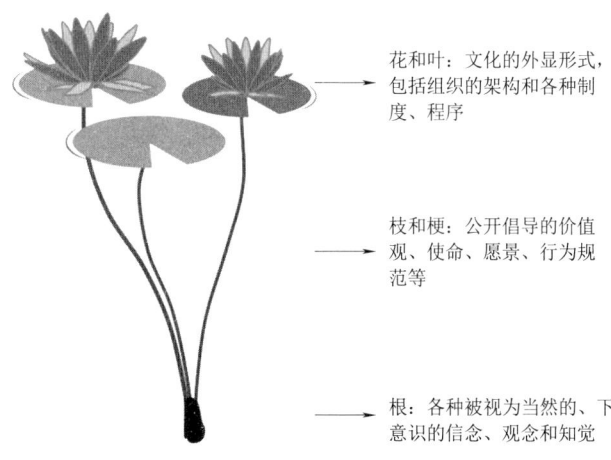

图1-3 企业文化睡莲模型

我们把这些模型的内涵做一个提炼，把企业文化分为三个层次。

第一个层次是我们所有人都能感知到的，属于外在感知层。我们进到一个企业，企业的外观、宣传标语、员工着装等直接通过视觉可以感知到的信息，都属于这个层次。比如我们进到杭州阿里的淘宝城，可以看到淘宝的主色调是象征年轻活力的橙色，工位的过道上挂着很多励志的标语，员工的着装以休闲风为主。通过这些外在的表现形式，我们可以感受到淘宝公司内部积极向上和民主开放的工作氛围。

第二个层次比感知层更深一层，是企业人员的内在行为层。我们可以通过和企业群体内的人员接触，看他们说什么做什么、怎么说怎么做，从而感受整个企业的工作准则和制度文化。比如我们走进海底捞火锅店，接受服务员事无巨细的贴心服务，我们感受到的不只是服务员的热情，更是海底捞这家公司背后强大的服务意识。

第三个层次是最核心的，也是最关键的，即潜在意识层。潜在意识层相当于心理结构中的潜意识，它在很大程度上决定着人的行为和情感反应，尽管人们自己可能并没有意识到它的影响。企业的集体潜意识状态也会成为企业基因的一部分，它是深深植入企业骨髓的东西，是一种无须提醒的自觉。这份自觉是企业极为宝贵的精神财富，特别是在面临变化、动荡等不确定因素的时候，它会迸发出很多正向的能量，帮助员工做出正确向上的选择。

企业文化的三个层次由外及内逐渐深入，了解它们有助于我们更好地理解企业的价值观、行为准则和发展方向。

使命：企业家"至暗时刻"的一束光

企业要发展，就需要一个动力源泉，一个决心的加油站。当企业被各种问题搞得焦头烂额、精疲力竭的时候，可以加个油，充个电。这个动力源就是使命。使命的作用之一就是让企业的掌舵者和团队充满信念和决心，眼前的苟且与艰难都是为了实现使命梦想。

2021年，一位曾经上过我的课的CEO（首席执行官）找到我，跟我分享他们过去一年经历的企业变革和其中的艰难险阻。那是江苏一个三线城市的医药公司，企业成立时间也比较长了。早几年因为市场选得好、市场空间大、竞争者少，该企业占据了先发优势，所以发展很快，组织人数一度增长到上千人，但这几年竞争逐渐加剧，强有力的友商开始抢占市场份额，营收就开始连续下滑，两年下滑了三成。当外部红利不足的时候，要增长就要靠内部的组织效能。潮水退去时可以看到谁在裸泳，红利消失时就会看到企业是不是在"裸奔"。当CEO沉下心向内去看组织效能时才发现，他的组织一塌糊涂。

早些年，业务发展需要大批量进人，他们那个城市的人才储备总量又不多，所以很多员工都是靠着亲戚朋友拉帮结伙进去的。人进去之后，企业内部没有相关的文化制度去统一大家的价值观，建立正确的价值导向，更没有人才的选用育留机制，企业治理往往是人治大于法治。所以在组织内部，山头主义、派系斗争很严重，团队彼此之间不对付，上下级之间也是割裂的，CEO 甚至无法调动下面的人——人都调不动，更何谈效能。外部危在旦夕，内部一塌糊涂，所以改革势在必行。当然也可以不改，因为 CEO 自己已经实现财富自由了，而且他也不是最大的股东，即使变革成功了，自己也未必能换回多少财富。

但 CEO 最终还是决心要变革，于是他先出去学习了一圈，就是在外出学习的时候跟我结了缘，我犹记那时他的状态十分不好，忧心忡忡的样子。学习完回归企业之后，他花重金请了一位组织负责人，在向董事会报告组织负责人的薪资预算（该负责人薪酬较高）的时候又进行了一番激辩，好不容易让董事会同意。在课上我曾讲过"新高管落地要先融入再工作"，他也记住了，让该负责人先熟悉业务，熟悉公司历史。在此过程中他又挡住了董事会的几次质问："花了这么多钱，怎么什么事情都不做？"他花了差不多半年时间做铺垫，才开始启动真正的变革。

变革开始之后，随之而来的风波远超 CEO 的预料。首先是核心高层不同意，因为变革会触动他们的既得利益。比如之前高管的绩效、奖金是按月发放的，但新的方案则将月度绩效改成了季度绩效，奖金更是改成了年度发放（结合季度绩效的得分情况发放年度奖金），这会让高层人员的短期利益受损。于是部分高层一边带动中层闹事，一边又去影响股东，在股东会上施加压力，有一些人甚至到 CEO 家里闹事。CEO 的家人都不太理解他的做法，认为他不近人情。但最终 CEO 还是顶住了压力，继续推动了变革进程。一年之后，新的体系跑完了一个周期，变革结果初见成效，业绩恢复增长，大家拿到了新的结果和利益，风波才慢慢平息。我问他中途是否想过放弃，他说当然想过，因为压力实在太大了，每天都要跟人争吵，明明是为了对方好，结果对方还不领情。但每次想放弃的时候，他就会想到他成立这家公司的初心——让人人都买得起好药，会想到他工作的时候所见到的很多因为无力承担医药费而家破人亡的家庭，这股动力推动他继续往前走。

所以这就是使命，是创办这家企业的根本意义所在，是一个企业生存的终极目的，是超脱于物质，对社会、对他人的价值意义。

一家企业若想成为基业长青的企业，必须找到属于自己的使命，并形成一种坚定的信仰，只有这样的责任、信仰，才能支撑企业完成一次次变革，跨越生命周期。

真假使命的照妖镜：利他、方向与真实

利他性

使命是对社会的意义，所以必须是利他的。一个有使命的企业会把社会责任放在短期利益之上，当利益与使命发生冲突的时候，会弃利益而选使命。虽然这是违反天性的，因为企业本身

是营利性机构，赚取利润是天职，但这也是优秀企业的卓越之处，做常人之不能为。在完成社会责任的同时，还能保持企业自身的生存与发展，就需要足够的谋略与策略。这也是使命是"奢侈品"的原因，它对企业的"脑力"是有要求的。

只有当使命是利他的时候，企业才能去吸引最优秀的人才加入，因为最优秀的人才是不会为简单的利益所驱动的，对他们而言，赚取金钱并不是一件困难的事情。最优秀的人才往往更追求社会责任感，追求可以创造一些不一样的东西、可以在某个领域获得人们的称赞，名垂青史对他们更具有吸引力。

比如硅谷的科技企业最怕的不是人才被同行撬走，因为同行挖人大多数情况是给更高的薪水，要留住他，可以开出同样或者更高的薪水。只要这个人有价值，这就是值得的。它们最怕的是 NASA（美国国家航空航天局）来挖人，尽管 NASA 开的薪资可能比他现在的还要低，但依然很少有人会拒绝 NASA 的邀请，因为 NASA 的使命是"理解并保护我们赖以生存的行星；探索宇宙，找到地球外的生命；启示我们的下一代去探索宇宙"，几乎少有顶尖人才可以拒绝这样的号召。

同时，利他的使命能更好地凝聚客户。因为你只有对客户产生价值，把客户的需求放在企业的需求之前，客户才会愿意跟你一起走。从某种角度而言，企业使命是客户价值的最大化体现，是当客户的价值需求被最大化解决时所呈现的状态，比如阿里所服务的中小企业的需求是做生意更简单，当这个需求被最大化满足时，天下也就没有难做的生意了。

所以，只有利他的使命才是真正的使命，才能发挥出号召作用，衡量使命真伪的第一个标准就是这个使命是站在自己的角度去设想的，还是站在客户、站在社会的角度去设想的。

方向性

方向性是使命的第二个特征，使命是企业存在的意义与梦想，它是一个宏远的方向而非具体的数字指标。因为是方向，使命永远都可以被践行，永远都会有前进的空间。只有这样，才能持续指引企业前进。

我看过很多企业的使命，有些可以一眼看出它是伪使命，原因就在于它是一个具体的目标，比如要赚多少钱、要服务多少客户、要成为行业头部。这样的"使命"是不能持续激励企业的。一旦被当成使命的数字指标被认真奉行，完成了但没有及时修改，就会带来比较严重的后果。比如著名的微软文化变革。微软最早的使命就是让每个家庭、每张办公桌上都有一台计算机，然而这个目标并没有用很长的时间就实现了，起码在发达国家几乎每个家庭都有一台计算机。后来由于市场饱和，微软 Windows 系统销量的增速下降，甚至出现衰退。但微软并没有思危、思退、思变，没有开展新的探索和创新，公司的重要资源依然围绕 Windows 系统和 Office 软件运转。危难之际，萨提亚从鲍尔默手中接过微软 CEO 的棒子，开始带领微软走向新生。他的核心工作就是变革微软的文化，把使命变革为"予力全球每一人、每一组织，成就不凡"，并据此调整了业务，开始往

"云业务"方向创新，不再只有 Windows 一个焦点，并且变革了内部的业务流程，提升了效率。微软由此获得新生，重回科技巅峰。

"对我来说，文化就是一切！"萨提亚如是说。

使命是宏远的方向，是艰难的道路，这也是使命能激励人心的原因所在。使命是难而正确的，因为难，才能激励吸引一批批顶尖人才加入，去完成历史的责任，推动社会的进步，虽千万人吾往矣。使命如果太容易完成，那就失去了挑战性，就吸引不了喜欢挑战的人才们的兴趣。

所以，使命必然是方向性而非目标性的。但同时使命也不能太虚，要接地气，客户一听就明白的使命才是好使命。

我在参观一些企业的时候，见过诸如"创新驱动，打造世界级企业""以客户为中心，提供优质解决方案""引领行业发展，创造卓越价值"一类的使命，这些使命看起来高大上，但仔细一看让人丈二和尚摸不着头脑，看不出来这家公司到底是干什么的，好像哪家公司都可以用，而且跟具体的客户价值没有什么关系，无法引领业务发展。

在下文中我列举了一些知名公司的企业使命，比如谷歌的"整合全球信息，供大众使用，使人人受益"，让人一看就知道该企业是为客户提供信息服务的，可以让人足不出户就获取全球信息。又如阿里的"让天下没有难做的生意"，一看就是服务于企业经营的。所以，企业使命在传达方向的同时也要接地气，而所谓的地气，就是要贴近客户需求。

1. 谷歌：整合全球信息，供大众使用，使人人受益。

2. 阿里巴巴：让天下没有难做的生意。

3. 华为：把数字世界带入每个人、每个家庭、每个组织，构建万物互联的智能世界。

4. 微软：予力全球每一人、每一组织，成就不凡。

5. 京东：技术为本，让生活更美好。

6. 亚马逊：为客户提供最低价格、最多选择和最大便利。

7. 腾讯：用户为本，科技向善。

8. 字节跳动：激发创造，丰富生活。

9. 小红书：分享和发现世界的精彩。

真实性

使命可以有，也可以没有，但不能是假的。什么是假使命，就是企业的使命连创始人自己都不信。使命是企业存在的意义，如果连企业存在的意义都是假的，还需要自我欺骗的话，那还有什么是真的？有些企业在制定使命的时候，不是讲给自己听的，也不是讲给员工听的，而是讲给媒体听的，是用来包装自己的，这无异于自欺欺人。连创始人都不信的使命，怎么可以要求员工信、客户信？

有个企业服务行业公司，其使命是"赋能每位企业家成长"，看起来不错，但有一次我去他们公司交流学习，之后就觉得这个使命是虚假的。因为他们根本不是认真地在做企业服务，陪伴创始人成长。他们的核心精力不是用在研究可以帮助企业发展的方法论，而是研究如何让客户痛，让客户焦虑，从而让客户付款。至于企业与企业家有没有成长，他们根本不在意，他们只想赚一波快钱罢了。那么他们的使命就是个假使命。

使命是相信的力量，因为相信，所以才能充满力量地渡过难关，虚假的使命是支撑不了创始人度过企业的艰难时刻的，这样的使命毫无存在意义。企业可以没有使命，这不影响企业成为一家优秀的企业，但绝对不能有假使命，假使命百害而无一利。

愿景：描绘组织未来发展状态

不少企业会将愿景视作具体的目标，但比起数字目标，愿景更是对未来发展状态的图景描述。

愿景是先见之明，是指个别特殊的人在特定场合下能看到一些未来的画面，从而信念倍增，并根据未来画面引导当下的决策和行动，渡过难关。特别是在极其艰难的时候，人们可以凭借着愿景渡过难关，实现"心想事成"。

企业经营中，很多成功的企业家有对未来判断的敏感度，他们可以像拥有"预见功能"一样看到未来的市场机遇，看到产业发展的未来格局，并根据未来格局制订出自己企业的发展路径规划，从而使企业在产业的未来格局中占据重要的位置。所以制定愿景的重要之处在于，企业家要对产业的未来格局有一个基于客观规律推演出来的图景，以及要对在未来格局中占据哪一个位置有自己的决策。所以，愿景绝非单纯的具体目标。

与使命配套

愿景是对未来状态的表述，而这个未来必须遵循使命的大方向，不能与使命背道而驰。

使命是方向性的，非常宏大高远，离实际业务有一些距离，那么就需要一个相对确切的灯塔来串联二者。愿景要发挥的作用，就是将使命具体化、可视化，愿景是目标性的，可以指导战略、业务的生成。比如2019年阿里发布的新愿景，其中一条就是"到2036年，服务20亿消费者，创造1亿就业机会，帮助1000万家中小企业盈利"，这就是对"让天下没有难做的生意"这一使命的具体任务拆解。而阿里在2010年将使命改为"促进'开放、透明、分享、责任'的新商业文明"的同时，也发布了新愿景"分享数据的第一平台"，这二者是一脉相承的，建设"分享数据的第一平台"是"促进'开放、透明、分享、责任'新商业文明"的阶段性任务体现。通常一个愿景对应的阶段是十年至二十年的时间。

客观的未来

使命是一个宏远的方向，愿景必须是一个客观的图景，在保证激励、充满挑战的同时要具备"可达性"。愿景对应的英文vision其实还有个意思是"远见"，它所强调的是，我们对未来图景的判断是基于客观规律推演出来的，而非我们一厢情愿想象出来的,所以愿景是要符合市场发展的客观规律的。比如阿里在2010年提出"分享数据的第一平台"这一愿景,就是因为2010年时的商业文明正在由工业文明转向信息文明,信息数据会取代石油成为最重要的生产资料。消费者有了数据就能做出更好的购物选择,买到更有性价比的产品或服务。企业有了数据,就可以为消费者提供更好、更符合需求的产品服务。所以在未来的蓝图中阿里所要扮演的角色就是一个平台的建造运营者,让数据在平台上顺畅地流通分享,这一切都是基于客观规律推演出来的。所以制定愿景是要烧脑的。

愿景必须是客观的,还有一个原因是愿景决定战略,战略是vision(愿景)与action(行动)的结合。要有客观的愿景,才能制定客观的战略。制定战略的核心是要能看到未来。你的未来从哪里来?就是从愿景中来。愿景越客观,战略就会越清晰,愿景决定了战略的真实性。

愿景不过三

什么样的愿景可以称为正确的范本?以下列举一些全球知名公司的愿景,大家不妨对照看看它们如何实现从使命到愿景的递进。

> 1. 阿里巴巴(2019年):活102年。我们不追求大,不追求强,我们追求成为一家活102年的好公司;到2036年,服务20亿消费者,创造1亿就业机会,帮助1000万家中小

企业盈利。

2. 脸书（现称 Meta）：连接全球的每一个人。

3. 百度：成为最懂用户，并能帮助人们成长的全球顶级高科技公司。

4. 快手：帮助人们发现所需、发挥所长，持续提升每个人的独特幸福感。

5. 小米：和用户交朋友，做用户心中最酷的公司。

6. 字节跳动：建设全球创作与交流平台。

7. 新东方：成为中国优秀的、令人尊敬的、有文化价值的教育、生活、文旅服务机构。

8. 地平线：让每一辆乘用车都搭载我们的智能驾驶解决方案。

愿景可以不止一条，但不能超过三条。因为执行者的注意力有限，愿景一旦超过了三条，那可能就一条都实现不了。同时，愿景在表述上要细致、明确、有逻辑。没有逻辑、不明确、不细致的愿景，只能忽悠你自己，经不住考验，很快就会崩塌。

价值观：建立团队的行事规则与标准

价值观不是社会道德，而是游戏规则。

近些年企业家们越来越重视价值观，在评价员工时也会看哪个员工的价值观好、哪个员工的价值观不好。有时候员工被贴上"价值观不好"的标签,就好像犯了十恶不赦的大罪,这就让价值观有些妖魔化了。价值观是游戏规则,不是社会道德,不是违反价值观就要被社会唾弃。一个不符合公司价值观的员工到其他公司,也许会摇身一变成为优秀的人才。

企业为什么需要价值观

价值观是游戏规则,企业需要有价值观,有三个原因。

第一,价值观让优秀人才能够共同发挥价值。

有使命感、有愿景的企业会吸引优秀的、超一流的人才,但这些超一流的人才往往都有自己的脾气,性格各异,甚至在普通人看来会有些奇怪,难以接受。如何让这些性情各异的人能够坐在一起工作,这就需要有共同的价值观。既然大家性情各异,处理工作的原则方法各不相同,谁也不愿意按照其他人的方式来,那就大家共同创造、共同履行一套新的规则体系,只有这样,这些人才才能在一起发挥价值。

第二,价值观让普通的人才融入。

能被使命、愿景驱动的人无疑是优秀的人才,但这种人毕竟是少数,真正要成就一番事业,需要更多的同路人。对于普罗大众,就不能只用使命或者愿景感召。因为是否被使命感召在于个体的自我需求,使命的发起者不能也做不到强行让别人拥有跟你一样的使命。那怎么样才能做到让更多的人一起前进呢?这就需要有共同的价值观。价值观除了是游戏规则,也是契约精神。你按照这一套游戏规则来做,得到相应的结果,组织就会给相应的奖励。比如阿里做B2B（企业对企业）业务的员工早期都是"苦大仇深"的，属于"头脑发热向前冲"的类型。对于这个类型的员工，一开始就要让他们相信"让天下没有难做的生意"并为此而奋斗吗？不太现实。但他们理解"诚信"，不能欺骗客户、欺骗同事；他们理解"团队合作"，兄弟们在一起就是要彼此分享、彼此互助；他们理解"敬业"，工作要专心。他们可以做到诚信、团队合作、敬业，因为他们知道做到了就会获得好的回报。价值观不能孤芳自赏，价值观要让需要的人都能轻易理解，并愿意践行。

只有使命，企业发展是一小拨人的征程；只有价值观，企业发展是一堆人的黑灯瞎火。既有使命，又有价值观，企业发展才是一群人的星辰大海。

第三，价值观是不确定地带的处理原则。

随着市场的发展，现在的商业环境越来越趋于多变、复杂、不确定，但企业的规章制度总是落后的，不能及时地对新问题进行处理。而且企业经营中大大小小的事情那么多，再详尽的制度也总有约束不了的，这个时候就需要一些抽象的原则来处理具象的事件，就需要价值观来作为处理原则。

举个案例，一家公司A部门的负责人因为家中有事，需要休假一段时间。他不在公司的这段时间，公司有了一些新的业务方向。这些新的方向对A部门的工作目标、工作重心产生了不少影响。但部门负责人不在，A部门的同事也没有能力去应对。一时间部门的小伙伴就很慌乱，没有工作方向，每天都很急，但也解决不了问题。此时，B部门的负责人看到这种情况，自主地去帮A部门的同事做工作分解，做流程梳理，协调相关的资源，把他们的工作引入正轨。在这个过程中，既没有公司的安排要求，也没有任何人的夸赞。后来B部门负责人被问到为什么要这么做，他说："同事有困难，去帮助不是理所应当的吗？这不就是公司价值观'相互成就'所倡导的吗？"因为家里的事情还需要很久才能处理完，A部门负责人就先辞职离开了公司。公司经过考虑后也没有再招募新的部门负责人，而是把A、B两个部门合并，统归到原B部门负责人管理，他的职级待遇自然也有所变动。这就是在不确定的时候，价值观会把不确定性变成确定性。

这里再举一个看似跟工作不相关，但是我非常喜欢的一个案例。

2011年7月，在杭州滨江的一个小区里，一个住在10楼的两岁小女孩在家人去楼顶晒被子的时候，不小心爬到没有安全栏杆的窗台上，两条小腿已经伸出了窗户。邻居看到了，想尽各种办法救援也没有奏效，家人回来的时候却发现卧室门不知道为什么被反锁了，打不开。情况越来越危急，突然，小女孩还是没有支撑住掉下去了。10楼的高度，有些石头掉下去都可能会摔个粉碎，何况是个孩子。就在这让人绝望的千钧一发之际，突然伸出来了一双细弱的双手，啪的一下子接住了这个孩子，没有让小孩子直接接触地面。但巨大的冲击力也让两个人直接摔在了绿化带，动弹不得。周边的邻居立马叫来了救护车，将两个人送到了医院。经过抢救，虽然小女孩有多处严重损伤，但活了下来，而救人的人则左手臂粉碎性骨折。

这件事情引起了媒体的广泛关注，很多媒体去采访救人的人，才知道这个人叫吴菊萍，是阿里巴巴的一名普通员工。媒体采访的时候都会问一个问题："接人的时候你是怎么想的？""我没想过，伸手就接了。"吴菊萍回答道。确实是这样，小孩从10楼掉下来也就是几秒钟的时间，稍微多想一下都不可能接得住，能依靠的只有本能反应。在那一刻，吴菊萍没有想过接住小女孩会有什么回报，会获得什么荣誉，甚至也没有想过自己会受到怎样的伤害。小女孩从10楼掉下来的巨大冲击力相当于300多公斤的重量，超出了正常人承受范围的7倍还多。

如果没有用手接住，而是被砸中了身体，轻则瘫痪，重则当场死亡。但吴菊萍没有想过这些，伸手就接了，凭借的就是一种本能。这是源自她自己内心价值的力量，在面对不可知的事件时，让她本能地、很自然地去做。本能的力量让一位柔弱的江南女子迸发出了强大的力量。

吴菊萍被评为"感动中国"2011年度人物，住院期间有很多企业出高价，请她为自己的公司活动做宣传、成为代言人，她都拒绝了，只收了作为雇主的阿里巴巴给予的奖金。对于每一位入职阿里的员工，公司都会花大量的时间去宣导公司的价值观，并对价值观优异者给予相应的奖励，多年来员工对价值观的认同已经不仅体现在工作里，还体现在人生的时时刻刻。在过往的很多年中，阿里有很多同事在同样不可知的情况下，已经做了同样的选择。比方说一位工程师在下班路上看到有人快被车撞了，来不及反应，他就挺身而出把别人推开了，结果自己被撞伤。还有灾害发生时，很多人都参加了救援活动，包括我自己也参加过四川雅安地震的救援。因为我们觉得对阿里人来说，这就是我们应该做的。其实纵观阿里，并不只有一个吴菊萍，有很多个吴菊萍，我们如果遇到这样的事也会这么做，这就是我们讲的潜在力量。一批人在不确定地带都知道该怎么做，这就是文化的最高境界！

这个案例虽然不是在工作场合发生的，但它依然被我们列为价值观相关案例，因为企业文化不仅会影响工作习惯，也会影响生活习惯。一个优秀的企业文化最终会塑造一群人的价值理念，即使在工作之外也能影响人的选择。（跟一些"大厂"打交道比较多的读者可能会有体会，当不同公司的人聚在一起，哪怕不聊工作，不报履历，聊上一会儿也能猜出这个人是从哪家公司出来的。因为一家公司的价值观会在潜移默化中影响一个人的价值理念、思考逻辑、做事风格。）

"真"价值观的标准

贴合自身业务

不少企业在学习价值观的时候觉得很兴奋，觉得价值观真不错，但又提炼不出自己的价值观，索性就觉得谁家的好就直接拿过来用，甚至还集百家之所长。我曾经在一家企业的价值观体系中看到了华为的"以奋斗者为本"、阿里的"拥抱变化"、字节跳动的"始终创业"。但价值观是源于实际业务场景的，每一家企业的价值观与这家企业的实际业务、创始团队的文化属性息息相关，紧密连接在一起。价值观一定要根据自己的实际业务场景来制定。

价值观重内在

价值观中重要的不是对外宣传的寥寥几个词语，"客户第一""以奋斗者为本"等等，而是内在的解释。很多企业都会讲到"客户第一"，但每家企业对"客户第一"的解释必然不同，员工需要知道如何才能做到"客户第一"，这就要有实实在在、具体的解释以及案例佐证。有的企业在建设价值观的时候，对口号喊之甚多，但对实际定义、案例操之甚少。殊不知，对于价值观而言，做案例本身就是建文化的重要步骤。通过把我们日常工作场景中发生的真实案例进行解剖、定义、宣讲，公司上下对于价值观的理解就会越来越清晰。这个过程中因为意见不同会伴随着争吵，但真理不辩不明，在争辩中大家对价值观的理解会更深入。

比如我们曾经在讨论阿里价值观"客户第一"的时候提到一点：员工能不能收客户及供应商的礼品？有人觉得可以收，因为这是正常的礼尚往来；有人觉得贵的不能收，便宜的就可以收下，定个额度就行。但我们讨论到最后觉得是一点都不能收。因为你收了这个客户的礼品，就很可能更照顾这个客户，客户服务就可能做不到公允。至于礼物的贵贱，一来不同收入的员工对贵贱的定义不同，二来只要开了这个口子，就永远会有人尝试突破底线，或是明面上告诉你礼物很便宜，但等你收下使用之后再告诉你其实很贵，那你要不要还这个人情？所以最终我们定下一个规则：个人不准收供应商或客户的任何礼品。如果客户一定要送，那就以公司名义收下，放在公司的展示馆里或是分给员工共同使用。这场讨论也让大家对"客户第一"的具体执行有了更深入的理解。

创始人必须能以身作则

创始人的以身作则是价值观的命门与死穴，这一条做不到，价值观就绝对践行不了。绝大多数企业的文化建设失败就是因为创始人都不信，都实践不了。价值观首先是约束经营者的，其次才约束管理层，最后才约束员工。如果认为价值观只是用来约束员工的，那企业文化就绝对建不成。创始人对价值观是不是足够坚信并发自内心地认可与践行，是决定价值观落地的生死命门。因为使命是用心"动"出来的，愿景是用脑"推演"出来的，价值观则是用身体"力行"出来的。

比如公司的价值观提倡"尊重他人"，但创始人自己经常骂人，无端指责他人；公司的价值观提倡"诚信经营"，但创始人经常在产品材料上偷工减料等；这样员工自然不会相信公司的价值观。所以践行价值观必须创始人先行。然后价值观作为企业内部的游戏规则，让参与游戏的人，即所有员工知道如何做才能获得更好的回报。

最后，分享一个我个人特别喜欢的案例——历史上真实的"西天取经"①，让大家更深刻地理解何为使命、愿景、价值观。

在真实的世界里，唐僧即玄奘依然是高僧，20多岁的时候就已经有了名气。彼时正逢大唐盛世，中国是全球最富裕的国度，玄奘的生活无疑是舒适的。此时佛教虽然在中国已经发展了数百年，有不少的信徒及寺院，但所流传的许多佛典要么残缺不全，要么内容语句不通，也导致各宗各派对佛典的解释说法不一。如此情状如何能够普度众生，让众生脱离苦海？强烈的愿望使玄奘内心涌动，寝食难安。最终他决心到佛教的发源地"天竺国"去寻找最本源的佛典。但是因为种种原因，他没有获得出关的批文，要去天竺只能偷渡。在唐朝，偷渡是要获刑的，但即使这样也没有让他放下信念，经过多次尝试，他偷渡成功，同时也成了官府的通缉犯。但他并不后悔，并且立下誓言："宁可就西而死，岂归东而生！"这句话听起来很燃，但践行起来非常难。因为一路西行，要经过100多个国家，要穿越荒无人烟的沙漠，他在进入浩瀚的沙漠时打翻了装水的皮囊，那种绝望是常人难以体会的。为了践行他的誓言，他还是决然地走入了茫茫无际的沙

---

① 案例出自《大唐大慈恩寺三藏法师传》，全书共10卷，由玄奘的弟子慧立和彦悰共同撰写，记述玄奘生平事迹。因玄奘长期居住在大慈恩寺，时人尊之为慈恩寺三藏法师。

海,在四天五夜滴水未进的情况下,晕死过去,夜晚又被冷风吹醒,继续爬啊爬,爬到了一个小水源边,最终走出了沙漠。路上,他还收了一个胡人做徒弟(有人认为这个徒弟就是孙悟空的原型)。师徒两人离开玉门关后,他的徒弟担心被他的偷渡行为连累,就对他起了杀心,逼迫他原路返回。面对来自徒弟的死亡威胁,玄奘没有顺从,他说服徒弟自行返回并承诺死都不会牵连他。后来,玄奘还翻越平均海拔4500米的帕米尔高原,被胡匪截杀,被异域人欺辱,多次与死亡擦肩而过,最终穿越五万余里,耗时春秋十几度,取得真经回。

但取得真经还不够,还要翻译成汉字。回到长安后,玄奘翻译经文、讲法。这个时候,玄奘的名气已经很大了,高官们都想结识他。唐太宗李世民许以高官厚禄,希望玄奘可以入朝为官。但玄奘不为所动,依然致力于翻译经书、讲法,直至公元664年离开尘世。

那么在这个真实的故事里,玄奘的使命是什么?他的使命就是"普度众生",让天下众生得闻佛法,受到佛法的正向引导。他的愿景是什么?在玄奘决定去取经后,可能有两个阶段的愿景,第一阶段的愿景就是西天取经,第二阶段的愿景是翻译经文、讲法。这两个愿景都是使命"普度众生"的具体分解。而永不后退的誓言"宁可就西而死,岂归东而生"就是玄奘价值观的其中一条,是身体力行出来的。

企业不同阶段的文化特征及组织特征

企业不是一天兴起的，文化也不是一夜建成的。企业发展会经历若干个阶段，每个阶段都有不同的任务，围绕着阶段性目标，需要不同类型的文化特征及组织特征。所以我们本节主要讲一下企业在不同阶段需要的文化特征以及组织特征。

从时间维度来讲，企业的发展可以分为几个阶段。第一个阶段叫创业期。创业期的企业最重要的就是活着，活着才能有未来。那么活下来没有死，并且还找到了不错的方向，能够不错地活着，会进到第二个阶段，即发展期。然后经过发展期的蓬勃发展，企业的各项能力、流程、机制都趋于成熟，抗风险、抗波动能力都比较强了，企业就到了成熟期。因为成熟期这个阶段会比较长，不同的企业会走上不同的路，所以我们又把成熟期分为稳定期、变革期、多元化期、衰退期这四个小阶段。在企业发展的三个阶段中，文化特征虽然会因企业而异，但在阶段上是有规律可循的。企业只有知道自己处于什么阶段，才知道当前需要什么样的文化。就像你去看病，医生一定会问你"多大了"一样，因为即使是同样的病，对不同年龄段的人，也会开不同的药方，解决问题首先要定位问题。接下来我们就来详细拆解企业每个阶段所需要的文化特征及组织特征（见表1-1）。

表 1-1 企业生命周期表

	创业期	发展期	成熟期			衰退期
			稳定期	变革期	多元化期	
文化类型	生存文化	发展文化	传承文化	变革文化	多元文化	破局文化
组织架构特点	粗扩无边界	职责明确 学习型组织	体系化	变革化	生态化	僵化
组织建设重点	组织基础保障 快速建团队	构建组织体系 快速扩充团队 引入关键人才 人才板凳深度	组织管理理念成熟 管理理念成熟 高效协同机制 提升人均效能	组织体系变革 流程架构再造 创新机制构建 创新业务单元独立	组织开放 打造海星型组织 多元化人才管理 助力多业态发展 数据化智能组织	唤醒组织活力 重构创新型组织 专注聚焦核心业务 打出华山一条路
人才梯队建设	选拔比培养更重要 多专多能	培养体系 继任者计划	以内部选拔为主	变革需要组建新的人才梯队	多业态的"外星人"	换血、瘦身 不换思想就换人

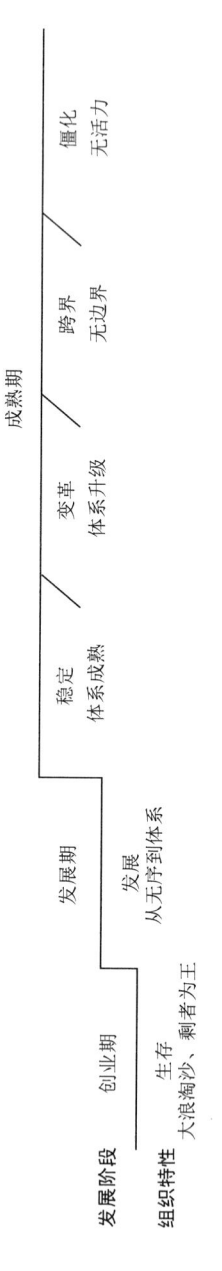

发展阶段	创业期	发展期	成熟期			衰退期
			稳定 体系成熟	变革 体系升级	跨界 无边界	
组织特性	生存 大浪淘沙、剩者为王	发展 从无序到体系				僵化 无活力

赢得生意：做穿越周期的幸存者

创业期：生存文化

对于创业期，我可以说是经历丰富，感受颇深。在阿里的时候，我曾参与内部创业，当时是阿里云前身——阿里软件创始团队成员之一，后来阿里软件几经拆分和调整，其中一部分成长为现在的阿里云。离开阿里之后，我拿到美元投资开始自己创业，再到后来加入果小美合伙创业，在果小美经历了半年间公司从十几个人增长到将近 3000 人的历程。后来我又开始从事企业咨询服务，服务更多的创业者。如此多的经历最后让我有一个感受：对于创业期的企业而言，最重要的任务是活着，如何在快速变化的时代存活下来，这是关键。创业初期的企业就像溺水的人一样，重要的不是遥想未来，而是拼尽全力抓到一根救命稻草。

所以创业期的公司需要的文化就是"生存文化"，凡事以生存为导向，不要考虑太多规章制度、烦琐的体系，先活着。那么生存文化下的组织特征是什么呢？我们来具体解剖一下。

创业期的组织特征

第一，组织结构要粗犷无边界。所谓"粗犷无边界"不是大得没有边界，而是不要设边界，让边界自然生长。

早期，生存优先，要灵活多变，所以组织结构不能定死，不要做太多的规则约束、职责划分，简单设置一下即可，遇到问题可以随时改动，让边界跟随业务舞动，而不是让边界像容器一样约束业务的生长。这里的早期除了指新企业的创业初期，也指老企业新独立出来的创业项目的起步期。老企业的新项目更要注重"无边界"，因为老企业的边界往往是扼杀新项目的镰刀。

　　有家线下连锁服装公司，早些年做得还不错。电商兴起之后，一把手也想尝试一下新渠道，就组建了新的团队去做电商。虽然是新业务、新团队，但管理还是用的老流程、老机制，包括供应链管理、财务管理等。但老的流程效率是比较低的，跟不上电商的业务节奏。好几次好不容易做出一些订单量，但因为流程缓慢，供应链跟不上，就错过了战机。团队跟一把手沟通，希望变更流程，被一把手以"这个流程，原来的团队用了好多年都没事，是你们的能力不行，没做起来"为由打了回来。反复几次，团队也心灰意冷，集体离开。但一把手也没有要变更流程的意思，重新招了团队，结果还是没有做起来。所以在生存文化下一定不要做太多的边界管理。在阿里，孵化新业务时都会把团队拉出去生长，以免受到老业务的影响。淘宝就是从当时的总部搬出去，回到最初的"湖畔花园"去做早期孵化，过了好一阵子，大家才知道淘宝是自己人做的。

　　无独有偶，亚马逊在研究数字媒体业务（如电子书、在线音乐）的时候，也是拉出一个团队单独去做。贝佐斯认为，如果试图把新业务作为原有业务（实体媒体，如纸质书、实体CD等）的一部分来管理，它永远不会成为优先事项。毕竟，原有的业务体量更大，总是会受到更多的关注。而新业务如果能成功，可能会对老业务造成巨大的冲击，必定有人不希望看到这个局面，这就会阻挠新业务的产生。事实证明，成立一个独立的数字媒体组织对公司来说是正确的,2004年亚马逊开始启动数字媒体业务,中间几经波折,于2007年正式推出一款新产品——Kindle电子书阅读器,上市不足半天,就全部售罄。

生存文化在岗位设立上所体现的原则是"分工不分家",每个人可以有固定的岗位和分工,但当业务繁忙、需要调配的时候,又能彼此互补。

举个例子,我自己在第一次创业做跨境供应链的时候,每逢旺季,比如"6·18""双十一""双十二",运营忙不过来,销售团队就会过来支持。当前端部门去疯狂参加展会、活动,以至于开拓客户忙不过来的时候,后台的技术团队摇身一变成了运营,销售也直接下一线。

我在创业的时候招了一名HR名叫丁丹,她原来是做酒店管理的,我因为一次偶然机会跟她认识,觉得这个小姑娘很热心、人很好,能把客户的需求时刻放在心上,后来创业的时候就把她招进来了。早期我们是小团队,比较精简,除了HR的工作,她还要身兼数职,如行政、财务、项目经理等(她非常优秀,现在是公司的股东和合伙人)。当然,分工不分家也有个前提,就是公司的成员要对公司的整体业务流程比较了解,对其他岗位的工作内容也比较熟悉。所以,公司内部要经常互相沟通业务进展和客户需求,让大家都能互相了解。这就是组织的"粗犷无边界,分工不分家"。

创业本就是九死一生的,早期更是百死一生,唯有形成合力,才能渡过难关。如果在生存早期还要讲分工明确,唯岗位论，屁股决定脑袋，那么这个公司一定生存不下去。

第二，文化体系要"少而精"。

文化重要，但不能"重大"，特别是创业期，千万不要搞太多繁文缛节。

我在创业的时候，公司已经有几十人，有次朋友来拜访，交流后问我："你好像没有搞文化体系啊，你之前最擅长的不就是搞文化吗？怎么这次没有做？"我说："对于我来说，现在最重要的不是搞文化，而是找到我们客户的需求，找到服务于他们的最佳产品，把商业模式跑通，让企业业务能够正向循环起来。"

在企业发展早期，千万不要花太多精力去做体系文化，要把精力放在生存，放在搞清客户价值上。因为文化来源于客户价值，体现于业务准则中，没有搞清客户价值的文化是幻想，没有理清业务准则的文化是空谈。

当然，不花太多的精力不代表不做，一些基础的原则还是要有的。我们会在第二章专门讲到创业初期要有哪些规则。

第三，组织建设要抓重点。

在创业期，组织建设有三个重点：基础保障、快速建团队、快速筛选淘汰。

首先是基础保障。创业期的组织建设不需要尽善尽美，但是有些基本的东西是要做的，不做的话就会影响业务进展，后期会让公司崩溃，最终会全盘皆输。举个例子，我刚加入果小美的时候，团队只有十几个人。但一方面投资人的钱源源不断地进来，另一方面竞争者不断出现，所以可预期的就是业务发展必须加快速度，必须开拓更大的市场，招更多的人。根据我们的计划，半年时间必须开拓 50 个城市，需要新增 3000 人。但这时候我们只有一个 HR 专员，如何能保障半年 3000 人的招募？所以招聘团队要扩张，而且招进来的必须是相当专业的人，没有培养的时间，到了就要发挥作用。同时每个管理者自己肩负招聘下一级员工的责任，以此类推，层层往下。只有这样才能保障人员的选用育留，人员才能源源不断地进来，人才池子才能够支撑业务发展。同时为了提升效率，我们还用了一些线上工具，使办公线上化，这样能准时无误地保障全国各地的人员招募，最终完成了半年 3000 人的招聘计划（同时还并购了一家公司）。这些就叫作基础保障，根据业务规划，明确哪些是不做就会死的事情。但对应的比如培训体系建设、团建氛围营造之类的工作，当下不做是不会影响基本盘的，就不用作为基础保障必须去做了。

其次是快速建团队与快速筛选淘汰。创业初期，方向定下来了，就要快速地招人把业务做起来，去验证方向。所以要快进快出，大浪淘沙，招聘节奏不能慢。因为在这个阶段，我们还在快速迭代商业模型，商业模型、业务链路还在探索期，所以对应的岗位职责和人才画像都不会特别清晰。有时候我们换个方向、换个思路去招聘，说不定会有意想不到的成果。举个例子，我们在服务一家跨境电商企业的时候，发现市场上好的运营人员很难招，所以我们就调整了招聘策略，从其他行业招了一些做推广的，再给他们培训跨境电商的基础运营知识，最后发现很适合。因为跨境运营的核心工作就是基础运营和推广。所以，在创业初期，底层价值观、基础能力不差的人才要快进快出，在实际业务中进行筛选淘汰。

创业期的人才梯队建设

在企业生存阶段，选拔比培养更重要，培养解决的是人才的存量问题，在已有人才的基础盘上去做提升，而选拔解决的是人才的增量问题，扩张人才的增量储备。创业初期，一方面是人本来就少，存量有限，提升也提升不到哪里去，另一方面是没有摸清业务路径，你也不知道要培训什么。所以与其花时间在不多的存量上下功夫，不如花时间在增量上，在这个时候，选拔重于培养。

这个阶段的人才需要多专多能。前文已经讲过，公司小的时候需要的是身兼多职的人，如果拿车来做比较，创业初期需要的就是能适应多种地形、有多种用途的越野车，甚至是面包车，既能拉人，又能拉货，上得了高速，又走得了泥巴路，而非对路面要求比较高的豪华跑车。

发展期：发展文化

提到发展期，大家可能会认为跟企业规模、组织人数、盈利能力有关系，比如组织人数达到数千，企业就已经到了成熟期，不是发展期了。其实不然，企业所处阶段跟这些数字的关系并不大，而是跟组织体系成熟度有关。比如我服务过的一家企业，已经超过 5000 人了，但它依然没有成熟的组织体系，只要创始人不在公司，过不了多久，组织就会停摆。这样的企业虽然大，但不强，还是处于发展期，因为它的体系没有成熟。成熟期的企业是靠体系运转，而非人力驱动的。

发展期的文化特征是"发展文化"，以发展为导向，一方面要保证业务在成长，另一方面要做好组织的长期基建，做好企业的可持续发展。所以发展文化的核心重点就是"统筹兼顾"，"既要又要"。既要业务发展，又要组织成长；既要业务效率，又要机制创新。

发展期的组织特征

首先，组织架构要清晰。

创业初期，组织需要灵活性，从而能快速捕捉到商业机会，到了发展期，商业模式已经确立并跑通，这时需要的就是通过效率把商业机会扩大，所以组织架构就要清晰、职责明确、专人专岗，通过专业化分工提升效率，让商业机会更快地变现。就像创业期我们需要的是一辆多用途的越野车、面包车一样，发展期就需要各种专业的车：专门拉货的货车，专门拉人的大巴车，等等。

其次，企业要开始构建学习型组织。

为什么要在这个阶段构建学习型组织？原因有四。

一是让人才进化。人才可以分为三种：第一种是野生纯天然的，没有进过大公司，没有经过系统化的训练，凭借个人天赋在实际创业过程中摸爬滚打出来的；第二种是见过体系的，在大公司待过，受过系统的训练，有一些标准的职业素养与习惯，能够在一定程度上把原有的体系挪到新的地方上复用，但不擅长创新和改进；第三种是建过体系的，不仅在大公司待过，受过体系化训练，而且还建设过体系，懂得体系的基本逻辑，有自己的一套底层逻辑，可以根据不同企业的情况建设属于这家企业的体系。

大部分创业公司早期的人都是"野生纯天然"的，因为无论是见过体系的人还是建过体系的人，都比较贵，不一定请得起。而且创业初期经常需要的就是野生人才的强执行力与不守常规的"野路子"思维。但到了发展期，仅靠野路子打法就支撑不了常态化运营，必须进行体系化。那么如何让建过体系的人进来发挥作用，如何让见过体系的人进来待得下去？这就需要组织进化。从"野生纯天然"进化到"有体系"，就需要构建学习型组织，在业务发展中不断学习体系化的认知方法，应用到自己的工作中，从而从"野路子"进化到"正规军"。尤其是CEO，若CEO不能学习、突破、进化，整个组织都会停留在原地。CEO只有不断跨越、实现认知突破，才能带领组织往前走。

在发展期，不少企业都会面临转型，从"生意"转到"事业"，从"贸易行为"转到"经营行为"，在转型的过程中首先要转型的就是CEO的认知。CEO思维不转型，企业是转不了型的。比如很多CEO都是做生意出身，通过贸易、生意赚取第一桶金之后想"做大做强，再创辉煌"，于是招兵买马建立团队，想创一番事业。但生意和事业有很大区别，做生意是"盯小单、分小钱"，在每一笔订单里面精打细算，在小团队里分钱，投入之后可以很快看到回报。而做事业则要长期投入，在大团队里分钱，需要一整套计划来确定把钱投到哪里，什么时候亏损，什么时候有盈利。也需要一整套让每个人都觉得公允的利益分享机制，还要处理团队的人心和发展问题。不少做生意的人转为做事业之后都会有"赚一点钱怎么这么累"的感觉，其核心原因就是自己的认知没有转型，还是在用做生意的认知去做事业，自然会有矛盾。而文化也是一样，如果企业在发展期还是用生存期的文化，自然也有很多问题。所以要构建学习型组织，首要步骤是CEO的转型，其核心是人才，底层是文化。

CEO在成长，高管也要成长。对于CEO来说，最需要跨越的是认知，对于高管来说，最需要跨越的则是胸怀。当然，高管的能力和认知也重要，只是胸怀更重要。为什么？因为一般来说创业公司的高管大多是野生派，靠着一路"打怪升级"与对组织的坚守，才成为今天的高管。但组织发展到现在，遇到了更难的问题，必须请更厉害、能建立体系的人进来。当出现了一个光环比你亮，职级比你高，一进来就深受CEO重视，每天跟CEO朝夕相处，CEO对其言听计从的人，你心里会怎么想？然后有一天，你不小心知道这个人的工资远高于你，又会怎么想？或是你一直努力成长，希望有更好的平台，但有一天CEO却让你给自己招一个上级，你又会如何想？委屈、愤懑、不安等种种情绪交织在一起，最终会变成利刃，挥向新高管。在新高管落地失败的种种原因中，除却新高管自身能力不足，老管理层的排斥是最主要的原因之一。但新高管的引进又是必然的，不然企业的发展就会停滞。

所以作为老管理者，作为创始成员，我们要做的就是扩大胸怀，接纳新的高管进来。一方面，随着新高管、大牛的进入，公司会做得更大，利润蛋糕也会更大，员工分得的也会更多，员工的财富是增值的。如果没有新生力量的进入，企业发展不起来，利润蛋糕就做不大。蛋糕不大，有再多的权与利又有什么意义？所以作为老员工，如果真的想为公司好，从长远考虑的话，就要有宽广的胸怀，接纳新高管的进入，帮助其顺利落地，一起把公司蛋糕做大。另一方面，这何尝不是公司给我们的一次提升的机会。公司花钱买了别人几十年的经验给我们贴身辅导，即使别人在某些方面不如我们，但总会有值得学习的地方，何不趁此机会提升自己。只要公司在不断发展，我们的能力在不断提升，总是会有被委以重任的时机的。可能让我们委屈的是，在这个组织里会有起起落落，自己的影响力和受重视程度不如以前了，但如果把眼光放得长远一些，这些都是小事情。只要跟组织一条心，共同发展，最后真正的受益者还是自己。所以我觉得对高管来说，最重要的是胸怀。

还有就是HR的进化。如果你是一个还没有体系能力的HR（我们将在第三章详细讲述HR的体系能力，以及HR如何培养自己的体系能力），那么就要跟其他高管一样，要有胸怀去请更优秀的人进来，而且这个人很可能会成为你的上级。如果你是一个能构建体系的人，这个时候最重要的就是做选择，选择当前发展阶段的工作重心,在不同阶段,HR的工作重心也不同。

举个例子,我在果小美的时候,第一年只做两件事情,一件是招聘,另一件是员工薪酬的制定,这是那一年的命脉所在,是死穴,一定要做好。其他的如文化、绩效、培训都不做。但第二年,公司的发展上了一个台阶,我的工作重心就发生了变化,除了招聘,我还会做培养体系、绩效体系,开始构建文化体系了。所以HR的负责人,一定要能够根据公司当前的情况做选择,选择当下阶段最重要的工作来做。

二是适应市场变化。当前的市场环境是快速变化的,不确定性充斥着企业的整个生命周期,也许昨天早上还是成功的策略,晚上已经被对手摸透,且对手制定出了更完美的策略;也许今天好不容易摸清楚平台的运营规则,明天规则就改变了;也许我们刚刚熟悉90后员工的性格特征,但紧接着发现00后已经进入职场。今天已经不是当年"一招鲜,吃遍天"的时代了,企业要想胜出,必须不断"刷新"自己,不断迭代自己的运营打法,那么就要构建一套"尝试—学习—反馈—总结—复制"的流程,在快速变化的市场中不断尝试新的打法。如果遇到解决不了的问题,就通过内外部的学习去找方法,找到方法之后就调整打法策略,然后总结出标准的方法进行复制。只有建立这样一套流程,并保持流程的灵活性,才能在千变万化的市场环境中保持企业的竞争优势。这样的流程构建就是学习型组织的构建。

三是加强人才产出。提到阿里,人们总是会想到"良将如潮、人才辈出",可是早期阿里招进来的大多数都是普通人,但阿里格外重视人才培养，会花大价钱、大精力去建设人才培养体系，让平凡人做非凡事。企业竞争到一定程度，很难在商业上拉开优势，最终胜出靠的就是人才效率，谁有更多的人才谁就能胜出。所以构建学习型组织，建立成熟的人才培养体系就尤为重要。

四是引入关键人才。业务的快速发展，必然带来组织人数的扩充，这一阶段的人才需求量比生存期更大，人才的发展跟不上业务需要是每个发展期公司的必经之痛。那么每当这个时候，公司就会把压力给到人事部门，让人事部门开足马力去招。但在招聘中我们要做好区分，有一类人是不能寄希望于人事部门来招聘的，这类人就是能对公司发展产生极大甚至关键性作用的人，我们一般称之为关键人才。对于关键人才的招聘，常规的招聘人员是找不到的，因为如果招聘负责人的能力一般，往往吸引不到比他更优秀的人。所以关键人才的招聘只能由创始人亲抓，由创始人去寻找关键人才，亲自把关关键人才的甄选并将其吸引进来（当然，猎头推荐、自己企业的招聘系统也是关键人才信息的来源）。如果创始人也吸引不到人才，那么就需要先集体提升一下，栽得梧桐树，方有凤凰栖。

为什么要在发展期格外重视关键人才？因为现阶段遇到的一些问题已经不是常规人才集思广益所能解决的，三个臭皮匠未必顶得了一个诸葛亮。

我们去企业服务的时候，企业会跟我们讲他们花了很多人力、物力搭建起来的组织体系，但我们一眼看过去就能发现更好、更高效的方法，因为我们多年来就是干这个的。比如我们在给企业辅导绩效管理的时候，企业给我们讲解他们现行的绩效管理方法，我们一下就发现了很多可以提升的地方。比如他们的考核只打分，不做辅导和反馈，而绩效管理的精髓就是做辅导和反馈，在辅导和反馈中让员工的能力得到提升，获得更好的绩效，所以没有辅导和反馈的绩效管理是没有灵魂的；比如他们只考核结果，没有过程管理；比如他们只有惩罚，做得不好要扣分，但没有奖励，做得好没有额外的回报。所以我们就问客户："这套方案推行起来是不是很辛苦，大家应该比较抵触这个方案？"客户连忙点头称是，于是我们就给他讲了我们的洞察，并跟客户一起调整了方案。试运行一段时间之后发现大家的抵触情绪少了很多，开始接纳并期待考核了，因为大多数人还是希望自己的工作可以得到反馈和评价的。

所以企业在发展过程中遇到难以解决的问题时，一定要善于与外界沟通，寻找新的力量介入，借力打力才是比较巧妙的方法。

我再举一个案例。在 2010 年开始的"千团大战"[①] 中，许多参与者都注意到以高执行力著称的阿里"中供铁军"是打赢这场仗的必备人才，所以大家都争着去挖从"中供"出来的销售人员。但大多数公司挖的都是销售或者主管层人员，因为挖这些人的难度相对低一些，成本也小。有一家团购企业的创始人的观点

[①] 2010 年 1 月，国内首家团购网站成立，随后受资本的加持，大批团购网站成立，最高时有近 6000 家团购公司同时竞争，最终只有以美团为代表的极少数公司存活下来，这场商业混战被称为"千团大战"。

却截然相反：与其这样费心费力一个个挖，不如直接挖个头儿，然后让这个头儿去负责组建下面的团队，这样不是更好吗？想到就做，经过一些曲折之后这家企业成功挖到了"头儿"，然后让他去搭建整个团队，最终这家公司从"千团大战"中胜出，成为最终的赢家。这家公司就是美团，它的创始人是王兴，他所挖的人叫干嘉伟。为了请干嘉伟。王兴前前后后和他聊了六次，"六顾茅庐"成为互联网圈的美谈。

企业发展过程中必然会出现一些关卡，靠自己是过不去的，要么靠外部专家，要么靠引进关键人才。所以对于关键人才要大胆一些，要学会算"总账"、算"大账"，不要盯着一些小账——算小账还是在做生意。从"总账"上看，引进关键人才往往是最省心省力的解决方案。

当然，我也知道很多CEO的担心："万一招到的人不合适，怎么办？"这样的担心是正常的。一方面，人才市场鱼龙混杂，滥竽充数者大有人在；另一方面，用人方的面试水平也有待提高，容易招错人。比如我服务过一家公司，一年利润就有几亿元，在发展期的时候，就想招个更厉害的人去开拓线上业务。于是他们通过猎头，找了一个从大厂出来的人做运营负责人，搭建线上运营体系。但这个人进来之后一直拿不出结果，于是CEO让我去跟这个人交流几次，交流完之后我就发现，这个人虽然是从大厂出来的，但并不具备搭建系统的能力，因为他是第二种人，即见过系统的人。所以他会把原来的做法照搬过来，但现在平台规则有很多变化，做的品类也不一样，他没有理解到位，也没有调整打法，导致在线业务一直亏损。后来我找了一个运营大牛过来参与他们的会议，会后提出一些建议，阐述线上运营的逻辑是什么。这时大家才明白原来互联网在线运营的逻辑是这样的。那个大厂出来的人也心服口服，认识到自己的短板，后来就主动离职了，我们又找了一个可以建体系的负责人进来把这摊事做起来。当然在这个案例里，人才只是能力不匹配，更麻烦的是价值观不匹配。所以，关键人才一定要引进，但过程一定要严。

发展期的人才梯队建设

"长板凳计划"一词源于棒球比赛。在举行棒球比赛时，棒球场旁边往往放着一条长板凳，上面坐着很多替补球员。每当比赛要换人时，长板凳上的第一个人就上场，而长板凳上原来的第二个人则坐到第一个位置上，刚刚换下来的人则坐到最后一个位置上。球队在运营管理时，不会满足于拥有处于当打之年的球星，而是会持续不断地寻觅可以继承当家球星和首发位置的后备人才，让他们积累实战经验。不管多厉害的球员，都一定会有替补，当主力缺阵，替补能及时补上去。所以通过长板凳计划，每支球队都能实现对球员的不断提升、过滤、淘汰，从而保证在任何时候都能"球员辈出"。所以，长板凳计划一方面可以保证人才充沛，不因某个人的问题而影响进度，另一方面，也会避免当红球星居功自傲，因为随时有人可以替换他。后来这个理念被IBM引入企业管理，进行人才梯队建设。

回归到企业管理，我们发现企业进入发展期后，会出现人才断层，在某些岗位上缺乏人才储备。极端情况下，个别人还会"拥兵自重"，跟公司搞对抗、讨价还价，但你还不敢动他，因为找不到可以替代他的人。所以到了发展阶段，"长板凳"一定要建立起来。

如何建立？人才梯队的建设有两个重点，一是培养体系，二是继任者计划。

培养体系，我们在前文提到学习型组织的时候也讲过，在发展期一定要重视团队培养，因为这个阶段的人才素质还有很大提升空间。从分类上看，企业要有新人培养体系、专业人才培养体系、管理人才培养体系。新人培养体系保证人才活水的不断涌入，专业人才培养体系保证人才能力的不断提升，管理人才培养体系保证组织人才承载力的提升，有充足的管理者才能承载更多的人才。从体系的流程上看，不仅要有教学，还要有实训、考核、淘汰，有培训必有考核，有考核必有淘汰。只有这样，才能让大家重视培训。

继任者计划，简而言之，就是每个管理者都有责任培养自己的接班人。管理者晋升的标准之一就是有没有接班人，如果没有接班人，管理者是不被允许晋升的，因为培养继任者是对他考核的一项重要内容。通用电气的每任CEO在任职时都会有一个目标——要培养三个接班人。对通用电气而言，衡量一个领导者成功的标准，不仅在于他在任期内创造的业绩，还在于他能否培养出一名优秀的接班人，从而使企业基业长青。通用电气通常在现任CEO卸任的八年前就会启动继任者计划，由专门的委员会选出数十个候选人，再进行定向锻炼与筛选，最终确定下一任接班人。CEO是这样，管理层也要这样。培养继任者，一方面可以保证组织人才的可持续性，另一方面也是对管理者的要求，如果连继任者都培养不出，怎么能胜任晋升后的管理岗位呢？

成熟期：传承、变革、融合或破局

接下来，企业就到了第三阶段——成熟期。处于成熟期的企业发展方式各不相同，所以成熟期又大体可以分为稳定期、变革期、多元化期、衰退期四个小阶段。

一是趋于稳定的稳定期。如果发展期发展得较为良好，各方面的机制、体系、流程趋于完善，那么企业就会进入稳定期。这一类型的企业组织已经有了一以贯之的清晰愿景和价值观，相对成熟流畅的制度化管理体系，人才储备、晋升和培养通道也已经完备，整个组织机构运转良好，战略通达，企业内部的创新力和凝聚力也比较强。这个阶段企业文化的核心就是传承文化，将原有的文化发扬光大，培养出更多志同道合的合伙人，未来才能支撑更多的业务发展。

二是处于转折阶段的变革期。当企业稳定发展到一定阶段，内部创新消磨殆尽，外部也没有强大的竞争者，外部拉力和内部推力都不足的时候，企业就会开始陷入内耗。此时，组织结构相对比较庞大，企业从规模来看俨然是一头大象，但从内在的组织结构来看已然是一头陷入困境的大象。战略和组织已经不适用于当下的市场环境，CEO和高管的认知急需更新，人才梯队急需重建。所以在这个阶段，企业需要的则是变革文化，通过对企业愿景、使命、价值观的重新审视来激发组织活力，进行战略业务的变革与创新。我们在第一节讲到的阿里的变革就是阿里主动进入转折期，开始变革。

三是多元化期。组织通过变革激发新的活力，会长出新的业务，那么新老业务之间如何融洽发展，新老人之间如何协同互助？这就需要多元文化。多元文化的核心是开放包容，能够让有不同思想的人繁荣互生。处于这个阶段的企业，组织特征一方面具备稳定期的特点，另一方面因为经历过变革的阵痛，内核更为强大坚韧，进入兼容并包的状态。企业的愿景、价值观需要不断进行迭代和践行，人才梯队建设需要更富有层次感和灵活性，以满足这个时期业务多元化生长的需求。比如现在的华为，除了传统的通信业务，还有手机业务，更是积极地在做汽车，业务非常多元。再如海尔，最早是做家用电器的，现在还做装修材料、医疗保健器材、家居用品、数字化产品等业务。

四是企业家们都不想企业进入的阶段：衰退期。企业处在变革期的时候，问题大多只是潜藏在内部，从外部看，业务可能还是增长的，但衰退期，问题已经暴露在业务指标上了，再不进行调整，企业倒闭只在旦夕之间。衰退期的企业文化建设出现了僵化气息，活力匮乏，形式大于内容，企业制度对企业内部的约束力和激励作用越来越弱，企业内耗严重，对外部市场环境的反应迟钝，企业危机不断加剧。在衰退状态下，企业需要的是破局文化，不能进行无限制的扩张，业务要重新聚焦，并且还要"换血""瘦身"，如果人的思维经引导后最终跟不上，那么不换思想就换人。

不同阶段的文化断层与应对

企业在生存和发展的各个阶段有各自的特征，各个阶段的文化建设也会遇到不同的挑战，有时候还会走入误区，出现文化建设的断层（见表1-2），我们需要及时关注，做出诊断。

表1-2 文化建设在企业不同阶段的断层表现

企业发展阶段	文化建设断层表现
创业期	没有制定生存规则
发展期	没有提炼总结，没有落地执行
成熟期	没有迭代升级

处于创业期的企业，因为还在野蛮生长阶段，企业管理人员往往倾向于凭个人经验和直觉进行企业的日常管理和运作，一头埋进业务中，没有高压线的设置，对于生存期规则的制定是忽视的。这种做法是短视的，时间一久，会影响公司的进一步发展。所以，创业期企业需要警惕的文化断层是没有制定生存规则。

下一个阶段的企业，已经走过了从0到1的阶段，进入发展期。此时，企业管理者在业务和人员管理方面已经积累了很多的经验，企业员工也已经在行为模式、价值观等方面基本达成了共识。但是这些经验没有提炼成文，就像散落在企业内部的珍珠，这些共识也可能只在小范围内付诸实践且流于形式，没有清晰的诠释解读，即使有贴在墙上的只言片语的行为准则和考核制度，也无法从墙上走到企业人员的心中。在发展期会影响企业未来发展的潜在问题是，企业文化没有被提炼总结，也没有落地执行。

企业经过一定时间的快速发展，具备了稳定增长的基础后，逐步进入成熟期。在这个阶段，业务和市场已经有了巨大的变化，企业在原有业务的基础上慢慢孵化了新业务并组建了新团队，这个时候，如果企业文化不能在新旧业务之间实现承接和迭代，就会使得企业再一次陷入混乱和危机。

文化和业务之间是什么关系呢？它们都起源于创业伊始，随着时间的推移，最好的公司是要做到文化先行的。比如微软的萨提亚，他在上任后的两年内，把文化放在比业务更重要的位置，给企业松土，唤醒了组织，打开了所有员工的认知边界，然后带着团队做业务、做战略调整，最终让业务发展达到新高度。

文化和业务就像万事万物运行时的阴阳两面，它们彼此独立，互相作用。

在我们了解了企业文化的不可或缺，以及企业在不同阶段可能存在的文化断层问题之后，我们就能清晰地知道各个阶段的企业文化核心工作是什么。

从企业文化的三个层次来看，创业期企业的文化还处在外在感知层，以直觉和经验为主，缺乏理性的约束和思考。这时需要制定适合生存阶段的企业规则,以及放眼未来的激励和约束规则,既给大棒,也给胡萝卜。

处于发展期的企业,其文化经历外在感知层和内在行为层,逐步进入潜在意识层。一方面需要在核心意识层面对企业文化进行提炼和升华,另一方面需要在行为上对企业文化进行更好的落地执行,以内养外,保证企业持续稳定发展。

处于成熟期的企业,已经有了相对成熟的企业文化体系,随着业务的迭代更新,企业文化的迭代升级显得尤为重要。告别守旧,拥抱变化,创建多元化的文化体系是企业文化长青的必经之路(见图1-4)。

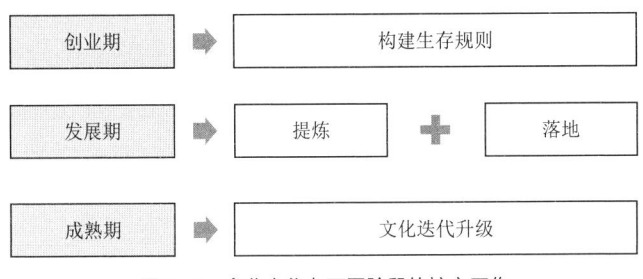

图1-4 企业文化在不同阶段的核心工作

第二章
心与魂：企业生存的基石

从本章开始，我们就进入文化建设的实操部分。为了便于大家理解，我们将阿里发展前十二年中几个关键的文化事件整理成案例，放在每章的第一节，然后再在章节内讲述相应的文化落地阶段和方法。之所以列举阿里前十二年的关键事件，是因为阿里前十二年的发展历程对发展中企业来说是比较有借鉴意义的，其形成了一个"生存—发展—传承—变革"的闭环。2012年之后的阿里，规模已经十分庞大，组织运行的规则与发展中企业已经有很大不同，借鉴意义不太大。

本章第一节我们将分享阿里在 2001 年从生存期走向发展期时是如何进行第一次文化构建的。在创始之初，阿里巴巴正如当前的绝大多数公司一样，只有简单的文化氛围和相处原则，还没有成形的文化体系。这个时候的阿里如何搭建自己的文化体系，对创业期企业是有一些借鉴意义的。

讲完案例之后，我们将结合案例分享如何进行文化的初步提炼以及创业期企业的文化构建要点。

阿里生死关头的文化提炼

> 只有在黑暗中,星光才会闪耀。
>
> ——马丁·路德·金

冰火两重

时间回到世纪之交,彼时世界互联网产业迎来了第一次盛夏,在美国市值最高的10家公司里,有6家是互联网公司,纳斯达克指数一路飙升至5000点,数百亿美元的资金涌入互联网产业,互联网创业公司如雨后春笋般涌出,灿烂缤纷。中国的互联网产业也一片欣欣向荣,三大门户网站搜狐、新浪、网易相继在美国上市,后起之秀也在奋力赶超。在当时中国的一个二线城市,一家公司在经过多次业务尝试后,最终选择了互联网电子商务,在全球互联网热潮及创始人的感召下,拿到了一家投资机构上千万美元的资金。在2000年,这绝对是笔巨款,要知道彼时上海的平均房价也不过约3000元/平方米。所谓春风得意不过如此。

资金注入之后,这家公司的业务动作就激进了很多,不仅将国内总部从二线城市搬到上海，还在美国设立了全球总部，不惜重金在全球范围内招兵买马，广罗精英，正要斗志昂扬大干一场。

但好景不长，从巅峰到谷底几乎是一夜之间发生的事，一场互联网风暴从美国开始席卷全球，将整个互联网产业从盛夏推到寒冬，纳斯达克总市值一个月就跌了34%，近一半互联网公司倒闭破产，巨额财富顷刻消失，这场危机影响深远，今日互联网格局仍与当年有关。

但就算外面的世界再跌宕起伏，再具有戏剧性与研究意义，这家创业公司也无暇欣赏与研究，因为它也在这艘沉没的大船之上，正在为自己的生计发愁。它是幸运的，账上还有钱。但它也是不幸的，因为刚刚从全球招募来的顶尖精英，现在变成了催命的累赘，每个月的人工成本就高达200万美元。而此时的业务还没有真正实现盈利，账上现金仅够4个月之用，如果半年内实现不了盈亏平衡，公司就会死。一个泡沫破灭的赛道、一家尚未盈利的公司、一支成本高昂的团队，各位读者可以代入一下，如果自己是这家公司的掌舵者，该怎么办？坚持还是放弃？

如果要坚持，那怎么坚持？裁员以控制成本，聚焦业务先赚钱，这是经常会听到的答案，也是绝大多数人会采取的常规操作。

如果要裁员，裁多少？裁哪类人，精英人群还是普通人？

如果要聚焦业务，聚焦哪类业务，一个大单养全家的，还是小单子一单一单赚的？

所以越是在危急关头，做决策越要精琢细磨，不能慌张，乱了阵脚。且看这家公司是如何操作的。

互联网的泡沫危机，加上人员急剧扩张导致的管理混乱，让创始人意识到公司正在失控，此时急需一位非常有战略高度和丰富经验的人来帮助公司渡过难关。2000年底，公司通过猎头找了一位总裁兼COO，他是香港人，在2001年1月初加入了这家公司。

直到进入这家公司，他才清楚公司所面临的困境。虽然此时依然可以选择打道回府，但他选择了留下来，采取一系列的行动与这家公司共渡难关，让这家公司从只能活4个月变为可以活18个月（没有任何外来资金，就凭现有的现金），并且一直发展到现在。没错，这家公司就是后来成长为中国甚至世界互联网头部公司的阿里巴巴，这位先生就是通用电气医疗原中国区总裁、后加入阿里巴巴担任总裁兼COO的关明生（后文称呼他的英文名Savio）。

扪心之问

Savio加入阿里之后的行动，最著名的就是"杀人放火"。他刚过完年就飞到全球各地进行大裁员，顶着压力与生命危险（同时期出现过裁员纠纷引发的枪击案），从美国到中国香港，再到韩国，仅用一个星期就裁掉了境外绝大多数员工，将组织人数从300多减到100多，将人工成本从每月200万美元降低到50万美元，给公司争取了18个月的生存时间。Savio也因此在公司内获得了"铁血宰相"的称号。

但其实很多人不知道的是，Savio 到阿里的第一个动作并不是"杀人放火"，而是另外一个。如果说"杀人放火"解了阿里的燃眉之急，那么这个动作则为阿里确定了立足之本。这个动作就是建立了阿里的文化体系。

2001 年 1 月 6 日，Savio 从香港飞往杭州，入住阿里旁边的宾馆。经过入职前与阿里高管的对话及加入阿里后与内部员工的沟通，他发现对于年轻的阿里来说，比起如何赚钱、省钱，更重要的是要知道为什么赚钱、赚什么钱。因为此时的阿里虽然年轻，富有激情与梦想，但体系化、组织化极为匮乏。没有解决体系化、组织化的问题就要选择业务及搭建业务团队，无异于在沙滩上起高楼，楼越高越危险，越容易倒塌。只有热情与梦想，是做不成一家企业的。而组织化、体系化的根基就是要确立企业的根本——文化体系。

这是阿里成立以来第一次真正面对、思考这个问题。诚然，公司内过去也有一定的文化规则，但几个规则是松散的，不成章法，江湖气息比较重，比较简单。创始人振臂一呼，将大家号召在一起，用兄弟情谊将人心凝聚在一起，遇到问题也不过是在台面上摊开解决，再激烈一些就靠着马云的领导力来解决，大家争论、哭泣、和解、拥抱、重新回到岗位并肩作战。这也是很多公司早期的状态，依托于创始人的领导力与领导风格建立起来的文化规则，富有激情与梦想，但缺少体系。激情与梦想是民营企业能够创立成功的原因之一，但长期只有激情与梦想也是民营企业创业失败的原因之一。一年合伙，两年红火，三年散伙，是民营企业的常态。很多企业的成立是基于创始团队的一腔热血与看似美好的目标,为了目标,大家可以不管不顾,全身心地投入工作。但随着企业面临的问题与打击越来越多,诱惑也越来越多,不可避免地,团队对于目标、未来发展方向、利益分配的思考开始发生分化。团队开始"同床异梦",会有人开始思考目标的合理性与真实性,每个人对于目标的想法与信心也开始不同程度地发生变化,坚信者有之,怀疑者有之。当企业经营不善的时候尤为如此。如果没有明确、真实、清晰的目标、使命、愿景作为支撑,创业初期的热血与激情,很容易被消耗掉,团队也会随之分崩离析。这是企业的常见问题,但鲜有人想到。

阿里早期的文化可总结为"校园文化",这是因为马云起初是杭州电子工业学院(现杭州电子科技大学)的英语老师,而早期的员工不少是马云的学生。所以虽然是在创业公司,但平常人与人的相处就像在学校一样,简单、亲切、可信。

马云曾对 Savio 说道:"Savio,你知不知道,在阿里跟这么多聪明、有热情、充满创新精神的人一起工作,就好像是两百个人在踢足球。足球场上足球飞到那边去了,整群人都冲过去。还没到那个地方,球又被踢到另外一个地方了,大家再一起冲过去,结果来回两个小时,足球都没触到,出了一身臭汗。"这是当时阿里的真实写照。

所以此时的阿里急需把松散的文化萃取成章,有了成章法的文化体系,企业的系统自然而然就会生长出来。

2001 年 1 月 13 日,星期六,早上,阿里历史性的时刻到来。

马云、Savio、蔡崇信、彭蕾、吴炯、金建杭六人在马云的办公室外面讨论文化价值观。马云滔滔不绝地讲阿里怎么厉害，很有价值观，等等，然后Savio问了马云一个关键问题："我们的文化这么厉害，有写下来吗？"

这句话让马云沉默了大概一分钟，他想了半天，然后说："Savio，你讲得太对了，没错，从来没有写下来。"然后他问Savio："应该怎么写下来？"Savio说："应该用目标、使命、价值观写下来。"

马云马上说，"八十"、"十"和"一"，是我们的愿景目标。"八十"就是持续发展80年（80年为一个人较为理想的寿命，后改为102年，因为阿里巴巴正式成立于1999年，102年即可横跨三个世纪）；"十"就是世界十大网站之一；"一"就是只要是商人就一定都要用阿里巴巴，这当中涵盖了清晰的目标客户。

"使命呢？"Savio接着问。

"让天下没有难做的生意。"马云马上脱口而出。①

使命跟愿景很快就写下来了。那么价值观呢？金建杭冲进办公室，找到了马云过去讲过的关于价值观的记录，有六七十张纸。于是在Savio的引导下，大家花了七个小时进行提炼，最后形成九条价值观，并把它命名为"独孤九剑"（客户第一、激

---

① 其实从马云最早创立"海博翻译社"开始，到后来的"中国黄页"，再到"阿里巴巴"，做的都是to B业务，可见马云对to B是有天然的触感的。实际上企业的使命与创始人的天赋是有密切关联的，甚至可以说，企业的使命就是创始人的使命，如果二者不统一，在企业面临危机时，创始人很难带领企业坚持下来。

情、创新、教学相长、开放、简易、群策群力、专注、质量，见表2-1）。这是阿里历史上转折性的一天，至此阿里第一版正式的文化价值观诞生了，阿里之后二十年的文化发展也只是在这个版本上不断迭代而已。当然，在会议结束后，彭蕾又花了几个月时间将价值观形成了可落地的行为准则与考核方案。①

表2-1 阿里第一版价值观——"独孤九剑"

价值观	价值观解读
客户第一	• 阿里巴巴是商务服务公司，我们帮助商人成功。我们今天提供的不是技术，不是产品，我们提供的是我们的经验和时间。了解客户的需求和痛苦，用我们的心来帮助他们解决问题。我们提供他们最需要的服务，不推销他们不需要的东西，要让客户真正感受到被服务的快乐。 • 我们要尊重我们自己，尊重我们的公司，尊重我们的同事，尊重我们的客户，尊重我们的竞争对手。 • 尊重自己，热爱自己的职业，深刻理解公司对自己的信任，个人利益服从于公司利益，为公司争取最大价值。 • 尊重公司，宣传公司的使命与价值，传播公司的优秀文化。 • 尊重同事，维护团队形象。 • 尊重客户，想客户所想，急客户所急。 • 尊重竞争对手，合理合法地开展业务。
激情	• 守住我们的激情，永远像第一天上班，百分之一百地投入。 • "Life is tough." "Never, never, never give up." 面对挫折和竞争，我们自信并充满必胜的信念，永不放弃。

---

① 以上关于2001年1月13日创始团队就阿里使命、愿景、价值观讨论的故事细节，参考了关明生先生《关乎天下2》中的讲述。

续表

价值观	价值观解读
创新	• 创新是企业的生命,是新经济的生存之道。赢得竞争的重要法则是比对手更快地将新产品、新服务投入市场并占领市场。因此,公司的最大敌人是自己,是自满和停止不前。 • 在公司的制度建设、管理、财务运作、人力资源计划、产品开发、市场营销等各个方面,我们都要创新。
教学相长	• 阿里巴巴的每一个进步和成就都来自所有阿里人的发展。学习更好的技术,学习更好的管理,学习更有效率地工作,向竞争对手学习,向同事学习,只要可以更好,就要学习。 • 每个人在阿里巴巴都可以获得更成功的自我。 • 帮助同事发展就是帮助阿里巴巴,就是帮助自己。
开放	• 开放是互联网的精神,是新经济企业的灵魂。我们认识到世界的多样性和复杂性,关注并去理解外部世界的变化和变动,参与到促使这个世界变化和变动的大潮中,求同存异。 • 我们是全球化运作的公司,要融合不同地域、不同文化、不同习俗的人共同工作,吸收一切有利于公司发展的有益的文化,共同参与网上全球贸易市场的开发与建设。 • 对同事、对客户、对一切事,一定要诚实,永远讲真话,乐于并善于沟通。
简易	• 做产品要简单。阿里巴巴不是为专家设计的产品,阿里巴巴是所有商人都可以使用的工具。真正的高技术把复杂留给自己,把简单带给客户,就像傻瓜相机一样简单。 • 做人要简单。不以自我为中心,换位思考,学会理解别人。
群策群力	• 我们是一群平凡的人,团结在一起做一件不平凡的事。阿里巴巴要做的事很大、很多,需要所有人的努力,每个人的贡献对阿里巴巴来说都是独特的、有价值的。我们因我们的同事而自豪。 • 彼此互信,能坦诚建言,提供良好的想法。 • 当公司出现问题的时候,能共同承担责任,所有的员工说"我们一起来解决问题"。

续表

价值观	价值观解读
专注	・我们做公司不是因为别人也在做，不是因为别人希望我们做，我们做是因为我们相信我们能做到，知道我们什么时候、怎样才能做到。 ・我们像猎人，看准了一只兔子，就千方百计抓住它，我们不会改变我们的目标。 ・公司的资源是有限的，必须集中资源做正确的事，做最应该做的事，而不是成为又一个小型社会组织。 ・我们知道每个人工作的时间是有限的，必须把我们的大部分时间花在最能产生价值的事情上。
质量	・我们的工作的质量体现为"客户满意"。 ・没有质量的工作就是浪费。阿里巴巴的发展只能来自我们不断地给客户带来高质量的服务。 ・对于今天，我们要制定出最高的标准，来检查自己工作的状态，并将自己的工作调整到最高效率。对于明天，我们要提出超越的目标，使自己的工作一天比一天进步。

Savio到岗之后的第五天，阿里建立了公司的文化体系。十天之后过完农历新年，他才开始裁员行动。而裁员是极为痛苦的，如果没有提前确立文化价值观，明确使命愿景，知道了阿里在未来要成为什么样的企业，担负什么样的社会责任，对于重情重义的马云和创始团队而言，是很难这么快做出裁员决策的。领导者会时常带领企业穿越无人区，在进入无人区时不可避免地会陷入泥沼与陷阱，需要领导者快速做出抉择以摆脱困境。而有些抉择是不被人理解甚至要背负骂名的。所以唯有坚定的信念在背后支撑，领导者才能保持冷静，做出正确抉择。

生存抉择

有了立足之本，解了燃眉之急，接下来就要实现盈利。

此时阿里有四项业务，分别是大型网站建设（e-solution）、网络广告（internet advertising）、网络登记（web hosting）、中国供应商（China supplier for export）。

看似业务很多，但实际上这四项业务都没有很好地打开销路。在企业发展早期，战略需要聚焦，选择一个业务做拳头产品。现在我们知道阿里最终选择了中国供应商，但当时一切都是未知的。几个业务中，网络登记没有竞争优势，自然而然就被放弃了。大型网站建设、网络广告是大客户项目，现金好、利润高，对品牌也好，做成一单就有几十上百万元的收入，可以很快解决生存问题。而中国供应商业务服务的都是中小企业，累死累活做成一单也就只有几万元收入。在急需现金，实现盈利都艰难的时刻，大客户业务往往是最优选，但为什么阿里最后选择了中国供应商这个吃力不讨好的业务呢？主要有以下几个原因。

其一，从使命上看，阿里的使命是"让天下没有难做的生意"，也就是帮助企业降低经商难度。那么，大企业需要你帮助它降低难度吗？也有需要，但你能做的往往都是锦上添花的事情，真正的难题不是你能解决的。那么阿里的使命也就形同虚设，只是锦上添花的装饰品。

真正的使命不是提出来的，而是做出来的，业务实践与使命价值合一才能发挥出价值，二者不合一的时候，只会互相牵绊，形成负循环。

真正需要有人帮助其降低经商难度的往往是中小企业，它们是需要有人去雪中送炭的。比如，中国加入WTO（世界贸易组织）之后，国内企业在如何触达更多客户、拿到更多订单这件事上是需要帮助的。服务中小企业符合阿里的企业使命。使命引领业务，业务落地使命，二者合一，才会进入正循环，带来价值。

所以帮助中国中小企业走向海外，解决销路问题的中国供应商业务是使命的必然选择。当时，虽然世界对中国是有贸易需求的，但中国对外贸易的渠道比较少，以几个大型交易会为主，大多数中小企业是没有入场券的，它们需要阿里的中国供应商这样的服务。

其二，从愿景上看，阿里的三大愿景之一就是"只要是商人就一定要用阿里巴巴"，这个愿景表达的是要服务市场经济的主体，而大企业毕竟是少数，中小企业也是市场经济的重要组成部分，只有选择中小企业才能完成公司的愿景。所以选择中小企业也是愿景带来的具体决策。

其三，从价值观上看，做过大客户业务的人应该都知道，时至今日做大客户最麻烦、最有风险的一点就是回扣问题。

比如网站建设，对方的负责人明确说，只要给他15%的回扣，100万元的订单立马给你。网络广告业务也一样，方案都没问题，只要你多加10万元的报价（相当于10万元的回扣），立马签合同。诸如此类的事情，几乎是行业惯例。

但这是阿里所不能接受的，因为"独孤九剑"的底线就是"诚信"，违反诚信原则的事情一律不做。而给回扣、行贿明显是违反诚信原则的，10%也好，15%也好，1万元也好，100元也好，只要行贿的口子一开，就是一个无底洞，公司的价值观就形同虚设。关于价值观的建设，员工不关心你说了什么，只关心你是怎么做的，特别是在利益面前，没有被利益考验过的价值观是不合格的。

而做中小企业的业务则相反，中小企业的一把手就是决策者、花钱的人，决策链很短，不涉及回扣的事。所以在业务开展上，公司会要求销售直接找一把手谈。一把手的核心诉求是产品、服务能够帮他赚到钱，这从根本上断绝了行贿的可能性。阿里的业务策略也由此定下来了，做业务只跟一把手谈。在价值观的落地上，一定要在商业上避免价值观和利益的冲突，许多人遇到价值观和利益发生冲突，放弃的会是价值观。

不行贿也是另一个愿景——成为能活80年的企业——所决定的。企业要长期存活，必须合法经营，也许行贿可以让你在短期内活得很好，但不会活得很长，这件事会成为企业和企业主头上的一把剑，随时都可能掉下来，致二者于死地。

所以最终选择为中小企业服务的中国供应商业务是阿里的使命、愿景、价值观三者所共同决定的，而这三者之间也要相互统一。

文化确立了，业务选好了，策略定下来了，经过这样一番整顿，阿里的氛围变了很多。公司上下充盈着蓬勃的生命力，员工有了清晰的目标感，大家都很清楚地知道，自己必须在这个月完成什么、在今年实现什么目标。

有目标、有氛围、有文化的土壤，中国供应商业务的销售队伍，也就是后来名震天下的阿里"中供铁军"开始蓬勃生长，美团网前COO干嘉伟、滴滴天使投资人王刚、创业酵母创始人俞朝翎、大众点评前COO吕广渝、驿知行创始人贺学友等互联网江湖中的传奇人物也在这一时期先后加入了"中供"。

到了2001年12月，阿里注册商家会员突破了100万家，实现了数千万元的营收。第二年，公司赚了1元钱，实现了盈利。第三年实现了每天营收100万元。到了第八年（2007年），公司在港交所挂牌上市，此时服务的企业客户数已达数百万之多。转眼二十多年过去了，风雨变化，彼时为生存问题所逼迫的阿里已经成长为一个生态经济体，每天有无数的商贸往来，而这一切都离不开二十多年前那个看似平凡的一天。

马云有一次和Savio说："如果有一天我见到杰克·韦尔奇，一定要谢谢他，培养了你来帮助阿里巴巴。"①

从此，Savio被大家亲切地称为"阿里妈妈"。

可以说阿里是全世界最重视价值观的企业之一，它一直在思考并践行使命、愿景、价值观这些形而上的问题，还把它们落到纸上，烙到心里。

马云说："阿里历史上所有重大的决定，都跟钱无关，都跟价值观有关。"二十年来，从阿里走出来的那些创业者，在阿里

---

① 2008年，马云在美国比尔·盖茨的家里见到了杰克·韦尔奇，真的当面感谢了他，感谢他和通用电气培养了Savio，是Savio的加入让阿里起死回生并发展到现在。事后马云告诉Savio，他见到韦尔奇并践行了当年表达感恩之情的诺言。

找到了自己，也在不经意间把阿里的使命、愿景、价值观带入广阔天地。

君子务本，本立则道生。企业务本，本立则道强。文化，就是企业的本与道。企业经营的每一刻都在面临考验与选择，如何持续看清方向尤为重要，这就需要企业找到自己的经营之本。树长得越高，根就要越深。对于企业经营而言，如果没有确立文化根本，所有的战略、组织、业务都是空中楼阁，都会变成没有灵魂的装饰品。

企业如何找到自己的心与魂

上一节我们讲了阿里的文化提炼，以及文化如何帮助阿里做战略与业务决策，实现起死回生。那么回到我们自己的企业里，对于如何去构建能推动企业发展的文化体系，大家可能还比较困惑。毕竟大多数CEO忙于业务，对文化没有太多的认知与思考，也没有Savio这样的老师，没有提炼文化的方法论。发展中的中小企业要如何提炼出自己的文化价值观呢？

文化的提炼首先要"向内求，莫向外求"，别人的文化只能作为参考，不能直接拿来就用。我走访企业的时候很喜欢去他们的文化墙转一转，在不同企业的文化墙上见到过相同的价值观，都是直接从一些大公司照搬过来的，一家企业的文化墙上甚至赫然列着由华为、阿里、字节跳动三家公司的文化组合而成的价值观。但问到如何理解这些价值观，即使 CEO 本人也未必解释得明白，只是看到这句话不错、有感觉，就拿过来用，提升自己公司的文化气质。文化说到底是一个企业的灵魂，如果灵魂都是别人的，企业还能是自己的吗？所以企业文化必须"向内求"。当然有一些企业虽然借用了名企的词条，但内在的解释与案例是自己的，这种做法是没问题的。

如何向内求提炼文化，我总结了一个方法：三步骤，两核心。三个步骤分别是采集、共创、总结（见图 2-1）。

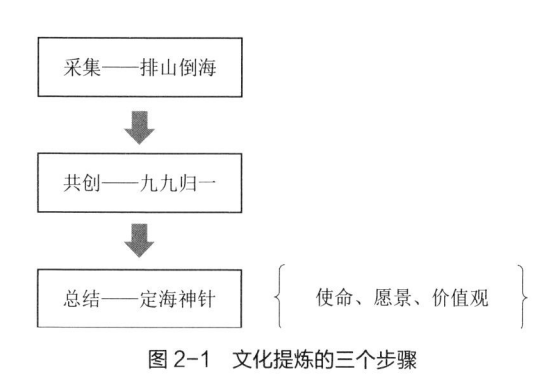

图 2-1　文化提炼的三个步骤

文化提炼的三个步骤

步骤一：采集——排山倒海

所谓采集，就是要从团队中收集很多关于文化的"原材料"，包括团队的初心、真实发生的故事、大家的真实感受、团队相处的规则、对人对事的看法等等。每家公司在成立之初其实都有自己的文化，只是这些文化还是"潜文化"，在公司日常的运营过程中它们以故事经验来体现、以言传身教来传承。所以，文化提炼的第一步就是要把这些"潜文化"提炼出来。

采集过程我称之为"排山倒海"，要范围广、力道足、声势强。

范围广，就是被采集者的范围要广，能涵盖企业的各个层级。为什么？因为范围不广，文化就不能代表最广大员工的内心需求、真实想法。企业人数在几百人以内的，从采集到共创，全员都可以一起参与。内部不同层级、不同部门、不同岗位的员工，外部的客户、投资人、供应商都要参加。一方面，所有人参与，收集的信息才会有代表性；另一方面，对文化而言，其形成的过程与最终的结果同样重要，一个好的收集、访谈过程会让员工自发地对文化有更深层次的理解，会有"原来我们过去能赢是因为这样"的感叹，同时被访谈者也会有被尊重感，认为自己是公司的主人，这对于后期的文化落地会有很大的帮助。所以，文化的落地其实从提炼就已经开始了，文化提炼本身就是一场共建共修文化的活动。

力道足，指的是采集的方式方法要多样且要采集到位。公司人少的时候可以用当面采访的方式进行，公司人多的时候不能做到每个人都当面采访，是不是可以发问卷或发邮件，让大家填写一下？这当然是可以的，但只用问卷、邮件还不够，还需要与采访、工作坊等多种方式结合。因为仅仅用问卷、邮件无法做深度挖掘和探讨，力道不够，真正的灵魂还是要通过对话去找到。通常来讲，公司的管理层、老员工、明星员工、直面客户的部分一线员工，外部的客户、上游供应商等合作伙伴都要被列入访谈范围，因为他们了解公司，他们怎么看公司很重要。

之前在帮一家公司做文化共创的时候，我就访谈到了这家公司的供应商，问供应商对这家公司的评价，供应商回应："这家公司特别靠谱，讲诚信，从来不拖欠回款，甚至经常会提前回款。"他还提到一个真实的案例。有一次供应商在计算货款的时候少算了一笔钱。过了几个月，这家公司在核算账目的时候发现少付了这笔款。遇到这种情况，不少公司可能就默认这笔款归自己所有了，或是等供应商发现了再退回去，因为是供应商自己算漏了。但这家公司发现之后立马跟供应商联系，补付了这笔款。这笔款虽然总额不多，但让供应商大为感动，第一次见到这样的合作方，所以后续对于这家公司的订单都会用最好的资源、技术去处理，对于紧急需求也优先配合。知道这件事的员工们也很自豪，以公司的正行为荣。这就是文化的力量，能获得别人的尊重与帮助。后来我们就把这个故事列入文化案例，并提炼出一条价值观——赚该赚的钱。

那么采访的时候要问哪些问题呢？我们列出几条供大家参考，大家也可以根据自己的实际情况来调整。

1. 你为什么会创办这家公司？（针对创始人的创业初心）
2. 这家公司、公司的 CEO、你的上级、团队最吸引你的是什么？

3. 你觉得公司的主要客户价值和社会价值是什么？

4. 公司走到今天最重要的原因有哪些？和同行或其他公司相比，有什么不同？

5. 公司的员工有什么特点？用三个词或三句话描述一下，每个特点都举个例子。

6. 面对未来，公司最需要的素质是什么？

7. 过往发生的比较好的案例和不好的案例有哪些？（企业要什么，不要什么）

8. 你比较期待和讨厌什么样的工作氛围、工作方式？

9. 要怎么做才能为客户提供更满意的服务？

10. 你觉得，文化比较优秀的企业有哪些？它们的文化在哪些地方做得比较好？

声势强，就是要让群众内心的声音能够准确地传递出来，不能只说表面的漂亮话。所以在采集的时候，说人话、说真话、畅所欲言很重要。采集的人要说人话，不要问一些假大空、不切实际的问题，比如问"你觉得公司的文化好不好？"等。被采集者也要说接地气的话。我们去过一家企业，问到这家企业在面对危险时的特质是什么，有位"才子"张口就来："路漫漫其修远兮，吾将上下而求索。"这句话虽然没毛病，而且在特定的场合，这句话其实也挺有深度的。但企业文化面对的是所有员工，是每天要践行的，如此有深度的话不利于日常的传播，也不方便理解。所以我们继续跟他对话，剖析这句话背后的故事与逻辑，什么是"路漫漫"，什么是"求索"，如何"求索"。最后翻译成白话就是两条：遇到困难勇敢向前；要创新，对工作要有前瞻性，能不断建立新方法、新思路，实现新的突破。

在采集过程中一定要营造开放、安全的氛围，让参与者愿意说真话、说实话。没人讲实话、讲真话，文化提炼就是一场作秀。如何营造这样的氛围，有两种场景。

一种是群体场景，我们可以通过开"裸心会"，用谈心的方式梳理出一些大家的感受。在裸心会上，可以选用"过去团队中最让我感动的一件事""过去几年我最遗憾的事，如果再来一次我会怎么做""公司能赢，因为做对了什么"这样的话题进行交流，主持人注意引导大家的情绪，让大家顺畅地表达出来，很多真实的感受自然而然就出来了。比如我们的一个客户在进行文化提炼的裸心会时，CEO谈到过去最遗憾的事情就是没有保持专注，什么机会都要试一下，结果什么事情都没有做好，浪费了很多资源和时间窗口，也让团队很不好受，可能上午还在做A业务，下午就被调去做B业务了。他说如果再来一次，肯定会保持专注，不会把精力分散到太多业务上。我们后来提炼了一条价值观就叫作"专注"。

还有一种是个体场景。但无论是群体还是个体，有一点很重要，那就是不要评判。如果员工说到公司现在做得不好、可以提升的地方，这时候千万不要评判，辩论说公司在这一点上做得没问题，这样对方就不愿意说了。也不要做太多解释，在这个场域下,解释就是对立,会拉开你跟员工心灵的距离。我们要做的是倾听和探索,让员工把这些建议的来龙去脉说清楚,是由哪些事件引发的,大家对这些事件的反馈是什么,希望得到什么样的解决方案。让员工把事件来龙去脉讲完之后,如果员工是因为缺乏一些信息而有了这样的判断,那么我们可以在访谈的最后补充一些信息,但在过程中千万不要评判和解释。而对于员工所说的公司的优点,也要去剖析具体的事件,比如员工说"我们公司很特别",那就要追问"特别在哪里,这些地方对你的意义是什么",或是员工说"大家都互帮互助",那就要去问"可以举个案例吗?举一个你印象深刻的被别人帮助的案例"。因为有时候被访谈者出于敷衍,会说一些所有公司都适用的优点来搪塞,所以要通过案例去佐证。而这些案例其实都是之后建立价值观案例库非常好的素材。故事也是文化提炼过程中很重要的基础之一。

步骤二:共创——九九归一

采集到最后,肯定会得到很多信息,成立时间长、故事多、人数多的企业可能有成千上万条,这么多条不可能都变成价值观,所以要去做凝练,把这么多条合并成几条关键的、有代表性的价值观。这就到了第二个步骤——共创,这个步骤我们称之为"九九归一",就是把很多条信息合并成 N 条。

"九九归一"的第一步是提纯、凝练。因为大家是从各自的角度出发去提供信息,而价值观是服务于使命价值的,所以要把一些不相关或不太重要的先筛掉。筛选的逻辑可以有以下几个：一个是创业初心和梦想，我们创业的时候，是想做一家什么样的公司；一个是行业特性与客户需求，客户需要什么样的服务，需要怎么样被对待，客户包含整个上下游的合作方；还有就是公司的特性，也就是内部伙伴共同的闪光点，且这个闪光点能为集体创造更大价值。我们可以根据这些逻辑去寻找最有用的信息。比如游戏公司，最重要的是创新、开放。如果是金融公司，严谨就很重要。这些是行业、客户需求所决定的。

经过第一轮筛选之后，信息就会少很多，但可能还是会有几十上百条，所以接下来要做合并，将同类别或意思相近的合并在一起。比如诚信、正直表达的意思可能相近，严谨和敬业的意思相近，那就可以合并在一起，用一个词表达。要选择更聚焦、更重要的那个点。但也有一种情况是字面意思相近，想表达的内容不同，就不能合并。

在舍去和合并的过程中一定会有很多激烈的辩论和争吵，因为大家对事情的看法、态度和自己的立场都是不一样的。但"真理不辩不明"，这种辩论可以加深大家对文化的认知，方便最终的落地。举个例子，我服务的一家企业在做价值观梳理的过程中，CEO特别在意一条，叫作"创新"。但团队中有不少人觉得创新不是当前最重要的，公司已经是行业龙头了，应该更注重"严谨"，把现有的流程方法严谨地执行下去，保住龙头地位就可以了。站在执行者的角度，比起"创新"，他们心中更希望的是"严谨"。因为创新意味着不确定性更大，而创新的要求和所需要付出的努力也会更多。但作为CEO，他考虑的不仅仅是保住地位、要求高低的问题，而是企业生死的问题。作为CEO，他看到的信息会更多，对行业发展的判断也会更敏锐。现在行业变化太快了，如果沿用现在的打法，不出两年就可能会被时代淘汰。所以一定要创新，而且不是公司带着员工创新，而是员工要带着公司去创新，只有这样，企业才能活下去。但团队没有这样的视野和思考，理解不到CEO的出发点，就一直在争辩。而CEO本人对未来的危机也只是一种预感，还不能成体系、清晰地向大家表达出自己的忧虑。

但随着争论与碰撞，加上我们顾问的"搭桥"与"翻译"，CEO突然"打通了任督二脉"，对创新的理解一下子清晰了起来。于是CEO通过他身边几个因为没有创新而倒闭的企业的真实案例，比较系统地讲了他的思考路径，让团队理解到创新对于企业而言是个生死问题，不创新，毋宁死。CEO讲完这些心路历程后，大家瞬间明白了创新的重要性，全体通过，并且直接把"不创新，毋宁死"作为价值观的重要一项。所以，争论对于文化提炼而言是很重要的，作为共创环节的主持人，甚至要有意识地"挑起"一些争论，让大家把一些模糊的地方辩明白。这就是"九九归一"的共创过程。

步骤三：总结——定海神针

经过"排山倒海"的采集，"九九归一"的共创提炼，最后会总结成若干条非常重要、必须保留的价值观，五条、六条、七条都可以，但不建议超过十条，否则就记不住了。这时候我们就要给它取一个很特别、一看就符合公司气质的名字。比如阿里的具有武侠风的"独孤九剑""六脉神剑"，华为的"奋斗者文化"，谷歌的"工程师文化"。这些名字不仅朗朗上口，还很有公司的独特气质，非常有利于传播。我在创业的时候，把公司的文化命名为"取经文化"，是因为我们觉得创业这条路，跟取经很像，有一个明确的使命愿景，同样会遇到内部的分歧、外部的考验，要一路经历"九九八十一难"，才能实现目标。而且大家都看过《西游记》，对里面的故事情节熟烂于心，文化传播的时候就很有基础。

价值观总结好，文化命名好，这时，文化的粗坯就成形了，就像盖房子一样，把几根钢筋柱打好，接下来在这几根柱子之间修砖砌瓦，丰富它们就可以了。所以这一步我们称之为"定海神针"，因为文化一旦成形，企业就有了主心骨，遇到再大的风浪，进行再大的变革，只要文化足够坚定，企业就能屹立不倒，就能不断地迎接变化，基业长青。

文化就是企业的定海神针。

文化管理是企业最高层次的管理！

两个核心

在文化提炼的三个步骤中，有两个核心是至关重要的。前文讲到文化提炼要向内求，向内求求到最里层就是这两个核心：

一个是创始人的思想、价值观与追求；一个是创始团队共同的思想、追求与经历。

从采集到共创，再到总结，进行每个步骤的时候都要充分考虑这两个核心。采集的时候要对每一位创始团队成员做重点访谈：创始团队当时为什么能组建起来？共同经历了什么事情？有哪些经验？共创的时候，要问哪些东西对企业很重要，哪些东西不适合这个企业。最后总结的时候，也要充分参考创始团队的风格，让别人一看就知道是这家公司。如果一家企业的文化，创始团队都觉得不舒服、不对劲，那这个文化肯定是有问题的。

举个案例，阿里之所以武侠文化盛行，核心原因还在于马云。马云个子不高，长得也与众不同，小时候经常被别人欺负。现实与梦想是互补的，所以他希望自己变得非常厉害，有能力行侠仗义拯救世界。而那时候武侠小说盛行，他从小爱看武侠小说，喜欢太极阴阳，喜欢各路英雄豪杰。创立阿里后，他的那些思想追求在企业文化里面都得到了体现。比如阿里的价值观叫"独孤九剑""六脉神剑"；淘宝的花名文化、武侠文化、小二文化；对外开大会叫"西湖论剑"；阿里的各个会议室也都是武侠小说里的地名，"光明顶""摩天崖""桃花岛"等等；甚至马云在面试高管的时候问的问题也都会跟武侠相关，会问他们喜欢哪位武侠人物，对某位武侠人物的评价是什么。这些都跟他的思想和追求有关系。

在 1995 年（阿里巴巴还没有创立）的一天，马云骑着自行车去上班，看到几个人在偷窨井盖。后来马云也回忆过这段往事。"我刚开始创业，租了个办公室在杭州经济大厦。"他说。那天他骑自行车去上班，看见马路边五六个大汉在抬窨井盖，似乎是要偷去卖。当时他就想起，几天前的报纸都在报道一个孩子掉进没有盖的窨井里淹死了，便起了制止的念头。但他又顾虑"五六个人我怎么打得过"，于是骑车跑到四五百米远去找帮手。不料没找到警察，也没有旁人愿意出手帮忙。"绕了两圈，看他们还在抬，我实在忍不住了。"马云笑称，自己便一脚踩地，一脚踩在自行车脚踏上，做好了随时逃走的准备，然后一手指着对方喝道："你给我抬回去！"

接下来发生的事情令马云始料未及，摄影机与记者一起冲出来对他做了一通采访。原来，这是当天杭州某个电视台做的测试节目，通过制造一个偷窨井盖的现场，来测试路过市民对这一行为的反应。

在这段多年前的新闻视频资料中，马云扶着自行车也出镜了，表示自己跑了四趟去找人。而当天，他也是唯一一个通过这个测试的路人。

这段视频在网上逗乐了不少网友。有人调侃说，原来马云第一次出现在大众的视野里"竟然是为了维护人类的正义"，还有人称马云的表现"蠢萌蠢萌"。不少网友评价"这才是励志"，"所以说成功并非偶然"。

马云后来回忆这件事时觉得还是蛮有意思的。可见，马云的侠义思想是一直根植在内心的。

还有华为比较著名的军队文化,也是因为任正非是军人出身,多年的军旅生涯让军队文化深深地烙印在他的脑子里。华为不仅在文化上强调如军队般的"敢战善战""目标坚定""自我批评",在业务经营上也学习了很多军队的做法,比如"让一线呼唤炮火""红蓝军对抗"等等,这些都是跟任正非的个人经历息息相关的。

组织如何"上下一条心"

虚事实干

有了基本的文化雏形后,接下来就到文化落地的环节了。那么文化如何落地?有一个词大家也许听过很多次,叫作"虚事实干"。要将看起来虚的文化在具体的事情中一步步干出来。我们走访过很多的企业,它们也有自己的使命、愿景、价值观,有些提炼得还挺有意思,总结得很到位,但具体到文化落地,除了在会议上偶尔提几下,就没有其他动作了。这就是"虚事虚干",没有"虚事实干"了。那么如何实干呢?我总结了文化落地"虚事实干六部曲",总共六个步骤,缺一不可。

第一步:诠释解读。要解释每一条价值观到底是什么意思,背后的真实含义是什么。比如"激情"，什么叫激情，喊口号就是激情吗？好像并不是。每条价值观背后的含义需要企业上下明确并达成一致。

第二步：行为准则。企业上下要明确每一条价值观背后的行为准则是什么，能够说出做到什么标准才算符合价值观，以及如何评价某个人的行为符不符合价值观。

第三步：制度保障。《逸周书·文传》中有一句叫"令行禁止，王之始也"，意思是能做到一声令下立即行动，下了禁令马上停止，这是统治天下的开端。所谓"无规矩不成方圆"，在文化落地过程中，一定要有制度保驾护航。

第四步：层层宣导。文化必须层层宣导，从上至下，从下至上，从里至外，从外到里，反反复复，广而告之，这样才能让所有人都能理解。

第五步：树立标杆。一定要树立标杆人物和标杆案例，这是最快、最有效的宣导方法。

第六步：复盘优化。经过前面五步，文化一步一步落到实处，运行一段时间后，要及时进行复盘优化，因为文化落地是持续性工程，不是一锤子买卖。

这就是文化"虚事实干六部曲"。做个比喻：前两步，即诠释解读和行为准则是文化的定义阐释与行为化，是文化落地的前提，是文化的树根。第三、四步，即制度保障与层层宣导，一硬一软确保落地。硬的是制度，是文化落地的树干，是支撑这棵树最坚固的部位；软的是层层宣导，是树的枝叶，让这棵树枝繁叶茂。第五步，树立标杆就是用最优品质的果实（标杆）激励大家，是文化落地的成果。最后的复盘优化则是总结提升，是文化落地的升华。

本节先分享六个步骤中的第一步：诠释解读。

文化诠释解读的"三问模型"

文化要落地首先要让人明白文化的意思，也就是每一条价值观到底想表达什么，需要大家怎么做，要跟大家在定义上达成共识，因为一千个人眼中有一千个哈姆雷特。文化是组织所有制度的基因，对文化的定义达成共识了，大家认同这条价值观了，就相当于我们在内心深处有共同的组织基因了，后期在落地决策机制、沟通机制、考核机制等制度的时候，会更有效果。

关于如何做诠释解读，我总结了一个"三问模型"：一问why（溯因），二问what（澄清），三问how（执行）。

第一点要诠释的是"why"（为什么）。这条价值观为什么这么重要？我们为什么要保留这条价值观？它在我们公司的地位是什么？是底线，是灵魂，还是核心？要把意义跟大家讲明白。

第二点是"what"（是什么）。也就是这条价值观是什么意思，如何理解。我们在诠释的时候一定要把这条价值观的内涵解释清楚，也可以针对这条价值观里的关键词进行定义。

第三点就是"how"（如何做到）。重要的是分好场景和适用范围，因为每条价值观的应用场景是不同的。比如我们前面提到"严谨"是很多金融、财务公司的首要价值观，但这不代表公司经营的所有时刻都要严谨第一，在追求业绩的时候就要敢于突破，有挑战精神；在客户服务方面要多创新，用新方法、新技术为客户提供服务。除此之外，在一个场景下，哪些是好的行为，哪些是不好的行为，也要做一个基本的诠释。

把每条价值观按照"三问模型"诠释到位，大家就很容易理解清楚了。而这些诠释工作，是要通过前期在采集过程中收集大量的素材，做比对分析，最后整理出来的。接下来我们以"六脉神剑"当中的一条价值观"拥抱变化"为例来讲讲如何做诠释解读。

提到拥抱变化，可能大家会有各种各样的理解，有人会觉得这是一种生存策略，在创业初期的时候我们只能通过速度、敏捷性、不断尝试、变化打法去跑出商业模式；也有人觉得这是一种组织无能的表现，因为制订不出详细的计划，就只能用"拥抱变化"作为说辞。

同时，如何才算拥抱变化，是无条件接受上级的安排，还是主动去寻求新的解决方案？如果创造出新的方法才算拥抱变化，那么当下已经非常好的方法论是否还要强行变一变？诸如此类的问题，每个人会有不同理解。如果公司不把价值观定义清楚，有一个统一的理解，不同的人有不同的理解，就会延伸出不同的问题，文化落地也会非常麻烦。

如何定义？首先是"what"：这条价值观的定义是什么，如何理解。拥抱变化，可以从三个层面来定义：变化，就是要去做别人想做但没做的事情，做别人做了但没做好的事情，做别人想也没想过的事情；拥抱，就是要用积极的心态去面对任何危机、挑战和改变；拥抱变化，就是不仅仅被动接受一些变化，更高的境界是在对工作充分了解的情况下能够采纳更富有创新性的解决方案，同时给绩效带来突破性的提高。

接下来是"why"的部分：为什么要有这条价值观，它对公司而言意味着什么。比如，"唯一不变的是变化，拥抱变化，是阿里巴巴发展的灵魂"，一句话就奠定了拥抱变化的重要性——拥抱变化是公司发展的灵魂。为什么要"拥抱变化"？一个原因是阿里所在的时代和行业（互联网行业）都是快速变化的，而且变化会越来越快，兴衰都在一夜之间，只有自己拥抱变化才能赢在这个时代，所以拥抱变化是一种心态。另一个原因在于此时的阿里已经不是一个小公司了，在"六脉神剑"提出时，阿里已经有几千人了。公司大了，创新速度就会下降，这是大公司的通病，所以必须在公司的基因中植入创新元素，才能抵抗身体庞大带来的行动迟缓。

然后就是"how"：有哪些实现场景、实现方法和方向。对于拥抱变化而言，建立行业标准和游戏规则是极致，是最高要求。拥抱变化的底线则是不抱怨。而小到换工位，大到跨地域、跨部门调动，从被动接受到主动创新，如何面对危机、如何反映问题等都是拥抱变化的具体场景。

从价值观的统一定义（什么是）到价值观的重要性（为什么要有这条价值观），再到有哪些实现场景、实现方法，这些诠释解读基本能够让大家对"拥抱变化"有初步了解。再辅以文化案例库,就能让一个新人对文化有基本认知。

对"拥抱变化"价值观的诠释解读
● 唯一不变的是变化,拥抱变化,是阿里巴巴发展的灵魂。
● 我们处于变化的时代/行业,拥抱是一种心态。
● 公司越大,创新能力越弱,创新意味着做别人想做但没做的事情,做别人做了但没做好的事情,做别人想也没想过的事情,"don't be the top, create the top"(别止步于巅峰,要去创造新的巅峰)。
● 能够建立行业的标准和游戏规则是创新的极致。
● "危机"是危险的时候才有机会,要有乐观的心态面对任何危机和挑战。
● 从日常的很小的变化(比如更换办公座位),到更换经理、调换部门、调换岗位,再到较大的异地调动,工作方法的改善(如从手工作业到使用计算机系统),公司策略变化造成的公司重组,从被动接受变化到在工作中主动创新等,皆属于变化的范畴。
● 被动接受变化最起码的是不抱怨,然后能够诚意配合,然后是能影响和带动同事;不抱怨并非遇到问题不能讲出来,是要选择正确的渠道去反映,而不是在团队里一味抱怨,这样对解决问题没有帮助,反而使团队气氛变得不好。
● 拥抱变化不仅仅是被动接受一些变化,更高的境界是在对工作充分了解的情况下能够采纳更富有创新性的解决方案,同时给绩效带来突破性的提高。

这是阿里对"拥抱变化"的解读,接下来我再举另外一个我们服务的处于发展期的科技企业的例子。他们公司有一条价值观叫作"追求卓越"。大家在看到"追求卓越"四个字的时候,理解也是不同的,所以要让大家做到追求卓越,首先要让大家理解什么是追求卓越(见表2-2)。

表2-2 对"追求卓越"价值观的诠释解读

价值观	释义	行为标准（方向）	标准解析（怎么做）
追求卓越	·追求卓越一定是从踏实做好每一件小事开始，并始终对工作保有热情，没有脚踏实地的精神，所有的理想都只是空中楼阁。 ·积极接受变化、适应变化，寻求解决问题的方法，而不是抱怨。能在这个过程中激励自己，并带动同事，传递正能量。	勤奋务实，勇于承担责任。	·被安排的工作，无论大小，都能脚踏实地地完成。 ·在公司、部门、同事遇到困难的时候，能够挺身而出，伸出援手，主动承担更多的工作和责任。
		接受、适应变化，对变化产生的困难和挫折能自我调整。	·因为我们所处的行业和时代，变化无处不在。对于公司里的变化，大到组织结构的调整、工作方式的改变、人员的变动、部门的调换，小到办公位的更换、一些较小的政策变化，在不了解具体情况的时候，不抱怨，不传递负面信息，寻找正确渠道了解情况，接受并配合变化，积极面对变化所带来的问题。
		遇到挫折，不抛弃、不放弃，积极寻求解决问题的方法。	·工作中的困难和挑战总是无处不在，以良好的心态面对问题，不抱怨，主动面对，审视自我，理性思考，在复杂的线索中发现解决问题的办法。 ……
		不断提升自己的专业水准，善于总结工作中的问题，分享经验，主动给予	·积极思考学习，除了能通过阅读专业书籍、参与培训提升个人能力，更善于从工作中学习，累积经

续表

价值观	释义	行为标准（方向）	标准解析（怎么做）
		同事必要的帮助，影响团队。	验。比如，碰到不懂的问题，主动向公司有经验的同事甚至公司外同行业的专业人士请教；项目结束后做总结报告，发现项目中可改善的地方，作为工作提升的依据。……
		不断优化工作方法，创新思维，带来个人、部门甚至公司整体业绩的提升。	• 经常检视现有的工作方法，能对现有的工作内容提出优化的建议方案并能实施执行。……

这家公司在追求卓越的释义里有两条重要的解释。

第一条：追求卓越一定是从踏实做好每一件小事开始，并始终对工作保有热情，没有脚踏实地的精神，所有的理想都只是空中楼阁。

这一条主要是对追求卓越的行为界定。很多人会认为一定要做"大事情""大工程"才是追求卓越，但其实并不是，追求卓越一定是先踏踏实实地做好每一件小事。每一次对客户微笑、每一行代码的优化，都是在追求卓越的路上。要有"日拱一卒无有尽，功不唐捐终入海"的精神。同时这一条里也包含了"why"，没有脚踏实地的精神，所有的理想、使命、愿景都只是虚谈。

第二条：积极接受变化、适应变化，寻求解决问题的方法，而不是抱怨。能在这个过程中激励自己，并带动同事，传递正能量。

第一条针对事情，要从一件件小事中追求卓越；第二条针对人，不仅要提升做事的能力，还要追求"人的卓越"，在做事的过程中提升自己、提升团队。人事合一的卓越才是真正的卓越。这就是这家公司对追求卓越的"what"与"why"的阐释。

如何做到？这家公司将追求卓越分解成了：勤奋务实，勇于承担责任；接受、适应变化，对变化产生的困难和挫折能自我调整；遇到挫折，不抛弃、不放弃，积极寻求解决问题的方法；等等。每个方向都有具体的做法，比如"勤奋务实，勇于承担责任"的具体做法就是"被安排的工作，无论大小，都能脚踏实地地完成。在公司、部门、同事遇到困难的时候，能够挺身而出，伸出援手，主动承担更多的工作和责任"。"接受、适应变化，对变化产生的困难和挫折能自我调整"的具体做法就是"在不了解具体情况的时候，不抱怨，不传递负面信息，寻找正确渠道了解情况，接受并配合变化，积极面对变化所带来的问题"。这样，从"what""why""how"三个方面对"追求卓越"进行了相对全面的诠释，公司员工也就能更加清晰地理解"追求卓越"了。

相较于阿里对价值观的诠释，这家科技企业的诠释相对简单一些。阿里对"拥抱变化"的解读里面会讲到该项价值观对公司的意义，为什么要有这项价值观，以及该项价值观在不同场景中的体现。这是因为当时阿里的体量、历史、业务场景都要更丰富一些，需要更详细的解释。大家在做自己的价值观诠释的时候可以根据自己的需要来决定解释的详细程度，不一定一开始就要做得尽善尽美，企业文化的构建是不断迭代的过程。

最后，给大家分享一个工具表（见表2-3），便于大家理解。首先对价值观要做定义，包括这条价值观的整体定义和其中的关键词的定义。比如"客户第一"，在做定义的时候除了对"客户第一"要定义清楚，对"什么是客户""什么是第一"也要定义清楚。然后，这条价值观对企业的意义、重要性是什么。再是如何去做到，这是行为定义，包含适用范围、好的行为和坏的行为，以及需要做到什么程度。有了这张表，我们在做文化共创和提炼的时候，就会比较清晰地知道每一步要做什么，产出什么样的结果。最终将产出的结果补充上来，就构成了该条价值观的基本定义。

表2-3 对价值观进行诠释解读的常用工具表

诠释对象	定义	意义	方法	适用范围	好的行为	坏的行为	实现程度
整句							
关键词1							
关键词2							
关键词3							

创业期的生存文化构建

创业期企业没有太多经历，还没有解决生存问题，如何做文化？我们讲过，创业初期不需要系统性的文化体系，需要的是简单的生存文化，那么初创期的生存文化如何构建？我们给大家提炼了五条："画大饼"、定规则、高压线、以身作则与"臭味相投"。

"画大饼"

提到"画大饼"，不少人会认为这是个贬义词，颇具"洗脑"意味，一个好的领导不应该给下属画大饼。但我想说的是，身为创业者，你必须会"画大饼"，因为在创业者决定创业的时候，内心本来就有一个"大饼"——内心一定要有一幅美好的蓝图与愿景，如果连创始人自己心中都没有这样的蓝图，怎么能让别人相信你能成功，所以创业者一定要画大饼，而且第一张"大饼"是画给自己的。

区分创业者的一个本质特征就是内心这张饼的不同，有人开公司是为了养家糊口，有人是为了改变世界。也许内心有宏伟蓝图的人未必能创立卓越的公司，但创立卓越公司的人内心一定有宏伟的蓝图，有一张"美味的大饼"，这是成就卓越公司的必要条件。

成就卓越公司的另一个必要条件就是把梦想变成现实,骗子和企业家的区别就是骗子吹完牛就走,而企业家会把吹过的牛变成现实。把梦想变成现实的过程,就是一个创业者成长为企业家的过程。

那么如何实现它? Savio 经常跟我们讲,创业者要把梦想变成现实有两个很关键的点。第一点,要有人愿意追随你,你的饼不仅你喜欢,别人也喜欢。有人追随就意味着你要构建文化达成共识,凝聚人心。第二点,你要通过追随你的这群人,拿到卓越的成果,而不是普通成果,这个时候你就需要做整个企业的统筹管理与经营。

很多 CEO 来问我如何吸引优秀的人加入,为什么阿里在早期很艰苦的时候能吸引蔡崇信、Savio 这样全球顶尖的人才放弃优渥的生活和待遇加入?要知道在加入阿里之前,蔡崇信的年薪已经高达 70 万美元,来到阿里之后每个月只有 500 元人民币,还没有他原本薪资存入银行的利息多。

遇到这种问题的时候,我会跟对方说:"你是什么样的人就吸引什么样的人,如果你心中只有一亩三分地,那么吸引的也只有这样的人。只有你内心有格局,想真正做一番伟大的事业,并愿意为此押上自己的一切,你才能吸引最优秀的人。诸葛亮愿意跟随刘备是因为在乱世之中刘备真心想匡扶汉室。所以你想吸引更优秀的人,首先你自己得站在更高的认知层面,一流企业家与二流企业家之间的差别不是其企业规模,而是认知与意识。"

所以企业在初创期一定要"画大饼",一定要把你内心的美好愿景表达出来，越表达你就越坚信，越坚信你就越兴奋。你只有心怀梦想才不会被眼前的苟且所困扰，才能吸引到同样心怀梦想的人才，这就叫"画大饼"。

定规则

规则是企业在经营发展过程中设计的一些约定。规则并不是天生的，而是遇到了一些影响企业发展的事情之后，根据企业自身特征制定出来的。所以企业在初创期不需要烦琐的规章制度去做约束，因为此时最重要的是生存，约束太多会抑制生存能力，只需要一些简易的规则即可，这些规则要抓几个关键点、让所有人一听就清楚明白。具体怎么定规则，就需要结合创始团队的特性、过往经历与业务特征来综合考虑，每家企业都有所不同，接下来我举一些案例给大家做参考。

去总文化

唯上主义是企业里的常见问题，唯上主义盛行会让员工不敢说真话、做真事，一切以领导的指令作为行为标准。而破除唯上主义可以从日常称谓开始。阿里早期讲究"简单、可信、亲切"，同事们之间在一起像同学一样，互相之间可以称呼英文名，像Savio、Elvis，也可以直呼其名，但不可以叫"×总"，目的是去掉所谓的老板文化、"总"文化。大家就是一群有情有义的人，聚在一起做一件有意义的事情，不要搞上下级，等级越森严，组织越僵化,越失去活力,企业越没有创造性。

上下级之间不允许借钱

说到借钱,大家一定会想,好朋友有困难,借一些钱帮忙渡过难关,理所应当。但阿里有规定,上下级之间是不能借钱的。大家可以透过现象看本质,思考一下背后原因。

试想一下,如果你是一个主管,下属向你借了 20 万元,但以他日常工资收入很难在短期内偿还。到了年底要根据绩效发奖金,也许他的绩效没有多好,但是如果你给他一个好的绩效,奖金高了,他就能很快还上你的钱,起码会先还一部分,那么你还能做到百分之百公平公正吗?如果你可以,其他人可以吗?就算你认为自己是公平公正的,其他员工会这么想吗?所以不如从根源上断绝这种情况。规则看似日常,但其实都跟经营有关联。

"不要脸"

我当时创业的时候,公司也制定了很简单的规则,只有三条。

第一条:透明。提倡信息透明,大家不要藏着掖着,公司人少的时候大家就开始藏着掖着,更何谈人多的时候呢?

第二条:直接。工作中的沟通对事不对人,有问题则针对事情直接提出来,不要玻璃心,不能从人格上胡乱指责人。

第三条:"不要脸"。文雅一点可以叫主动、勇敢。因为所谓的"脸面"很多时候是自己的虚荣心,不是真的尊严。这种"脸面"不能真正带来什么,只有"不要脸",我们才可以放下所谓的面子等外在的、与经营无关的东西，去聚焦产品，聚焦客户需求，才能够踏踏实实地在一起做真正有意义的事情。所以，我们的技术人员会去参加展会推广产品，回来之后都觉得自己提升了。为什么？因为他们已经从非常优秀的工程师，变成了非常优秀的"不要脸"的工程师。后来，我们的工程师都可以跟着我们一起去谈项目，去讲解产品了。我们都越来越回归初心，放下面子之类的东西，专注在我们最应该做的事情上。

简单的规则让我们的工作开展变得更为容易，员工的积极性也提高了，当时有员工只要工作没做好，就主动要求在公司睡帐篷，以提醒自己下次改进。

三人决策

这是我朋友创业时立下的规矩，他们的公司是由三位创始人发起的，每个人都是行业精英，之前有多次合作经历，并且各有所长。他们在成立公司的时候就定下了一个规矩：重大决策并非由一个人拍板，只有三个人达成一致才能通过。如果没有达成一致，那就要反复地讨论，直至达成一致。我问过他，你们这样不会影响决策效率，错失机会吗？他的回答是，在现阶段，相比于错失机会，决策一致带来的通畅性和稳健性更重要。因为他们所处的行业是机会多、成长大但风险也高的行业，他们都是行业的精英，捕捉机会对他们来说并不算难事，但要降低风险，就需要从各自的维度、视角去分析，互通信息与想法，这样才能保证决策相对正确。而且在这个行业，创始人意见、想法不一致导致分家的情况也是高频现象，所以为了长远的发展，损失一些短期的机会是值得的。当然，这一条是根据他们自身的情况而定的。

创业期定规则，不要多，但要清楚明白，而且要符合自身的实际情况。

高压线

高压线其实也是规则的一种，是最严厉的规则，是企业的边界，是底线，触之必死，没有例外。企业一定要有高压线，高压线守护的是企业的根本。"军团作战，军纪要严"，越是战斗力强的公司，高压线越严，边界守得越清楚。

与定规则相同，确定高压线也要量体裁衣，根据企业的实际情况去制定。我们也举一些案例给大家，仅供参考。

拒绝贿赂

这条规则相信很多公司都有，那么阿里是怎么执行的？阿里规定，不管是一线销售还是后台，跟客户不能有任何非正常的利益往来，一分钱都不行。阿里在早期生存还很艰难的时候，就因为贿赂这条高压线开除了两个销冠，不可谓不坚决。另外，越是对销冠、明星员工，越要严格要求，因为全公司都在看着他，如果对他松懈，纵容他，全公司就会效仿，规矩就会坏掉。

当年在阿里中供，有一个大区的销售，他在签第一个单的时候，因为客户没有足够的零钱，就少了十几元钱，他看钱不多，就豪爽地说："我来出吧。"结果他回到公司录合同的时候，我刚好看到，立马制止他了，我问他："你不知道高压线吗？"他说："我知道，我没有给客户钱，就是算了一下，还缺十几元的零头，我就想帮他付掉算了。"我说："错了，你还是没理解高压线，一分钱、一毛钱你都不能出，如果你出了，就算贿赂客户，就是违规，要被开除。"他瞬间被吓得出了一身冷汗，我就让他赶紧去找客户把钱拿回来。他跑到客户公司的时候，客户已经下班了，他就问了门卫客户住在哪里，等跑到客户家里已经是晚上9点多了。他敲开这位客户的门，对方开门看到是他都愣住了，问他来干吗。小伙子就解释了原因，客户听完也很感动，说："你们太厉害了，我马上去找零钱。"作为企业的经营者，这位客户恐怕比我们更能够体会这个事件的意义。他在家里找老婆凑齐了零钱，交给了这名小伙子，跟他说好好干，阿里很不错。等那个小伙子回到公司都半夜11点多了，然后把钱交上了。第二天我们才让他把合同录到系统里去。这个小伙子本身的潜力也不错，经过这件事之后，他对价值观的理解就更深了，后来在阿里待了很久。其实客户也希望我们有一些严格执行的规定，因为作为经营者，他们更喜欢与透明、标准的企业合作，而非与不透明、存在灰色地带的企业合作。

不能虚假拜访

阿里早期的中供业务是纯直销，靠的是销售员上门拜访，所以中供对拜访量抓得很严格，于是就有一条高压线——虚假拜访者开除。如果销售人员没有去拜访某家客户，但是为了应付公司的拜访量考核，就在销售管理系统里填拜访了这家客户，公司会安排相关品控人员进行抽查，一经发现是虚假拜访，就直接开除。

这条规则看起来很严格，有人认为，只是填一条记录，又没有什么影响，没必要这么严格。其实不是这样，里面大有深意。一方面，公司达到一定规模之后会开始参照数据做决策，那么数据的准确性会影响到最终的决策。对于中供来说，拜访量就是最关键的数据，如果拜访量都不准确，做出的预测、决策都是空谈。另一方面，某一天的拜访量没完成，第二天补上就可以了，最多就是组内复盘一下，有一些无关痛痒的惩罚，如果这都要欺骗公司，那么还有什么事情是不能骗的呢？所以对于中供来说，拜访量就是高压线，一定要严格对待。

关于这条高压线，我有过痛彻心扉的亲身经历。

当年我在中供金华区做"政委"，我们区域是全国的标杆，总业绩、人均产能都是全国第一，甚至超过别的区域几倍。而且在人员大进大出的时候，我和金华区的业务搭档俞朝翎创造了一个纪录——我们团队主动离职率为0。这点让其他区域的管理者十分羡慕，经常会有人到金华来学习，这让我们引以为傲。但让我特别心痛的是有两名员工因为触碰高压线被开除了，其中一个就是因为拜访记录作假。当时我们所有人都认为他不是故意的，而是在输入数据的时候，没察觉鼠标滑动，把电话拜访误选成了上门拜访。但即使这名员工是高潜力员工，被我们当成潜在的管理者来培养，我们还是把他开除了。高压线就是高压线，没有任何特例，没有任何讨价还价的余地，一旦触碰，必须执行相应规定。如果今天因为这个理由不执行了，明天还会因为那个理由不执行，久而久之，每个人都会找借口，高压线就成为摆设，变成一个笑话。很多企业其实都有高压线，但问题是往往到执行的时候，法治就会变成人治，永远都有特殊情况，需要网开一面，这次检讨、下不为例。这个是老员工，把他开除就会让人感觉公司卸磨杀驴；那个员工是关系户，也不能动。到最后，规章制度永远只存在于档案柜里。

所以在制定高压线的时候，管理者一定要想好，自己能不能坚决执行，能不能承受执行高压线所带来的压力与后果。当管理者在为执行高压线而内心煎熬痛苦时，是什么力量让管理者坚定信念，做出抉择？只有文化！只有内心对使命、愿景、价值观坚定，才有力量做出难而正确的抉择。

以身作则

以身作则是非常重要的，群众的眼睛是雪亮的，你说得再多，定了再好的规则，但只要你没有以身作则，别人就不会相信你，所以，以身作则是对CEO、HR等高管的底线要求。

举个例子，像Savio加入阿里前，是美国通用电气医疗中国区的老大，出差都是住五星级酒店，坐飞机都是坐头等舱。但加入阿里之后，他住的就是公司旁边的小宾馆，一星都没有，他开玩笑说这个宾馆四面通风、八面玲珑。四面通风就是四处漏风，八面玲珑就是隔音差，上下左右的人在干吗、说什么话都听得到。这样的环境他一住就是两年，为什么？因为那时候的阿里还很艰苦，要开源节流。

后来这个精神传承给了很多阿里人，特别是俞朝翎。他是我在金华区域时的业务搭档，后来升任中供的全国总经理，掌管六千铁军。以他的职级，出差时完全可以订五星级酒店，但他一直住两三百元一晚的快捷酒店。有一次他跟同事出差，酒店没有标间了，一般人遇到这种情况会选择换个更好的酒店或房型，但俞朝翎说那就住大床房吧，最后他把床让给了同事，自己睡在地板上。两人一上一下聊工作、聊心理感受，直到深夜。这次经历给那位同事心里留下了极深的印象，对阿里的文化价值观有了更深的认可，后来他成长为阿里巴巴集团合伙人，成为阿里文化的坚守者，他就是方永新。后来他在分享企业文化的时候，屡次提到这段经历。

再讲一个我自己的故事。我有个前领导叫吴敏芝，她现在还在阿里，也是阿里的合伙人之一。我走上"政委"这条路就是经她举荐。公司在筛选第一批"政委"人选的时候，她向公司举荐了我。我很想向她表达谢意，但因为工作太忙，一直没有机会。后来终于有一次我跟她一起出差，在火车上我就向她表达了谢意："敏芝，真的很感谢你，在我对人力工作一无所知的时候，你向公司推荐了我，我现在很开心，也很有收获，感恩啊。"

她听完后对我的回复，我真是一辈子都不会忘记。敏芝说：

"你不用感谢我,你应该感谢的有两个。一个是公司,公司给你平台,给你机会,你才有这样的发展。因为有公司的决策,我们才能举荐你。第二个你要感谢的是你自己,因为你比较优秀,人很正派又很亲切温暖,工作也认真负责,把关于人的工作交给你,我和公司都放心。所以你不用谢我,谢公司和你自己。如果因为我举荐你,你就感谢我,事情就麻烦了。当然,如果你做得不好或者违规了,我一样会代表公司开除你,这是我的责任。"

这段话当时就把我惊住了,什么叫"推功揽过",什么叫"格局",我一下全明白了。而之后我自己无论做管理,还是服务创业者,都会带着这些理念去服务。

这就是以身作则。说到做到,别人才愿意相信你。

"臭味相投"

"臭味相投"本来是指有共同缺点的人会喜欢待在一起,但这里指的是有共同"味道"的人待在一起,不分好坏。

那么为什么要"臭味相投"?创业初期,公司往往没钱、没名,很难招聘到高级人才,于是就降低了招聘要求,人能用就行。但能力要求可以降低,"味道"的匹配性一定不能降低。"味道"的匹配性体现在你们对人与事的看法、思维是不是一致,对客户价值的理解是不是相近,沟通习惯是不是一样,能不能互相理解。如果"味道"不匹配,之后的管理成本、沟通成本都会比较大,组织就会内耗,影响业务发展。

所以创业初期，一定要找跟"味道"、价值观相近的人，这样团队的心才会齐，效率才会高。就跟婚姻一样，两口子价值观都不合，怎么能待在一起呢？价值观不一致的人相处都很难，更遑论一起创业。

那么如何去找"臭味相投"的人，特别是合伙人级别的？一定要注意三点：

第一，有共同的愿景。你们对未来的追求和规划是一致的，不能走着走着他想东你想西，走着走着他说不干了，然后你一个人还得拼命向前，凡此种种太多了。

第二，彼此之间要有信任。要多花点时间去了解一下，他有怎样的过往，身边人对他的看法是怎么样的。雷军创办小米的时候，前8个月都在辛辛苦苦地找人。人对了事情才对，只要人对了，很多业务可能当下没做起来，但是换一个风口还是能成功的。

第三点很重要，叫能力互补。我发现许多人有个习惯，喜欢找跟自己能力一致、领域相同的人做搭档。比方说有些创始人是销售出身，所以找的几个合伙人也全是销售出身。我有个学生是做营销出身的，问我找合伙人有什么要求，我一看他团队里现有的三个合伙人全是营销出身的，忍不住笑了，就和他分析找合伙人的目的。他说是找不同领域、互补的人来补位。我又追问需要什么方面的互补，他说对业务方面不担心，需要人力资源、财务等方面的人。说完他自己就明白了，要找那些跟自己能力互补的。

那么在招聘的时候如何去找"臭味相投"的人呢?有一个岗位叫"闻味官",就是去闻人的味道。谷歌、阿里都有这样的闻味官,闻味官既不是 HR,也不是上级,而是其他部门的同事,他们帮忙感知一下"味道"对不对,"味道"对了,才欢迎对方加入公司。一般闻味官都是价值观好的老员工,这样才能闻出"味道"的好坏。

以上就是初创期构建生存文化的五个方法:"画大饼"、定规则、高压线、以身作则、"臭味相投"。再次强调一下,初创期并不需要花很多力气去构建文化体系,但是任何一家公司在任何阶段都必须有文化,必须有一些基本的规则。切记不能因为生存压力大,而不去定规则。

第三章

知与行：企业升级的引擎

　　2005年阿里进行了一次大规模、全方位的组织升级，这次组织升级影响深远，其中"政委"制度、岗位职级制度一直影响至今。同时，作为一次成功的组织升级，从"请外部专家"到"内部人才成长"，从"文化升级"到"制度保障"，其节奏感也是值得学习的。

　　本章以阿里发展期中最重要的一次组织升级为案例，分享发展期企业如何进行文化"虚事实干六部曲"的第二步"行为准则"和第三步"制度保障"。

阿里最重要的一次组织升级

迨天之未阴雨，彻彼桑土，绸缪牖户。

——《诗经·豳风·鸱鸮》

狂飙背后，暗流涌动

时光如暗流，我们寄居其上，看不到流动，但忽然惊醒，却发现自己被暗流裹挟，已入万重山壑。

经历过 2001 年寒冬的生存抉择之后，阿里有了共同前进的目标和共同遵循的价值观，整个组织在"道"上达成一致。当一个组织的全员在目标和行为准则上达成一致时，管理成本就会大幅下降，管理效率大幅上升，这是因为管理中最大的成本就是让全员理解到底要做什么、为什么要做，以及怎么做。而随着李旭辉等资深职业人士的加入，阿里的销售技术和销售管理能力得到了极大提升，销售队伍从草台班子走向正规化，组织从上到下完成了一次闭环升级。

同时，中国的宏观环境也发生了很多变化。

宏观层面上，随着中国加入 WTO，以及一系列促进对外贸易政策的实施，民营企业对外贸易的自由化与便利化大幅度提升，民营企业开始成为中国对外贸易的活力部分。中国人的勤奋和主观能动性让中国制造在世界占据一席之地，逐渐成为"世界工厂"。相应地，外贸企业对于获得市场信息的需求则井喷式爆发，需要一个更加便捷高效的平台，扩大与全球商家和客户的联系。与此同时，互联网也逐渐进入人们的工作生活，中国网民数量从2000年的200万人出头，一路奔向2004年前后的接近1亿人，增长了将近4倍。

既有天时，又有地利，还有人和，于是阿里迸发了蓬勃的生命力，营收实现了指数级增长——2004年，阿里实现了每天盈利100万元。组织规模上，到2004年底，阿里员工超过了2000人，而2001年裁员结束后只有100多人。阿里中供最大的竞争对手、外贸交易行业的大哥——环球资源，在身穿T恤和牛仔裤的中供铁军的进攻下，节节败退，内地市场被中供一步步拿下，到2004年，环球资源的营业额已经只有中供的一半，且增速日渐缓慢，已经无法对阿里产生威胁。2004年以后，阿里就不再关注环球资源，甚至在国内都找不到合适的竞争对手，只能自己跟自己玩（对中供铁军有了解的读者可能知道销售团队的PK文化是中供团队的一大特色，当外界找不到竞争对手的时候，只能通过内部的良性竞争来激发团队的危机感和斗志，避免团队产生怠惰）。

同时为了防止eBay（易贝）从C2C（个人对个人）领域切入B2B（企业对企业）领域，威胁到阿里的大本营B2B业务（此时 B2B 业务下辖中供和诚信通两大业务，分别服务于对外贸易和国内贸易），阿里于 2003 年主动出击，成立了淘宝，与 eBay 进行正面竞争，并于 2004 年完成了逆袭。2004 年初，淘宝的市场占有率只有 9%，到年底就增长至 41%，到了 2005 年就以 72.2% 的绝对优势成为国内 C2C 市场的领头羊，正面击败 eBay，这也是中国民营企业第一次正面击败外资企业，被作为商业案例持续研究。而淘宝的孪生业务"支付宝"也于 2004 年成立。只不过在当时，这两部分业务还需要依靠 B2B 的资金、人力支持，没有人想到它们日后会各自成长为万亿规模的商业体。但不论怎样，在 2004 年，一个成立五年就实现了营收数亿元、拥有 2000 人并占据两个行业头部的互联网企业，无疑是春风满面的。但阿里的高层，特别是作为掌舵手的马云并没有太开心，因为在欣欣向荣的景象下，暗流正在涌动，在快速发展的业务背后，一些组织隐患正在发生。

离职率居高不下

经历过 2001 年的人员精简之后，阿里只剩下 100 多人，到 2003 年初，达到 800 人，增长相对可控。但从 2003 年开始，人员就开始激增。2004 年底，整个集团超过 2000 人，这是由业务的高速增长所决定的。人数的激增带来一系列问题。首先，在招聘上，为了完成招聘指标，招聘标准开始降低，对新员工"饥不择食"，招聘流程也做了简化，面试完就入职；面试要求降低，曾经被拒的、没有经验的人都被招录进来。后来马云戏言：

"会走路,只要不太瘸的人都被招进来了。"其次,在人员管理上,短时间内抽不出足够的管理者来管理,新人培训也跟不上,导致员工拿不到结果,赚不到钱(阿里的销售员采用的一直是低底薪、高提成模式,如果不能开单,新员工可能连基本生活需求都无法满足),业务的高压又让员工感受不到组织的温度,种种原因导致员工很容易流失。当时,员工离职率一度高达75%。

人才低位高用及错用

业务增长除了带来组织基层人数的增加,中高层业务管理岗位和新的中后台运营管理岗位的需求也在不断增加。而这些岗位人员的培养、选拔周期比较长,来不及储备与招聘,只能让现有的人强行顶上。阿里的老员工是比较拥抱变化的,今天晚上让一个老员工到新的区域、新的岗位,明天一早他就会准时报到,不会问为什么,也不会说要考虑一下。这是深受阿里价值观影响的老员工们的本能反应——遇到问题,干就对了,没有什么难不难的。这对创业公司来说是活命的本钱,排除万难一定顶上。

但是新的岗位需要新的能力,这些能力往往是老员工所不具备的。能力不足的时候,唯有拼体力去解决。随着公司的快速发展,对专业的要求就会越来越高,专业的活必须由专业的人来干了。如果再用体力硬顶,很容易出现两伤。一方面,没有专业的管理方法,拿不到相应的结果,组织效能低下,被管理的团队充满挫败感,士气和工作状态大打折扣,这是员工离职的重要原因之一。另一方面,对于升任的个人,内心也很煎熬,因为被升任的人往往是组织所信任的人，拿不到相应的结果，这个人就会觉得辜负了组织的信任，内心陷入焦虑，又不好意思对组织表达，最终可能会熬垮一个本来有潜力的人。升任不能胜任，对一个心怀组织的人来说也是一种折磨。

管理者不够用

这里的管理者是指基层管理者，相比于中高管理层面临的问题，基层管理者的问题更加迫切。企业要做好组织建设，必须抓好一头一尾。头是指以 CEO 为核心的高管团队，这是企业的发动机。尾是指基层的主管，这是企业发展的基石。基层主管不够硬，组织建设、业务发展必定不过关。有一句话是"班长是军中之母"，同理，基层主管就是企业的业务之母。

将基层员工变成合格的主管通常需要两三年的培养，但阿里在快速发展，可能入职才一年的员工就要被提拔成管理者，其业务能力也许没问题，而对人的理解和对企业价值观的认知却远远不够，在提升业绩的时候，会以业务为先，在面对业务考验时，会牺牲一些东西，比如人的感受和价值观的坚守，这对组织来说是一种隐伤。我们调研发现，绝大多数员工离职就是因为他的直接上级。

在主管的选择上，阿里也犯过错误，曾一度要求销冠必须升任主管。销冠当主管是不少企业会犯的错误，其中的普遍原因是企业认为销冠的业务能力好，更容易教会新员工，员工也会更信服。其实不然，这是没有理解专家和管理者的角色区别所导致的错判。销售是专业角色，需要在能力上不断精进，管理者本质上是服务者角色，职位越高的管理者，服务能力就要越强，服务范围就要越广，CEO则是企业的第一服务者（幸而在企业服务的过程中，我们发现越来越多的CEO都认识到自己是企业的第一服务者）。销冠则是专家中的专家，是团队的明星，往往是天赋型选手，他的气场、自信、激情不是一般销售所能比的，销冠的销售方法有不少其实是不适合普通员工的。而销冠很多时候是以自我为中心的，不太容易对团队有感知，销冠带团队往往把团队带成自己的助理，这样团队没有成长，没有成就感，带着带着团队也就散了。这是有现实案例的。中供的一位优秀销冠升任主管后，团队业绩有时还赶不上他自己一个人的业绩，这让团队和他自己都无比痛苦。后来李旭辉回忆道："干主管的时候，还想当明星，绝对带不好团队。主管是教练，要把舞台让给下面的人，否则，你的销售员就不会成长。"

部门壁垒与冲突

此时阿里已经有三大主体业务：B2B、淘宝与支付宝。与强调强执行力的B2B不同，C2C领域的淘宝要求创新与活力，服务于资金交易的支付宝则强调严谨，相对应的人才标准与画像也不同。早期B2B的员工比较接地气，学历要求不高，着装以T恤、牛仔裤为主，B2B的特征后来被戏称为"苦大仇深"。而淘宝与支付宝则不然，特别是支付宝对学历等素质要求比较高。大家经常会有冲突和矛盾。即便早期的淘宝、支付宝有不少员工是从 B2B 过去的，也依然难以弥补裂痕，因为这些是业务场景所决定的，并不能被个体力量扭转。文化虽然根源于人，但却塑造于业务场景。不过在 2004 年、2005 年的时候，这个问题还只是初露端倪，因为此时的淘宝、支付宝还没有自主盈利能力，还是靠 B2B 这只"奶牛"来供给现金、人力和资源。

从员工到管理层再到业务线，以上种种问题最终都会汇集在一个问题上，那就是企业价值观。无论是员工大进大出导致的价值观稀释，还是管理者能力不足导致的价值观坚守不足，或是不同业务模式带来的价值观冲突，都在对阿里的价值观产生冲击。2004 年，违反价值观的案例在阿里逐日增加，这一切都让掌舵者马云开始担心，时间好像又回到了 2001 年的那个新年，只不过这次的危机来源于内部。

艰难当口，系统升级

"现在我觉得公司又进入了一个非常艰难的时期。公司高速成长，我们创造的文化是不是能够延续下去，我们能否把我们的价值观不断地传下去，不断地把价值观丰富起来，这是让我最近很担心的事。"马云当时说。

一场以管理动作为表，以价值观为核心的组织升级迫在眉睫！

事后看来，这场升级分成了五步：高手入场、文化升级、考核保障、"政委"落地、能力升级。

高手入场

企业发展到一定程度,业务多了,各个不同领域的专家需求也就多了。

2004年前后,有来自海内外的30多位组织领域的专业人才加入阿里,其中代表人物有来自微软、后来成为阿里巴巴集团CPO(首席人才官)的邓康明,来自摩托罗拉、后来成为阿里巴巴集团人力资源副总裁的张霞等人。

值得一提的是,在高级人才的面试上,无论是集团CFO(首席财务官)蔡崇信与邓康明的第一次交流,还是马云与邓康明的直接交流,双方对于专业能力都没有聊之过多,聊得更多的反而是家庭生活、行侠仗义等事。其实越是高管,对其专业能力的考量占比就会越少,对价值观的考量就会越多,因为高管的专业能力已经被市场认可,可以相对容易地被了解,真正重要的是这个人是否与企业合得来,进而形成一个共同体。CPO为组织运营的第一负责人,如果他跟创始人的价值观不合,还怎么期望企业的价值观能很好地落地?

虽然后来这一批人陆续离开了阿里,但他们都完成了加入阿里的使命。很多CEO在发展过程中遇到人才不足的时候,会担心花重金引进的职业经理人留不住。其实大可不必担心职业经理人的去留问题,因为选拔人才的真正作用就是解决当下的问题,刺激组织生长,并非一定要把他永远留在组织。

企业在发展过程中一定会遇到瓶颈,要想突破瓶颈,要么寻求外部专业咨询顾问,比如华为请了IBM,要么找到合适的职业经理人加入。只凭内部的原生力是度不过瓶颈期的，因为企业遇到瓶颈的原因就是内部的原生力不够了，靠原有的思维、打法、能力无法解决问题了。我们去寻求新的力量，表面上是希望新的力量能带领组织渡过难关，但新的力量真正的作用是刺激企业原生力的生长，让企业自己能长出新的思维、新的力量来渡过难关。

文化升级

到了 2004 年，阿里在业务上从 to B 向 to C 发展，员工扩张到上千人，所以当时就需要对价值观进行一次新的梳理。

邓康明入职近半年后，经过多次摸索与探讨，在马云的支持下，他启动了第一次价值观升级。与上一次不同，这次的价值观形成是自下而上的，员工代表参与价值观的评审修订与投票表决过程。最终 300 多名管理者与员工代表在一间会议室里，用了一整天时间，把原来的"独孤九剑"浓缩成了六条，即第二版的价值观"六脉神剑"：客户第一、团队合作、拥抱变化、诚信、激情、敬业（见图 3-1）。

自下而上形成价值观并不只是在表面上尊重员工，而是有深层次道理的。首先，价值观来源并服务于业务场景，由业务一线提出的价值观更能代表业务实际。其次，由员工形成的价值观自形成时就有了第一批捍卫者，因为这些价值观是他们自己总结出来的。最后，这样的价值观在传播上有了群众基础，参与讨论的 300 多人已经不再需要谁去解释了，他们再回到各自的工作岗位，

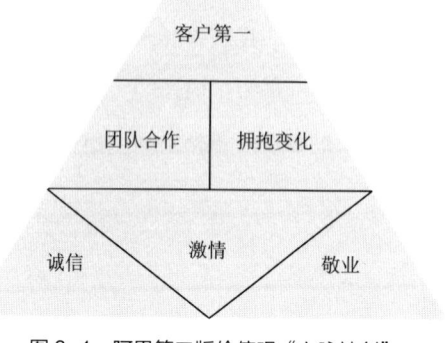

图 3-1　阿里第二版价值观"六脉神剑"

在群众中去传播,效率更快,执行过程中出现问题也更容易被发现。所以这点是值得企业借鉴的,自下而上形成的制度、价值观往往更有生命力。

升级后的"六脉神剑"在文化内容上更为聚焦,并且六条价值观的主次更为清晰。客户最重要,其次是员工,再次是股东;团队层面,首先是团队合作,其次是拥抱变化;个体层面的价值观要求是诚信、激情、敬业。这样的价值观很直观清晰,每一条都有详细的解释。"六脉神剑"从 2005 年一直沿用到 2019 年,到阿里成立二十周年时才被"新六脉神剑"代替。

考核保障

"马云要做大事业,人数会从千人规模到万人规模,必须建立一套科学的人才评估体系,让人才可以被观察、被衡量,而不是靠感觉评论人才。我们设计出一套包含职级体系、激励体系在内的框架，这是一套体系化、流程化、科学化的制度安排。"邓康明说。

大多数企业的价值观往往停留在墙上、横幅上，口号往墙上一挂，好像公司立马就有了文化。少数公司的价值观可以到嘴上，管理层经常念叨。只有极少数公司的价值观可以到心上，时时刻刻被记挂着、遵守着。从墙上到心上，要实现非常难，中间的关键步骤就是考核。价值观，无考核，不成活。

阿里第一版价值观"独孤九剑"要考核，第二版价值观"六脉神剑"也沿袭了这个价值观落地的重要抓手。对每一条价值观按照5分制进行衡量和考核，每一分都有一个行为描述，并且都附带了案例作为参考，案例库是实时更新的（见表3-1）。如果遇到分歧，那就召开会议，大家一起来讨论，经过讨论，大家对价值观的理解会更加深入。

表3-1 "六脉神剑"对应的行为考核量化表

考核项目	评价标准				
	1分	2分	3分	4分	5分
客户第一	尊重他人，随时随地维护阿里巴巴的形象	微笑面对投诉和受到的委屈，积极主动地在工作中为客户解决问题	与客户交流过程中，即使不是自己的责任也不推诿	站在客户的立场思考问题，在坚持原则的基础上，最终让客户和公司都满意	具有超前服务意识，防患于未然

续表

考核项目	评价标准				
	1分	2分	3分	4分	5分
团队合作	积极融入团队，乐于接受同事的帮助，配合团队完成工作	决策前发表建设性意见，充分参与团队讨论；决策后无论个人是否有异议，必须从言行上完全予以支持	积极主动分享业务知识和经验，主动给予同事必要的帮助，善于利用团队的力量解决问题和困难	善于和不同类型的同事合作，不将个人喜好带入工作，充分体现"对事不对人"的原则	有主人翁意识，积极正面地影响团队，改善团队士气和氛围
拥抱变化	适应公司的日常变化，不抱怨	面对变化，理性对待，充分沟通，诚意配合	面对变化产生的困难和挫折，能自我调整，并正面影响和带动同事	在工作中有前瞻意识，建立新方法、新思路	创造变化，并带来绩效突破性的提高
诚信	诚实正直，言行一致，不受利益和压力的影响	通过正确的渠道和流程，准确表达自己的观点；表达批评意见的同时能提出相应建议，直言有讳①	不传播未证实的消息，不在背后不负责任地议论事和人，并能正面引导	勇于承认错误，敢于承担责任；客观反映问题，对损害公司利益的不诚信行为进行严厉制止	能持续一贯地执行以上标准

---

① 直言，是指对事情的态度，不回避；有讳，是指对同事讲话要注意场合和沟通方式。事得好好做，话当然也得好好说。畅所欲言的内网、各种沟通渠道营造了阿里自由、开放的言论氛围。阿里鼓励大家正视问题，并带着积极的心态去解决问题，但不希望带着情绪胡乱放炮，冷语伤人。

续表

考核项目	评价标准				
	1分	2分	3分	4分	5分
激情	喜欢自己的工作，认同阿里巴巴企业文化	热爱阿里巴巴，顾全大局，不计较个人得失	以积极乐观的心态面对日常工作，不断自我激励，努力提升业绩	碰到困难和挫折的时候永不放弃，不断寻求突破，并获得成功	不断设定更高的目标，今天的最好表现是明天的最低要求
敬业	上班时间只做与工作有关的事情；没有因工作失职而造成的重复错误	今天的事不推到明天，遵循必要的工作流程	持续学习，自我完善，做事情充分体现以结果为导向	能根据轻重缓急来正确安排工作优先级，做正确的事	遵循但不拘泥于工作流程，化繁为简，用较小的投入获得较大的工作成果

如此一来，价值观的考核就变得科学起来，价值观的传承就有法可依。当然，代价与痛苦也是巨大的，在价值观考核执行之后，从管理者到员工，因为违反价值观被开除的不在少数。2005年在一场内部考试中，有11人因为作弊被开除了，其中不乏业绩排名非常靠前的销售和主管。但正是这样的严苛与痛苦，才让价值观深入人心。

除了对价值观进行升级，阿里对考核流程和考核细则也进行了升级，还花数百万元引进了一套管理工具提升管理效率，这都极大地促进了组织升级。

"政委"落地

有了适配的价值观，也有了配套的考核工具和考核制度，也许会有人觉得组织升级就已经完成。我们在企业咨询服务过程中发现，不少企业在解决问题的时候都是从制度下手，把制度理顺就以为大功告成了。但实际上，制度最终能发挥出作用的决定性因素不在于制度本身，而是执行落地的人。有再好的价值观、再科学的考核准则，落地的人不行，也实现不了。所以价值观的升级最终需要一群有实权的"坚守者"，这群人要能跳出业务视角，从人的视角看问题，能够让文化一代一代地传承下去。

"政委"体系（见图3-2）就是在这样一个背景下产生的。阿里的"政委"在身份上类似于其他公司的HRBP（人力资源业务合作伙伴），但本质上有很大不同，主要体现在前者的"懂业务、有实权、信仰坚定"。

大"政委"：直接与事业部总经理搭档

小"政委"：分布在具体的城市区域，与区域经理搭档

图3-2 阿里"政委"架构

首先，懂业务。阿里的第一批"政委"是从优秀的业务干部中选拔出来的。我就是从业务线出来的，当时我的上级问我："你要不要去做'政委'？""'政委'？什么是'政委'？"我内心充满疑惑。但是我们对组织的要求从来不拒绝，因为我们知道组织之所以这么提，一定有自己的想法，而且从来不会亏待我

们。所以我们第一批30多个"政委"基本都是从业务部门抽出来的，没有专业的人力资源背景，但我们懂业务，对业务的理解比较深，甚至比业务主管还要强。正因为懂业务，我们做出的组织决策会更好地赋能业务。

其次，有实权。"政委"对人事任用有一票否决权。实际用人中，业务方为了业绩会用一些业绩好但价值观不符合的人，那么"政委"就可以一票否决。另外，"政委"直接向上级"政委"汇报，最终汇报到总"政委"那里，不受业务的干扰。

最后，信仰坚定。作为文化体系的捍卫者，"政委"本身就需要对文化坚定。从选拔到培养，文化价值观一直是"政委"的工作核心。

在组织架构里，每个业务区域都会有一名小"政委"，与区域经理搭档，互相赋能，互相补充，互相帮助，互相制约，将文化深入到一线中。并且，本身就是业务精英，又担任过"政委"的人能够从人和事的双重角度看问题，管理能力会有很大的提升，所以"政委"体系也是管理者的储备库。在组织中，有没有担任过"政委"是考量晋升的重要依据，公司在晋升一些业务负责人之前会让他在"政委"岗位上干一段时间，这样晋升后的负责人才能做到"人事合一"。

当时还有一个小插曲。在做"政委"及人力资源岗位的等级制定时，因为我们过去都没有人力资源工作的经验，所以把自己都放在最低的等级上，对应的薪酬也比较低。我们都是业务高手，做业务的提成都很高，结果现在的收入甚至不如之前做业务的十分之一。然而招进来的下属因为有经验，等级收入比我们自己都高。但当时我们都没有怨言，觉得这是可以获得更好成长的机会，后来才发现，其实那时候我们对价值观的理解已经非常深刻，超越了物质层面的需求。

能力升级

有了专职的人就够了吗？制度就能落地了吗？还不够，因为人的能力并没有培养起来。就像我们，把我们放在"政委"岗位上，但我们没有相应的能力，最终也是不能保障价值观落地的。所以在确立了制度、确定了负责人之后，还要考虑人的能力提升问题。阿里在这方面可谓不遗余力、不惜代价。

比如为了保障绩效体系落地的顺畅，全公司 400 多名管理者在三亚参加了四天的绩效管理专项培训。学习完之后还要考试，合格之后才能回到岗位行使考核权。除此之外，为了提高管理者与"政委"的能力，我们当时几乎把全球最好的课程全部学了一遍，其中最贵的一项就高达千万元。除却外训，阿里也尤为重视内部经验的总结梳理。教学相长作为阿里最早的价值观之一，一直在组织内贯彻升级。2004 年我们总结出辅导十六字方针"我做你看、我说你听、你做我看、你说我听"，并将其列入"百大"（针对中供的销售新人，阿里会对其进行为期 21 天的脱产培训，称之为"百年大计"，简称"百大"）的课程模块，这让阿里的员工都建立起了常总结、常提炼的习惯。也就是从这个时候开始，内部的总结提炼开始井喷，这些从实际业务中来，为解决实际业务而生的总结提炼覆盖了业务、管理、文化、基础素质等各个方面，构成了阿里组织能力提升的基石。

组织夯实，业务猛进

高手入场、文化升级、考核保障、"政委"落地、能力升级，总共用了大概一年的时间完成。这五步从人才，到制度，到保障体系，到能力升级，环环相扣，最终才将制度完整落实下去，从而实现了组织升级。包括系统引进、课程购买、新专家团队的薪水在内，总投入估计过亿元，虽然此时 B2B 业务已经实现不错的盈利，但淘宝、支付宝依然处于投入阶段，整个集团依然没有盈利。在这样的情况下，敢于如此投入，可见阿里对于组织升级的决心不可谓不大。当然，效果也是非常明显的。

组织温度得到提升

此前几年，阿里处于快速发展的阶段，为了达成高增长目标，对人的关注度就降低了，员工过得不开心，所以离职率很高。"政委"的设立，让组织在做决策的时候会关注到人的部分。而"政委"在日常工作中，也会时时刻刻关注团队的状态，发现问题及时沟通、解决。因为"政委"的重要角色之一就是"人才问题的合作伙伴"。"政委"要善于与员工沟通，了解其生活、工作的状态，清楚其目前遇到的问题，并且帮助员工解决问题。

在"政委"制度实施之后，公司离职率开始大幅下降，比如我所在的金华区域，业务一直是高速增长的，但离职率为0。

人才跟上业务发展

现在说起阿里，人们脑海中必然会有"良将如潮，人才辈出"的印象。

人才是训练出来的，要想批量产出人才，就需要一套机制，而绩效管理就是最好的机制之一。首先，绩效可以将公司与员工的目标关联起来，共同制定实现路径，这会让员工清楚地了解自己在团队中的位置和职责，有助于发挥个人所长。其次，在绩效实施的过程中，管理者会持续地跟进员工的情况，发现问题能够及时解决。最后，在目标达成后，根据结果，公司会做出反应，比如晋升、加薪、培训等，对员工的努力做出回应，进行激励。员工得到了正面反馈后，动力和主动性进一步提升，会更积极地提升自己的能力。

在整个绩效制度实施过程中，员工的能力得到成长，管理者的管理辅导能力也同步得到提升。除了员工的能力成长，绩效还让业务发展更加稳定，因为在设定绩效的过程中一是要定目标，二是要定策略，即行动路径。一般团队做业务，定了目标之后，根据经验与感觉去实施，而定策略就是要团队共创、共同制定行动路径，这样业务发展会更稳定。

正常的管理晋升是业务做得好就往上升，核心是对业务的训练。但"政委"的设置则对管理者有了另一个维度的训练，在"政委"岗位上被训练的管理者会更"识人心、懂人性"，管理的基础会更夯实，未来可以走得更远。

文化落地更科学

这次文化升级，将文化考核落到了行为考核上，打分要以实际行为为依据。每次考核过程中，管理者和员工要拿出具体案例进行证明，如果双方意见不一致，就会开始探讨，甚至争论，最终达成一致。而因为"政委"在场，这个场面是可控的，管理者不能凭借自己的职权强压，必须以理服人（阿里的绩效考核，"政委"是要全程参加的）。

这场从 2004 年开始筹备，2005 年实施完成的组织升级对于整个阿里的影响巨大，总结成一句话就是，这场升级让"文化能重新引导组织，组织跟得上业务"。正是这次组织升级，让阿里的未来发展有了可能性，后续无论是单一业务的扩张，还是新业务的开拓都没有在组织上受过太大影响。

几乎所有企业，无论规模，在发展期都会遇到一个坎，会让公司的发展停滞不前，甚至折损于此。这个坎就是很多 CEO 提到的"组织跟不上业务发展"。很可惜，在实际经营中有六成企业意识不到问题所在，剩余四成中又有一半意识到了问题但不知道如何去做，做的两成里面成功者又不足半数。所以真正能度过快速发展期的企业只有一成，这是冷酷但又现实的数字。我一直认为企业的发展不是金字塔形的，而是漏斗形的，越往上生存竞争越激烈，胜出者越少。所以在经营企业时，CEO 一定要学会未雨绸缪，及时意识到问题，并且能够学会"开着飞机换引擎"，在业务发展中升级换代。希望上述案例能够对大家有所帮助，能让大家对如何系统地升级组织有一定的了解。组织升级中，系统很重要，组织升级一定是系统工程。东一榔头西一棒槌的做法不仅耗时耗力，而且不可能让组织真正升级。

文化如何从"同心"到"同行"

我们曾在第二章第三节谈到如何通过对价值观进行诠释解读，让组织上下同频共振。对价值观做诠释解读，是让大家明白价值观的意义，是对价值观的定性。我觉得，如果说做诠释解读有3分难度的话，那么行为准则这一步则有7~10分的难度，很多企业的文化不够有成效，就是因为这一步做得很少甚至几乎没做。很多企业都有使命、愿景、价值观，都或多或少会有对应的解释，但是很少有企业能够将这些解释跟公司全员的行为去做匹配，相比之下，这一点也是华为、阿里等公司做得很夯实、很有力的地方。

接下来我们就展开讲解如何进行行为准则的确立和分层。我们先用两个例子说明价值观中的行为准则如何制定，一个是比较完善的阿里的案例，另一个是发展中企业的案例。

分层量化，才能实现同频共振

我们先来看第一个案例。表3-1的阿里"六脉神剑"行为考核，也就是行为准则，大家可以看到每条价值观对应的1~5分相当于层层递进的五个等级要求。我们选择其中"客户第一"来进行详细解读。

首先是1分：尊重他人，随时随地维护阿里巴巴的形象。

这里面有两个关键："尊重他人"和"维护形象"。尊重他人的意思是无论对方职位高低、工种如何，均应该平等对待、尊重。即便在自己很忙、彼此有冲突、不喜欢对方时，也应该表现出应有的礼貌、修养，不伤害他人。这里的他人并不只是外部的客户，还包括内部的员工、上下游的供应商与合作伙伴、社会上的人等。

维护形象就是以维护公司形象为己任，任何不遵守社会公德、不被社会认可的行为都会损害公司形象，阿里的员工都不应该做出那些行为。

1分是最基本的要求，如果不能主动为客户、为他人创造价值，起码要平等地对待他人，不给公司抹黑。如果连平等对待他人、尊重他人、遵守基本的社会公德都做不到，何谈做到更高的价值观要求。

围绕着这点还会做参考案例，不符合这条价值观的案例包括：管理者不尊重员工，辱骂攻击下属；在公司里给同事脸色看，和同事吵架；和客户打交道时，不顾客户的感受，态度比较强硬，对客户进行不负责任的评论，对内部客户同样如此；客户对公司某项服务不满意（责任在客户方），员工不注意方式方法，对客户讲"这完全是你们的责任，和我们公司无关；我们公司的制度就是这样的，我也觉得不合理，不过没有办法"；在公共场合吵架，语言行为不文明；不守信用，比如订餐后取消不通知，造成饭店对阿里的坏印象。

这些都是根据真实的案例提炼出来的。比如在公共场合吵架的案例，是有名员工在公交车上跟另一名乘客吵起来了，言语很不友善，刚好这名员工身上挂着阿里的工牌，被乘客看到了，乘客就投诉到公司。公司调查后发现是员工先犯的错，就要求这名员工向乘客道歉，并将这个案例纳入行为准则案例库。因为我们认为这种行为不符合基本的社会公德，会对公司的声誉造成影响，比如会有别人调侃我们的客户："你怎么会用这家企业的产品，这家企业的员工很没有素质。"

订餐取消不通知的案例是我们还在华星大厦办公的时候，中午会在楼下的饭店吃饭。有时会提前订好桌，到了就可以直接吃。但有时业务比较繁忙，经常开会，开着开着就过饭点直接到下午了，而且会上大家都专注于开会，也忘记了跟饭店沟通延迟或者取消用餐，影响了饭店的翻台率；还有的时候临时出差了，也忘记和饭店说取消用餐；等等。这会给饭店造成损失，后来饭店就直接向公司投诉，反映了这个情况。公司知道后，就直接批评了涉及此类事件的员工，并特地把这条列入价值观的案例库。一方面，这件事情已经明确影响到阿里的声誉；另一方面，从我们的文化角度看,这种行为不仅不能让别人降低做生意的难度,还会对他们的生意造成困扰,不符合"客户第一"的价值观与"让天下没有难做的生意"的使命。所以类似的事情是不被允许的。

然后递进到2分:微笑面对投诉和受到的委屈,积极主动地在工作中为客户解决问题。

这条同样也有两个关键词:"微笑面对"和"积极主动"。这一条的难度高了一些,不再是静态的、保守的。微笑面对投诉和受到的委屈,是要有胸怀的,要能理解客户的抱怨,在受委屈的情况下,依然以先为客户解决问题为导向,而非因为自己的情绪停止为客户服务,让客户继续被问题困扰,或者带着抱怨去服务客户,让客户的心情也变糟糕。积极主动则是主动去帮助客户解决问题,而非坐等客户上门提需求。

有一个不符合行为标准的参考案例是有位客户因为要还价就跟我们的员工吐槽我们的产品有问题,但我们的员工听到以后以为客户是在攻击我们,当场就反驳客户的观点,于是本来好好的议价就变成了对峙争论,后来客户就投诉到公司了。这就是一个反面案例。我们在面对客户的抱怨时,首先要理解客户的真实想法,再跟客户沟通如何解决问题,而非简单、直接地去讨论对错。讨论对错不仅不能为客户解决问题,还会将客户推到公司的对立面。

社会上也有一个案例,某头部主播在直播时看到客户在抱怨产品价格,该主播不仅没有站在客户层面去考虑,反而情绪一下子激动起来,进而去指责客户不努力,反问客户这么多年工资为什么不涨，引起很大社会反响。这也是个反面案例，无论哪个行业，理解客户的情绪与需求，为客户提供舒心的服务都是企业经营的核心。

再举几个符合行为标准的案例。我在很多场合经常说，阿里的行政团队和安保团队是非常好的，他们经常做一些让大家感觉特别温暖、特别感动的事。

比如安全助理在晚上值班时会认真仔细检查，在有些部门集体开会时，特别关注他们在桌上遗留的物品；饮水机没水了，主动帮助换水；遇到员工晚上将手机遗留在桌上，不但先帮助收好，还会在桌上留一张"温馨提示"纸条，让员工感觉很温暖。此类事无法穷举，真的很值得点赞，因为内部员工也是我们的客户。

还有一个我自己的案例。我在阿里做"政委"的时候，面试会遇到一些跟我的部门需求不匹配的候选人，但我知道他价值观不错，也比较符合其他部门的需求，于是我就会跟候选人沟通，问他愿不愿意接受其他部门的面试，他同意后把简历主动推到其他部门，其中有不少人都通过了面试，加入进来后在各自的岗位绽放。这也是积极主动为客户解决问题的案例，因为在我看来，候选人、其他部门同事都是我们的客户，让优秀的人找到适合的工作是一件很开心的事。

接下来是 3 分：与客户交流过程中，即使不是自己的责任也不推诿。

本条的关键含义在于注重客户的感受：发生了问题，即使不是你的责任，也不可以在客户面前推到其他人身上，保证客户有良好感受；客户在有需求的时候找到你，即使这件事不是你的责任，但是客户不清楚具体的安排，你也应该帮助客户寻找到正确的解决渠道和资源；在分工不太明确的情况下，即使这件事情不在你的职责范围内，但能够帮客户解决或者找到对应的人解决，你也必须帮客户解决，不能借故推托，要有主人翁意识。

在阿里有一条制度叫首问责任制，就是不管这个客户是不是你的，咨询的问题是不是归你的部门管，是不是你的岗位职责所在，客户首先找到你了，那你就是这件事情的主要责任人，你就要去帮助客户解决这个问题。如果问题没有解决，那就是你的责任了。所谓的部门之分只是对我们内部而言，而在客户眼里，我们是一个整体，客户希望的是只要找到这个公司的人，就可以解决问题，至于是哪个部门的谁负责，那是公司要解决安排的事。

举一个不符合此条价值观的案例。某采购员接到任务，需要和市场部、客服部合作购买发放给外部客户的礼品。一开始市场部认为自己有渠道购买，没有让采购员去采购，但到了发放时间礼品却没有到位，客服部收到客户投诉，发邮件催采购员。采购员直接将邮件转给了市场部，也不进行沟通和进度追踪，问题迟迟得不到解决。该采购员在收到投诉邮件后的做法即为负面案例，没有做到即使不是自己的责任也不推诿，因为无论是谁的责任，让客户不满意就是最大的责任。

1分是底线，不做违反道德的事情就可以了，2分就要求有主动性，3分就要求有主人翁意识，在对人对事的积极性上是层层递进的。都已经成为主人翁了，还能做得更好吗？当然能，接下来我们看4分的要求：站在客户的立场思考问题，在坚持原则的基础上，最终让客户和公司都满意。

本条的关键是管理客户期望值，做到让客户和公司都满意。客户的要求若合理，应满足客户要求；如果一个客户的要求影响到另外客户的利益，应通过有效的沟通和协调获得客户的理解；如果目前公司不能满足客户的要求，应设法获得客户的理解并认可客户提出的问题对公司的价值；客户的要求不合理，应晓之以理，动之以情，获得客户的理解；客户的需求应通过正确的渠道反映给负责的部门。

这一条要求高在格局与视野，要实现客户和公司的双赢。

以下举两个符合本条价值观的案例。在某大会的筹备过程中，筹备组的员工把许多采购需求通过系统提交了，接收请求的采购人员没有简单地执行，而是充分和提交人员交流，站在客户的立场上思考，了解采购的实际需求，利用自己的专业经验给出非常好的实际建议，后来是主动参与了场地的设计工作，把大会的花费整整缩减了几万元，而且效果比原来更佳。拍摄组员工在拍摄过程中不但管理客户期望，而且提出了很多建议，让客户更有效地接好咨询订单，这些建议也符合公司规定，所以获得了客户的好评。

最后是最高的5分标准：具有超前服务意识，防患于未然。

本条的关键是"预测"和"超前"，反映出规划工作时的超前意识，对客户需求的深刻理解，并能够提出解决方案。

4分的要求是纵向看，看当下的全局。那么5分的要求则是横向看，看未来，用中医的话讲叫作"上医治未病"。

我在阿里工作期间，没有找到满足 5 分要求的案例，这确实很难。举一个我们的客户的案例。有家做线下培训的公司，在新冠疫情前，有个员工就向公司提出一个建议："公司现在的所有产品都是要到线下履约的，会有一些问题。一是公司的服务能力是有限的，线下承载的客户数量也是有限的。二是客户的使用成本很高，每次来上课在路上都会花掉很多时间。所以，公司能不能考虑将部分服务线上化，一来可以增加公司的服务能力，二来可以方便客户？"

公司经过讨论，觉得这个建议非常不错，就开始尝试线上化。正是这个尝试让公司在疫情的时候营收不仅没有受到影响，反而有所增长。这就是通过对客户需求的理解，做到防患于未然。

当然，做到这条很难，因为要对市场、对客户非常有研究才行。我们把这条作为 5 分的行为准则，就是要告诉大家，客户服务不能止于当下，要有前瞻性。

以上是"客户第一"的五个行为准则。其他几条也都是这样，都有五个层级的划分，层层递进。

这一套行为准则，看似简单，但每一条都经过了大量的讨论、碰撞和斟酌。当时由彭蕾挂帅，带领 HR 团队与业务高管，花了大量的时间做这件事情。有一些公司花个两三万元招聘文化专员，高层不参与，就想让专员把文化体系搞出来，肯定是不行的。文化工作是一个企业的灵魂工程，要建立这样的体系，负责人不仅要有专业知识，还要懂业务、懂人性，了解企业的历史。没有一把手的参与，没有 CEO 的支持，普通专员做的文化工作最后只能变成一场游戏。

我在线下做分享的时候，有不少同学问我："老师，这些东西太麻烦了，有没有更好的方式，不用这些准则就能让大家达成共识，约束大家的行为啊？"我很负责任地跟大家讲——没有。文化是一个虚的东西，如果不落到具体的言行举止上，文化是无效的。文化从业务中来，回到业务中去，把每天都发生在业务场景中的文化总结沉淀下来，成为行为标准，再去促进业务的增长。如果不进行行为准则的确立，文化就会偏离业务，那这样的文化就是无根之木。

还有很多人问我："阿里的组织建设为什么这么好，厉害在哪里？"作为亲身经历者，我觉得阿里做的事情，其实大多数公司都能做。真正让阿里发展至今的不是多厉害的事情，而是一直在认真践行共同的价值观（约定全员言行举止的游戏规则）。

公司从 100 多人到几千人，再到上万人，每个人遵守的都是同一套行为准则，这就叫同频。一个人的力量是微不足道的，但一群人用一个频率发力，就足以击穿一切，让一群平凡人在一起可以做成非凡事。这就是文化的力量，于无声处听惊雷。

接受差异，解决冲突

接下来我们再看另一个发展期企业的行为准则案例。

这家企业的其中一条价值观叫作"协作",协作在企业经营中是非常重要的事情。我们来看这家企业如何对这条价值观进行行为准则的考核评价(见表3-2)。

表3-2 某公司价值观"协作"的行为准则考核评价标准

考核项目	评价标准				
	优异	优	良	中	差
协作	能够创造积极的差异,能够发展其他领导者,能做出痛苦而正确的决定	能够建设性地利用差异,能帮助团队获得方向感及意义感,能够容纳不同风格的领导者	能接受、尊重差异,能主动去与相关人员建立关系,有发展他人的意识及实际行动	能够承认差异,能与和自己比较趋同的人顺畅合作,在关系处理中较为被动	不承认差异,难于与其他人合作,消极避免冲突

这家公司也将价值观的行为准则分成五个层级,不同的是他们将"差"也列出来单独成为一个层级。阿里的分级是不满足1分的就默认为"差"。这家公司对差的定义是"不承认差异,难于与其他人合作,消极避免冲突"。协作的前提是看见、承认差异,接受他人与自己的不同,无论是优点、缺点,还是处事风格。若看不见、不承认差异,那合作就无从谈起了,就会消极地回避冲突。

递进一步到"中",也就是及格线,不要求马上能接受差异,但起码要知道、承认差异的存在,知道人与人之间的能力、性格是不同的。但因为还不能接受别人的差异,所以只能跟自己比较趋同的人合作,跟不同的人就难以合作,所以在协同上处于被动状态。

再进一步到了"良"，就好一些，不仅知道差异的存在，还能接受、尊重别人的差异。因为尊重差异，所以能跟大多数人协作相处，就在人际关系中处于主动地位，能跟别人主动建立关系。同时还有了一个新的行为方向——有发展他人的意识及实际行动，在尊重差异的同时还能帮助他人成长。

再高一级到了"优"，这一层级有两个主轴。一个主轴是沿着"差异"往上递进，不仅能接受、尊重差异，还能建设性地利用差异。如何利用差异？最常应用的一个场景就是"人岗匹配"，因为人的能力、性格不同，所以适合做的事情也不同。团队的管理者要学会扬人之长，给合适的人合适的任务，将合适的人放在合适的岗位上。小到客户的分配，大到业务的选择，将不同的业务分配给不同性格的带头人。这些都是在利用差异化。

还有一条是能容纳不同风格的领导者，这里所包含的对象不只是普通员工，还有部门的领导者，包括自己的上级领导者、其他部门的领导者。为什么要特别把"领导者"拿出来说呢？一是因为领导者的个性较一般员工更为鲜明，比如技术部门的领导者技术色彩会比较强烈，比较讲逻辑、讲理性、讲客观数据，而市场部门的领导者业务色彩比较强烈，喜欢讲士气、讲经验。如果两个部门的领导者在一起工作，不能理解、包容对方的性格，会直接导致两个部门的协同不畅。

另一个原因在于，领导者是团队工作中绕不过去的一环，如果一个员工跟其他员工协同，发现协同不畅，还是有办法解决或绕过去的，比如向对方的领导者请求支持、换一个员工来进行都可以。但如果对方本身就是领导者，那就绕不过去了，比如你是部门的员工，你总不能要求对方部门换一个领导，就算你是平级部门的领导者也不行，那么就只能彼此理解、彼此包容，多站在对方的视角、逻辑上去想对方的需求是什么，是如何思考问题的。

"优"的另一个主轴就是强调人的发展。在"良"这个层级，发展更多体现在做事的方法和能力上。到了"优"这一层级，就不只是能力的提升，更重要的是心态的成长，要能帮助团队获得方向感及意义感。原动力提升了，能力自然而然就会跟上，这也是领导力的体现。

更进一步便是卓越的境界：优异。

沿着两条主轴攀升，关于差异，不仅要利用它，更要主动创造。或许有人会疑惑，公司内部的摩擦不都是由差异引发的吗，为何还要主动制造差异？其实，对于企业而言，差异虽然会带来痛苦，但也是必不可少的生命力与创新源泉。如果企业内外环境都一模一样，没有新的思维、思考，那便是企业步入衰退的开始。因此，优秀的公司都会主动创造差异以激发生命力。如华为的红蓝军制度，通过 PK 来寻找更正确的市场定位；腾讯的赛马制，多个小组同时进行一个项目，看哪个能胜出；阿里也有相似的模式，多个团队赛马试错。

发展人的主轴往上是"能够发展其他领导者"，即你的发展对象不再只是下属，还有你的平级，这本是你职责之外的事情。

而发展领导者的难度也会更高，所以企业把这一行为标准定在"优异"这一层。

这一层级还有一条要求叫作"能做出痛苦而正确的决定"。这是协同的最高等级。其他的协同往往都是为了取得好的结果，而这一条则伴随着强烈的痛苦，需要员工做艰难的抉择，需要基于长期主义、整体利益而牺牲短暂的、某些部门的利益，这不仅需要眼光，更需要勇气、胸怀。因为整个企业的发展是有所侧重的，企业的资源投入是有重点的，这就代表有些部门被分配的资源少于平均资源，甚至要牺牲掉某个部门的利益去保证别的部门的发展。

比如阿里在成立新业务的时候会从老业务团队抽调精英来组成新的班底，像淘宝成立的时候从B2B部门抽调了很多人，支付宝、阿里云成立的时候也从淘宝抽了很多人。这些人都是公司花了不少时间和精力培养出来的明星管理者和员工，如果他们留在本部门，绝对会是本部门的中坚力量。但公司有新的发展方向，需要人才，为了整体利益，各个部门只能忍痛割爱，将自己的明星输送出去，这就是一种痛苦而正确的决定。

这就是一家公司关于"协作"的行为准则，给大家做一下参考。大家可以重点关注其中的逻辑性关系，每一层标准都是在上一层基础上有所递进的。这样员工既可以知道自己当前处于哪一层，也可以知道自己接下来怎么做会更好。做文化的目的是发展人，不单单是考评人。要让人看到自己的优点与不足，而不是给人贴标签。

力量内生的心法与方法

前面举了两家公司的案例,阐明价值观的行为准则是怎么一回事。接下来我们讲方法,即如何制定出企业每条价值观的行为准则。我们总结了一个心法和一个方法。

心法:扎根大地

文化来源于群众,反哺于群众。在电影《至暗时刻》中,英国首相丘吉尔在战争中的危急时刻要抉择英国要不要投降,这个时候,他决定去听群众的声音。

于是丘吉尔独自到地铁里,与底层民众坐在了一个车厢内,他诚恳地向在场的群众发问:"如果可以心平气和地去跟希特勒议和,争取有利条件,你们会怎么说?"而令他意想不到的是,车厢里的每一个人,甚至连一个十几岁的女孩,都坚定地向他呐喊:"绝不!绝不!"

这就是群众的呼声,丘吉尔吃下了一颗定心丸。于是,他带着人民的寄托,在演讲时孤注一掷,向全世界宣告英国人的决心,他挥舞着拳头,慷慨激昂地说:"我们要不断进行斗争,直到老天认为合适的时候,就会有新世界挺身而出,贡献全力来拯救并解放这个旧世界!"

所以制定行为准则,一定要回到一线,充分去做访谈。用群众的案例,提炼出群众心中的正确的行为准则,再用群众听得懂的话表达出来。

比如关于"协作",群众认为的协作是什么,希望得到什么样的协作,不希望什么样的协作,之前发生过哪些好的、不好的协作案例。多个维度、多个岗位、多个层级都要充分访谈到。

只有这样的行为准则才是群众所能理解、接受、遵循的。前文也提过有些公司会直接照抄别的公司的价值观,这样的文化是不可能落地成功的。因为那些价值观里的案例、行为准则,是别人根据自己公司的经历提炼出来的,而自身内部没有这样的经历,就无法与这些行为准则共鸣。显性的文化准则一定要与隐性的经历产生共鸣,文化才有号召力。同时也不要担心群众会胡乱提,人人内心都有一杆秤,知道什么是好的、什么是坏的。还是那句话,外部能求的都是一些"术",要生成自己的文化,就要扎根于企业自己的土壤,也就是企业里面流动的所有的人。

方法:BEI

BEI(behavioral event interview,行为事件访谈法),指以获取有关被访者行为事件为主要目的的访谈法。

到群众当中,去问关于某一条价值观的好的做法、一般的做法、不好的做法分别是什么,被访者要能陈述出一个过去发生的完整案例。这个案例要包含背景描述、当事人、参与人、具体发生了什么、有哪些动作、结果如何、大家的感受如何、对组织的影响是什么等等。

比如,我们问到关于"学习探索"的反馈,差的案例就是公司组织了一次外训,某个员工不仅不认真学习,经常走神玩手机,还对老师的方法嗤之以鼻。好的案例就是 ChatGPT 问世的时候，某个员工立马想到可以将它用在公司经营之中，所以在整个行业还没有人做出反应的时候，他就组织一支义务小分队用了三个月时间成功地将 ChatGPT 应用在工作中，将工作效率提高了几倍。

做过大量的访谈之后，将所有的案例放在一起筛选、归类、再去重、分级，不同层级的行为准则描述就出来了。

另外，要注意两点。一是要有时间投入，慢工出细活。不要寄希望能两三天内把价值观的行为准则梳理出来，而且企业成立的时间越久，经历得越多，行为准则的提炼所需要的时间也越长。二是不要焦虑，不要担心提炼出来的行为准则不完美。企业经营永远没有完美的，文化也没有完美的。文化永远是在优化的过程中，一个版本出来之后可以试运行、试发布，要在知行合一的过程中迭代优化，这样行为准则才会越来越好。

如何用"刚"的制度落地"柔"的文化

"诠释解读＋行为准则"出来了，文化的根就已经长好了，接下来就要茁壮成长，开枝散叶了。开枝散叶的关键是要有一根高大通直、紧实坚硬的树干。一方面，树干承载着整棵树的重量，只有紧实高大才能支撑起整棵大树，让大树长得越来越高，同时能抵御住强风，不会被吹折；另一方面，树干还传输着树木的生命力，保障树木营养的上传下达，将叶片光合作用产生的养分传递给根部，同时将根部吸收的水分、矿物质等运输到叶片等部位。

同样，文化在落地过程中也需要这样的树干。一方面，它传输文化的生命力，连通文化的根部（价值观的诠释解读和行为准则）与枝叶（文化的层层宣导），让文化宣导不脱离文化核心，能依靠文化的根来生长；同时它也能将文化生长过程中汲取的养分，如新的案例、标杆等传回根部，让根系更发达，这就是马云所说的让价值观更丰富。另一方面，它承载文化落地之"重"，有了它，一家公司才能坚定地落地文化，不让文化落地被人的惰性、业务的压力等因素摧垮。

这个树干就是制度保障。制度可以让文化从虚变实，从主观判断的"人治"变成有法可循的"法治"。它能让遵循文化的人获得奖励，让违背文化的人受到处罚或离开公司。它也能让新的文化案例被发现、被反馈回文化核心，让文化体系更丰富，更落地。所以文化落地一定要有制度保障，没有制度保障的文化落地就是"小趴菜"，没有精气神，风一吹就倒。

我们在前文讲的一些阿里的"高压线"都属于制度保障，除此之外还有绩效管理制度、晋升淘汰制度、培训制度、赛马制度、"政委"制度等等。我们接下来重点讲一讲文化落地的"干中之干"——绩效管理制度。

提到绩效，大家的第一反应可能是跟薪酬、奖金或者晋升、淘汰挂钩。有人会觉得，这么"俗气"的东西，怎么能跟文化价值观挂在一起呢？追求文化价值观不是更要看淡这些利益吗？其实这是个错误的观点。我们讲过，企业的价值观是组织运行的游戏规则，不是道德观念。就像参与游戏者会按照规则拿到相应的结果，企业也必须让员工得到应有的报酬，而且要让所有人知道践行企业价值观是有回报的，这样才会有越来越多的人愿意践行企业的价值观。

哪怕一开始确实有人是为了利益而践行价值观的也没有关系，因为大多数人是"先看见，再相信"。看见利益反馈后，内心才会相信，才会愿意跟着做。所以对大多数人而言，文化的认同是做出来的，不是想出来的。这也是阿里"对得起好的人，对不起不好的人！"和华为"不让雷锋吃亏"这两句话背后的逻辑所在。只有让"好人"不断有"好报"，才会有更多"好人"涌现（"好人"意为符合公司价值观，对公司有价值产出的人）。

接下来，我们就分享一下文化如何做绩效考核。

考核设计原则

避免成为有毒的管理者：公正、善意与真诚

这一条是基础原则。首先是公正，这一点不言自明。考核是为了完成公司使命和战略、激励团队，如果考核都不能做到公正，那么价值观的评价自然不能得到信服，文化也失去了落地的根基。

然后是善意，这点非常重要，但实践中很容易被忽视。我们做这个考核的目的是什么？是想帮助他，还是想批评他？于价值观而言，考核的目的一是发现"雷锋"、奖励"雷锋"，二是发现员工目前不足的地方，提出意见并帮助他提升。这两个目的本质上都是希望能帮助员工成长，是善意的。只有善意的考核才会让员工将自己的真实想法、优缺点讲出来，因为他知道你是在帮他，这样的考核和评价才是有意义的。就像看病一样，病人愿意将一些难言之隐倾诉出来是因为医生能够帮他，病人讲得越多，越有利于医生做治疗。

但有些管理者并不是为了发展人，而是抱着指责批判的心态去进行考核，目的是发现员工的不足，给员工定性、贴标签。过程中也不会站在员工的角度去思考，反而单方面地评判，把自己的观点强加于人，不管员工认不认同。在这样的场景下，根据员工性格的不同，会出现四种情况。

性格强、能力强的员工会直接跟上级争吵，会觉得这家公司不值得自己留下，最后会选择离开公司，找一个能认可自己的公司。性格弱、能力强的员工虽然不会与上级起冲突，但如果长时间都被批判，就会陷入自我怀疑，最终效能也会下降。能力不强、性格弱的员工，为了躲避上级的挑刺，会掩盖真实问题，敷衍了事，或是本着"多干多错，不干不错"的心态不愿意承担有风险的工作，需要上级鞭策才能动一动。能力不强、性格很强的员工，本身可能是要被开除的，而这种无意义的评判可能会节外生枝，惹出一些事端，因为能力弱但性格强的人很多都是自尊心很强的，这种评判很容易引发不必要的冲突，会让留下来的人对公司留有不好的印象。

一家公司有名老员工是一个业务部门的负责人，但其能力已经跟不上公司的发展，所以公司就想给这个部门找一个新的负责人，对老员工进行降职。刚好到了绩效评定的时候，为了让这名员工接受这个安排，在面谈的时候，他的上级就对他进行了批评，说他各方面都不行，其实是希望老员工认识到自己的不足，主动提出降职。但事与愿违，面对评判，那名老员工一开始没有说什么，慢慢地情绪也上来了，开始与上级对峙，接着就演变成冲突，声音很大，隔着墙壁都能听到，于是这次面谈不欢而散。之后那名老员工对我说，他其实知道自己能力不足，无法带领部门前进，也愿意有一个更有本事的人带领他。但他对面谈时上级的态度很生气，自己干了这么多年，功劳、苦劳都是有的，那种指责评判让他觉得过去这么多年的工作都是无意义的，这是他无法接受的。其实那天他的上级只要对他过去的工作做一些肯定，不要这么苛责他，他是愿意服从公司安排的，毕竟有一个能力更好的人带着，他也能跟着学习。

所以批判式的考核要不得，不仅不能让文化落地，还会让组织能力下降，最后管理者还会抱怨"无人可用"。这样的管理者我们称之为"有毒的管理者"，是有害于组织的。就像上述案例，如果上级是站在发展员工的角度，看见并肯定员工过去的价值，然后与他沟通，需要有一个能力更强的人带着他成长，矛盾就不会激化了。

最后是真诚。善意是真诚的根本，真诚是善意表达的通道。当我们对一些话、一些事有疑虑，不知道当不当说、能不能说的时候，其实只要怀着一颗真诚、善意的心，能让对方感受到我们真正的目的是想帮助他，就可以说，因为绝对的真诚是无坚不摧的。

这点对于管理新手而言尤为重要。不少管理者是在原团队直接晋升的，和团队成员的关系昨天还是平级，今天就变成上下级了，内心一时适应不了这个转变。考核时，碍于"兄弟情"，会担心把问题抛出来，对方会不会觉得自己变了，开始以"官威"压人了，对很多问题要么不说，要么就很委婉地表达，不愿意直接挑明。但这样其实更不利于团队管理。所以我们会跟新管理者说，只要你认为把问题提出来是为了帮助他，能让他更好，那就要勇敢地指出问题，并和他一起解决，这才是为了他好，同时他也会感受到你的真诚。不然万一他之后犯了更大的错而被公司处罚，也许会埋怨你为什么不提醒他。

以前有名年轻的员工，比同组的组员要小几岁，入职时间也短一些，但能力较出众，人也热心负责，所以我们就提拔他做储备主管，带教几个组员。我们制定了一些目标，他按时完成就可以晋升为正式主管。但在考查过程中发现，他因为碍于情面，不敢直接地指出组员的问题并要求组员改正。而组员对他的带教也只听一半，最终还是以自己的方法为主。我们跟他沟通说："你再这样碍于情面，当老好人，纵容他们，不严格地要求、纠正他们的错误，你的组员可能被淘汰掉。到时候你觉得他们会念你的好吗？"沟通完之后，虽然他做了一些改变，但改得不多，还是不敢对组员进行直接批评。最后,他的一个组员因为业绩连续垫底被淘汰了。他自己也因为这件事没有顺利晋升,十分可惜。

还有一个早期案例。那时候阿里的人才不够用,我所带领的团队里有两名明星员工,需要晋升一名为主管。经过商议,我们最终晋升了A员工,这个时候B员工肯定会有情绪,因为两个人的业务能力与业绩结果差不多。我们不等B员工有情绪就直接找他开诚布公地聊,没有晋升他更多是因为心态而不是业绩。

一是团队责任感,A在自己工作之余会主动将自己的成功经验分享给团队,B则只有在公司要求的时候才会去分享。二是工作态度,A一直激情满满地工作,B则有些懈怠,缺乏必胜的态度。两人业绩结果相似,是因为B工作时间较久、资源多,每个月躺在资源上就有一些业绩。A的资源要少很多,这些业绩都是他自己开拓的。所以A的潜力更高,按这个态势发展下去,A超过B是迟早的事情。我们把这些原因跟B很坦诚地沟通了,B也认可,并且认识到了自己的不足,在之后的工作中,B的工作态度和团队参与感也有了比较大的提升。后来,两个人都成了公司的管理者。

价值观要占绩效考核的重要部分

价值观考核是绩效管理的重要一部分,需要在考核中占据重要比例,只有这样才能做到人事合一。

那么一般价值观要占整体考核的多大比例呢?在阿里是50%,价值观与业绩五五开。一个人的业绩结果再好,但行为不符合公司价值观要求，他也是不合格的。可能会有人觉得价值观的考核占比太大了，其实不然。因为我们设立文化价值观就是为了完成使命愿景，为了服务业务，而价值观也是通过工作案例来考评的，一个人在工作过程中如果都按照公司价值观的要求去做，他的业务结果基本上不会差。比如我们在前文提到的阿里"六脉神剑"价值观里有敬业、激情，试想一个人足够敬业且富有激情，他的业绩会差吗？相反，一个人的业绩结果好，但不符合价值观要求，那么他的业绩是有水分的，要么是因为运气好，要么是用了一些不正当的手段，不管怎样，这种业绩是不能持续的。

当然，也会出现价值观评分好、业绩不行的情况，一般有两个原因。一个是员工刚接手新业务，知识技能不充足，此时可以通过上级辅导进行团队作战，或为其提供学习资源进行解决。另一个是体力和能力跟不上，特别是在一线工作的员工。比如以前在淘宝一线工作的人，几年后不适合继续在一线战斗，我们就适时把他们调到中后台，如人力、培训或相关业务支持部门。这些一线出身的员工很了解业务，同时文化传承也做得很好。就像球队一样，再强的球星也不可能一直在赛场上奋战，但他们可以做教练培养新球员，也可以做球队的管理运营者，同样可以推动整个球队的发展。所以"老人"是个宝，但要看你怎么用。

总之，大家不必担心价值观考核占比大会影响业务，如果在实际中发现价值观的落地影响了业务的发展，那必然是价值观与业务脱钩了，就必须调整价值观。

比如我们服务过一家公司，它一开始的价值观是"激情、协作、创新",看起来很好。有一次我们参与了他们的一次季度考评,听管理层的述职,就发现了一些不对劲的地方。大家在述职的时候确实讲了不少价值观的案例,做得还不错,公司看起来欣欣向荣。但对于一件事,不少管理者避重就轻、一带而过,那就是目标的达成率。十位管理者中只有两位达成了目标,剩下八位没有达成,甚至有三位连一半都没有达成,但他们对目标达成情况的复盘都流于表面,没有深入分析。于是会议结束后我们问 CEO:"你对大家没达成目标怎么看?"

"今年整个市场都不好,业务难度比以前大很多。"

"那你定的目标可以不达成吗?"

"不可以,今年还是挺重要的一年。"

"那就两位达成了目标,剩下的都没达成,你怎么看?"

CEO 一时愣住了,我就接着说:"今年是公司非常关键的一年,目标必须达成。今年的业务是比较难,但这不是目标没有达成的借口和理由。越是在艰难时刻,越是要想尽办法、排除万难,达成目标。大家在'协作、激情、创新'上花了很多时间,对目标达成情况却避而不谈。目标没有达成,公司活都活不下去了,大家还'激情、创新'个啥?"CEO 瞬间就明白了。经过我们的讨论,公司将"激情"升级成了"使命必达",要求定下来的任务、目标必须达成。这就是价值观与实际业务脱钩的一个案例。

绩效排名

价值观的考核不仅要有评分,还要有排名。

为什么要有排名？因为有些管理者或 HR 会心软，觉得大家都不容易，所以会给大家都打个不错的分数，但这样对绩效好的人是不公平的。以"客户第一"为例，为了让客户更满意，员工要花更多的心思、精力为客户创造惊喜。但如果最后评分时大家都是一个水平，那么员工就会觉得这种努力是没有价值、不被认可的。最后，优秀的人要么选择离开，去一个认可他价值的平台，要么就不那么努力，躺平了。如果努力是这样，不努力也是这样，何必努力呢？久而久之，组织里面就没有活力了。这不是我们想看到的，所以绩效考核一定要有排名。

阿里的 1 over 1 plus HR 制度

1 over 1 plus HR 是阿里的一项制度，在进行招聘、晋升、考核、奖惩等工作的时候，会有三个角色共同参与决定：上级主管、上级主管的主管，以及部门的 HR。比如在对基层员工进行绩效考核的时候，会由被考评员工的主管、部门经理及部门的 HR 共同参与。为什么要这样，而不是由上级主管一个人打分？一个人打分不是效率更高吗？这其中有很多道理。

首先，可以避免一言堂、山头主义。如果只是上级主管一个人考评，那么他很容易凭个人喜好做出评价，或是把自己的价值观代入公司的价值观。长此以往，很容易变成山头主义，最后留下来的人都是跟主管价值观一致，而不是跟公司价值观一致的人。所以，价值观评价不仅是在评价被考核的员工，也是在评价他的主管对价值观的理解与执行情况。

其次，可以避免唯业绩论。在业务发展过程中，业务管理者很容易因为业务的压力放松对价值观的遵守，比如对于销售冠军的价值观违规或者擦边行为就容易睁一只眼闭一只眼，选择性地忽视，甚至纵容。这个时候 HR 就要从人的维度进行纠偏。阿里的"政委"是归上级人力资源部门管辖，不归业务部门管辖，独立汇报，这个时候就可以站出来进行纠偏。

熟悉淘宝的朋友可能知道或者用过一个沟通工具——淘宝旺旺。有一年我们对旺旺团队新增考核指标，不仅要考核用户数，还要考核用户在线时长。于是团队就开始绞尽脑汁来想增长用户时长的策略，后来有人想到一个方法，在旺旺里面加上一些游戏功能，用户在聊天或者等待消息回复的时候可以玩一些小游戏，这样在线时长就增加了。但后来这个方案被否决了（我是当时的"政委"，也坚决反对为了增加在线时长而做游戏的策略）。因为我们认为这个做法虽然会增加用户在线时长，但这种时长是毫无意义、不健康的，游戏并不能方便客户做交易，客户不会因为这些游戏降低做生意的难度。这是不符合我们的价值理念的。可能与不少人对绩效考核的理解有所不同，绩效管理不仅要考核目标，更要考核完成目标的策略。策略是对实现路径、方法的选择，选择什么样的路径、方法恰恰是价值观的具体体现。

再比如电商公司为了提高转化率，会对产品展示图片进行过度修饰、美化，让产品看起来更美观，或是进行一些夸大宣传，刺激客户下单。如果客户收到的实物没有图片、描述里的这么好，就会产生退货、负面评价、客户投诉等负面影响。但在业绩压力比较大，特别是关键考核期的时候，业务管理者可能会含糊地把这个问题放过去。这个时候 HR 就要站出来，亮明公司底线，纠正行为。

绩效管理体系框架

考核频率

价值观考核是绩效管理的一部分，我们建议跟随绩效考核每个季度考核一次。最终将四个季度的考核汇总为年度考核，以此决定员工的年终奖、加薪、晋升等。

考核内容

人是一家企业最大的资本，随着对人才越来越重视，越来越多的企业进行了价值观考核，只是考核占比不同，有业绩和价值观五五分的，也有三七或四六分的，但底层逻辑是一样的。

业务上的考核比较简单，将业务目标、策略进行拆解，划分等级和权重就好了。但对价值观具体要考核什么，想必很多人会有疑问。其实也简单，我们在前文中讲到了价值观行为准则的确立和分层，讲到了如何将一个行为准则进行不同等级的量化。这就是价值观的考核内容，各家公司的价值观考核内容就是自己价值观的具体行为标准。以下是阿里的价值观考核内容。

阿里对大多数员工进行价值观考核用的是"六脉神剑"，

而对M5（资深总监）及以上的高管要求更高，除了"六脉神剑"，还有三条：胸怀、眼光、超越伯乐。这三条与"六脉神剑"合在一起，阿里称之为"九阳真经"（见图3-3）。

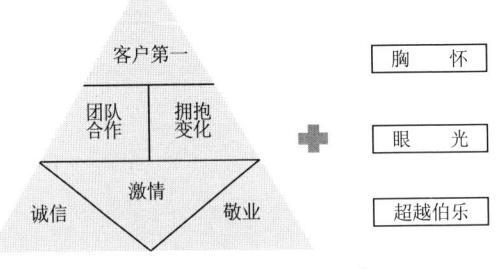

图3-3 阿里的"九阳真经"

"九阳真经"中对"胸怀"的价值解读和评估准则
1. 领导者是寂寞的。 2. 胸怀是冤枉撑大的。 3. 心态开放，能倾听，善于换位思考。 **解读提示** • 领导者越往上走，就会越寂寞，这是一个必经的过程。很多领导者会有很多抱怨，但是请提醒自己，调整心态，这是一个正常的情况。既然要成为领导者，就要经过这个过程。 • 做领导者，一定要做决定，而且很多决定往往是需要力排众议的。因为你处在这个位置，你看到的东西要比别人多；反过来，也许能理解你的人就会更少。要在寂寞中找到不寂寞的东西。要能耐得住寂寞，学会自得其乐，宁静以致远。 • 胸怀是冤枉撑大的。作为领导者，一定会有被冤枉的时候，这也是正常的情况。被冤枉的时候，有胸怀的人才能坚持。 • 胸怀首先是开放，只有领导者的沟通是开放坦诚的，才能让下面的人也开放坦诚地沟通。其次是包容，包容各种各样的人、思想和文化。要做到包容，自己不要有太多先入为主的判断，要善于倾听和换位思考。 • 上善若水，领导者最高的境界是如同水一样：水能高能下，流动中无形，但是旁边的东西是什么形状就是什么形状，至柔至刚。

"九阳真经"中对"眼光"的价值解读和评估准则

1. 会看，看到别人没有看到的机会，防止灾难。
2. 会销售自己，建设共识，让大家都参与进来。
3. 有结果。

解读提示

- 会看，机会和灾难都要看到。知未明，观未见：知道别人还没明白的，看到别人还没看到的。
- 战略有三分是看出来的，七分是做出来的。大方向对了，就不断试错。
好的战略是"苦熬"出来的。不管能否看清未来的方向，至少自己要经常去思考，经常抬头看路，而不是一直埋头赶路。
- 会销售自己，自己看到了，还要让大家对机会兴奋起来，对灾难重视起来。
眼光需要全球化。21世纪的成功领导者要素：开放、分享、全球化、责任感。
- 有眼光，还要有结果。通过别人拿结果，通过结果不断修正自己对方向的判断。要拿到结果，需要在组织、文化和制度上有相应的支持。

"九阳真经"中对"超越伯乐"的价值解读和评估准则

1. 找对人：知人善用，用人所长。
2. 养好人：在用人的过程中养人，在养人的过程中用人。
3. 养成人：造接班人，鼓励青出于蓝而胜于蓝。

解读提示

- 善用人者，为之下。欣赏自己的同事，待人谦和，善于从他们身上学习。不争之德者，为用人之上。不以权力压人，不轻易发怒。
- 善于发现同事身上的优点，并用其所长。有意识地把人放到更大责任和压力的地方，会让他成长得更快。通过别人拿结果，通过结果培养人。
- 阿里巴巴的领导者要有老师的心态。凡是做领导的人，应该把培养接班人作为首要任务，要有胸怀去找能够超越自己的人。

考核流程

与业务考核一样，价值观的考核也需要先进行员工自评，自评的依据就是价值观的行为准则。然后上级主管会按流程进行打分，等公司批准绩效结果，再进行绩效面谈。对于有疑问的地方，双方可进行探讨，沟通一些未知的信息，达成一致，确定最终评分。而在面谈中，要多聊聊员工的心态，本着"善意与真诚"的原则，肯定员工的优点，也指出员工的不足，并共创对方能接受、认可的解决方案。

双向沟通这一点很重要。我参与过不少公司的绩效面谈，改进方案的讨论很容易变成管理者的单方面输出，讲的都是管理者认为很好的提升路径，让员工按照管理者说的做。但从员工的角度看，因为双方的信息与思考路径是不对等的，他未必能理解管理者的想法，但又不敢表达。因为有些管理者一看到员工有迷茫、不理解的表现，就会进行训斥，甚至会说："你怎么这么笨，这么简单的事情都不理解。"最后员工就只能糊里糊涂地去执行，效果好不好只有天知道。

很多公司抓执行力都只看员工有没有干，但其实抓执行力的第一步是看员工有没有懂。员工只有听懂了、认可了，才能干对，执行力才能提升。所以，双向沟通是极其有必要的。

在阿里，这个时候"政委"的作用就体现出来了。每次面谈前，"政委"要拉着业务搭档一起讨论这次面谈的重点，了解每个人的现状、潜在问题与提升点是什么，提前有个大概的方案。很多管理者在进行绩效面谈的时候都不做准备，喜欢现场裸谈，这样不会有好的谈话。现场如果有单方面输出的倾向，"政委"就要及时拉回来，让双方共同讨论。在讨论后续改进的时候，如果改进的计划从大方向上判断是很难落地的，"政委"

也要带着大家去制定能落地的细节。所以"政委"懂业务很重要，不懂业务，就没办法区分哪些是空话，哪些是可落地的。

在面谈过程中，除了要保证沟通的双向性，讨论的充分性也是必要的。不少公司在对每位员工进行面谈时只花几分钟，把结果和分数讲一下，不讲过程，这样的面谈连业务都不能进行充分探讨，何谈更深层次的文化，有的甚至连面谈都没有。所以我们建议，季度面谈，对基层员工不少于一个小时，对管理层不少于一个半小时。这种谈话，不一定要很多，但每次一定要聊透。

至于如何做绩效面谈，我有几个关键点分享给大家。

首先，在绩效面谈前要定好谈话的基调。因为参加谈话的员工的绩效成绩是不同的，所以谈话基调也不一样。如果谈话对象是一个优秀的人，那基调是肯定的、鼓励的、轻松的；如果谈话对象是一个表现不佳或违背高压线，或是公司想让他离开的人，谈话的基调就需要是正式的、相对沉重些的。其次，需要准备好相关材料和数据，比如相关的业务结果数据、业绩过程数据、实际工作中的案例，因为面谈内容切合具体工作场景，对方就更容易理解和认同。最后，提前思考员工的改进点。我们经常说"三好一改进"，因为每个人都有自己独特的优点，以及随着工作发展需要改进的点，帮助员工变得更好，也是绩效面谈的目的之一。

接下来，管理者要和员工进行正式的绩效面谈了（部分面谈有HR参与），面谈过程一共分八个步骤：

1. 开场要有个良好的氛围。找好合适的场地，安静的房间比较适合一对一面谈。两人的座位最好不是面对面的，不形成对峙角度，可以是L形，双方有眼神交流，也能看到彼此的表情。

2. 员工先自评。可以先让员工讲讲自己的感受或家里人的感受，或其他情况等，慢慢进入面谈的正式话题。然后让员工自己评价季度考核结果怎么样，讲讲给自己打的分数，以及这么打分的原因。

3. 上级评价。上级也可以从自己对面谈人的感受开始聊，然后再谈谈员工的业务结果、过程能力是否有进步，最后是价值观的评价，过程中需要有实际工作案例，不能空谈。上级的评价不能模棱两可，满意就是满意，不满意就是不满意。

4. 讨论绩效表现。在这一步，部分绩效不合格或对考核结果不满意的员工就会纠结，因为绩效表现直接关系到是否晋升或被淘汰。这时的讨论要回到真实的业务场景，如果员工不认可评分，其实也是好事，这说明管理者需要优化日常管理能力。

5. 制订改进计划。根据上一考核周期的业绩结果，制订改进计划。

6. 确定下一个目标是什么。考核的目标要现实，数量不能多。

7. 讨论员工在完成下一个目标前可以得到的支持和资源，比如为了达到目标要进行怎么样的培训或赋能，等等。

8.签字确认评估结果,双方达成共识。绩效管理流程完整的公司,一般都会做到"三表合一","三表"即完成绩效结果表、面谈表、下一季度的改进表(签字也可以在线上系统中完成)。

绩效面谈之后,我们也不能就当甩手掌柜,要持续跟进业务进展情况和员工的价值观行为表现,其间还需要有周期性的过程辅导和在岗辅导,以帮助员工取得进步。

考核方法

考核中,如何进行价值观打分呢?

总体上要以我们在前文讲到的行为准则为打分依据。

一种打分方法是"通关制",像打游戏一样,要一关关地过,必须先符合低分值的行为标准才有被打更高分数的可能。比如你必须达到1分的标准,才能往上看能否打2分,符合了2分的标准才能往上看能否打3分。如果打不了3分就不能打4分,这样就避免了因为偶然事件而影响了对整个人的判断。也许一个人偶尔有件事情做得不错,但大多数时间都是不符合价值观的,这样自然不能打高分,价值观的遵守要自始而终。

另一种方法是案例制。打分要有具体的工作案例作为依据。其中1分、2分是最基础的要求,在阿里,基本上人人都能做到,所以一般没有违反准则就可以直接打这样的分数。但到了3分,就不是所有人都能做得到了的,就必须写明案例,并且这个案例能体现出你一贯做得这么好，这样你才可以得到这个分数。然后是 4 分、5 分，越到后面，分数对应的行为表现越难实现，案例的审核要求越高。

同样，比较低的分数，如 0 分、0.5 分同样也需要案例。而最终能不能打比较低的 0 分、0.5 分，比较高的 4 分、5 分，不是由上级主管一个人决定的，要由主管写出案例，说明原因，经过组织审查后，给出最终的评定。这样可以避免好人被冤枉以及错误的明星效应。

这样干看起来很麻烦，但就是这样日复一日地坚持，不怕麻烦，排除万难，才能水滴石穿，最终让价值观顺利落地，构建出有活力的组织。

考核结果呈现：对标分类定方法

所有的流程走完之后，就到了结果呈现的环节。

首先是算出价值观的总分。比如"六脉神剑"有六条价值观，每条 5 分，总计 30 分。如果任意一条低于 1 分，或者总分合计低于 18 分，就没有资格参与绩效评定了，奖金、晋升自然也就没了。价值观总分除以 6，就得出价值观的分数，再将分数分别归于 7 个档：3 分，3.25 分，3.5 分，3.75 分，4 分，4.5 分，5 分。价值观的分数和业绩分数相加（业绩分也是 5 分制），再除 2，取平均分，就是最终的绩效考核分数了。每一档分数代表不同的含义，比如：3.75 分及以上属于优秀，说明员工部分或已经超出公司的期望了；3.5分是大多数员工的得分，说明员工符合公司的期望；3分和3.25分是不及格的，需要改进提高。对于各个分数档员工所占比例，部门及公司会有相应标准（如表3-3）。

表3-3 绩效考核的打分与分布标准

打分	定义	部门内分布	公司分布
5	杰出	≤ 20%	≤ 35%
4.5	持续一贯地超出期望		
4	超出期望		
3.75	部分超出期望	70%	50%
3.5	符合期望		
3.25	需要提高	≥ 10%	≥ 15%
3	需要提高		

一开始我们是用"271"模式（4分及以上员工占比为20%，3.25~3.75分员工占比为70%，3分员工占比为10%）进行分布排名，后来为了让更多的人被看见，我们采用了"361"模式（4分及以上员工占比为30%，3.25~3.75分员工占比为60%，3分员工占比为10%）的分布排名。排名靠前的员工会优先得到奖励，分到奖金包的重要部分，而连续两个季度排名末位的员工会被淘汰。

最后通过"绩效九宫格"将最终的结果进行呈现。绩效九宫格分别以价值观和业绩为横轴、纵轴进行划分，最终会得到五类结果：明星、黄牛、野狗、狗、小白兔（见图3-4）。

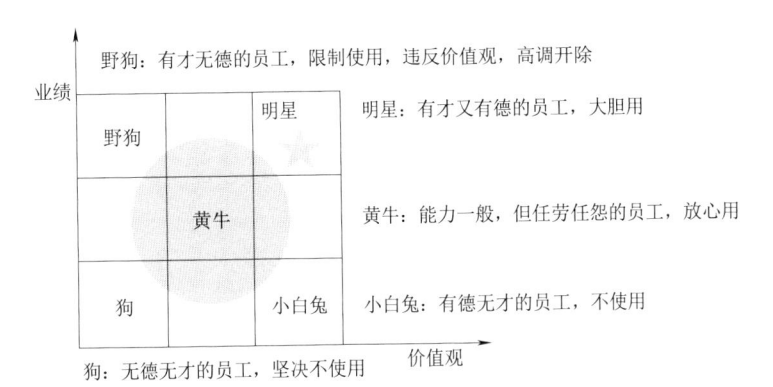

野狗：有才无德的员工，限制使用，违反价值观，高调开除

业绩	野狗		明星	明星：有才又有德的员工，大胆用
		黄牛		黄牛：能力一般，但任劳任怨的员工，放心用
	狗		小白兔	小白兔：有德无才的员工，不使用

狗：无德无才的员工，坚决不使用   价值观

图3-4 阿里的绩效九宫格

明星是业绩、价值观双优的员工，那就要重点培养、优先使用。黄牛就是业绩、价值观都符合公司期望的员工，这是大部分，需要公司进行培养、提升。野狗就是业绩很好、价值观不好的员工，这样的人一经发现要立即开除，并且要进行总结复盘，这个人是如何被招进来的、是如何变成这样的，避免事件再次发生。狗是业绩不好，价值观也不好的员工，自然要淘汰掉。

小白兔是价值观好、业绩不好的员工，对于这类人，管理者很容易错判，认为没有功劳也有苦劳。其实不然。我们对小白兔要进行区分。如果他是新人，对新业务不熟悉，导致绩效不太好，可以进行调岗、培训、限期改进，是可以留下继续用的。如果已经给过多次机会，他还是没有达成业绩目标，每次去找他改进，他都会拿很多所谓的客观因素进行搪塞，时间久了，"小白兔"就会变成"老白兔"。老白兔是很危险的,因为他不仅会影响团队氛围,还会影响其他员工,这样的人也要尽早开除。

阿里早期有个销售经理,她入职的时候正值业务快速发展期,有很多红利资源,所以她的业务很快就做起来了,她的收入也高了。但收入高了之后,她就懈怠了,不再很勤奋地与客户沟通,为客户服务,也不愿意主动学习新的技能,她的业绩很快就被新人超过了。于是她的上级就跟她做沟通,给她提新的要求,要求她限期改进。沟通完之后短期内的过程数据确实上来了,但结果数据依然没有进步,后期我们发现是因为她当时耍了一些小聪明,弄虚作假。这时候我就建议她的上级把她劝退,因为这样的人留在团队会消耗公司资源,对其他人也会产生不好的影响。但很遗憾,一方面,她的上级主管比较仁慈,觉得这个人刚刚有了孩子,家庭压力挺大的;另一方面,这个人的业绩还没有到淘汰线,她也没有违反公司规定的行为(在当时看来),因此没有很直接的理由开除她。所以,公司还是把她留在了团队。后来,她没有引以为戒,反而更肆无忌惮,最后被公司发现了违规行为,将其开除。在阿里,因违规被开除是要没收全部股份的。所以与其拖到后面,不如一开始就将她辞退,这样她还能保住股份。这也是管理者"心要仁慈刀要快"的一个案例。而通过这个案例,大家也可以看到,所谓的"老白兔"并不是真的价值观好。真正符合公司价值观的人,只要条件合适肯定能获得不错的结果。

其实,在做"政委"以前,我觉得自己是一个内心很仁慈的人,做了"政委"以后发现自己还不够仁慈,因为我只有仁慈的表现，没有仁慈的行动力。身在组织当中，我们既要给到组织里所有人阳光雨露，也要在做组织考核的时候，一旦发现有违反高压线的人，就做到下手比谁都快。这就需要站在组织的角度去提升对"仁慈"的认知。如果我们的认知不够，那么我们去给别人打不合格的绩效成绩或直接淘汰别人的时候，就会觉得自己在作恶。当你知道组织最终要去向哪里时，你就会明白，在考核时"扬善惩恶"不论是对组织还是个人都是一种负责任的方式。在我的职业生涯中，我开除过很多人，但是我无怨无悔，因为虽然开除了那么多人，但我内心是很坦荡的，那些人没有一个是因为和我个人有利益关系或私怨而被我开除的，只是因为这些人和组织不匹配，给组织的发展带来了很大的负面影响。

关于野狗，我举一个案例。我们有位客户招过一位高管，面试的时候这位高管颇擅言辞，对行业的发展侃侃而谈，大有自己的一番见解，聊到过去的从业案例随口就能说出一大堆。虽然过程中有面试官觉得这个人有些夸大其词，但最终还是录用了他。

刚开始几个月，他还算比较正常，但几个月之后，也许是对公司熟悉了，他就有一些不好的行为出现。比如经常在背后对公司员工评头论足，贬低同事；经常掺和不在他职权范围内的事情，在不了解背景的情况下发表意见，扰乱事务的正常进展；经常蹭别人的团建聚会、下午茶，却从来不付钱，也不会宴请回去。当同事跟他反馈这些事情，希望他可以改正一下的时候，他又觉得大家不尊重他。最后，公司里没人喜欢他。后来公司又了解到他的那些从业案例不少都是被夸大的，所以最终决定跟他结束合作。在结束合作的时候他又百般纠缠，闹了很多不愉快的事情。离职之后，他也在外面经常吐槽公司，说公司的坏话。这件事情也给这家公司敲了个警钟，后面再招新高管的时候不仅对高管的背景审查严格了很多，还加了一项制度——新高管需要已有高管全票通过才可以加入。

以上就是如何用绩效管理制度来落地价值观，制度其实很简单，但难的是坚持不懈地执行。一棵大树不是一天长成的，一个制度也不是一天就能落地的。过程是辛苦的，成果也是斐然的，只要作为树干的制度保障坚实了，文化这棵大树就可以不断地开枝散叶，最终衍生出一片生机盎然的生态。合抱之木，生于毫末。百年基业，始于点滴。

什么是真正的"懂业务"

"政委"在阿里的组织发展中起到了极为重要的作用，无论是文化落地，还是人才发展、战略经营，"政委"都会事无巨细地参与其中，并起到重要的引导作用。可以说没有"政委"制度，阿里的组织内功将大打折扣。不少企业在学习了阿里的"政委"制度之后，回去都想效仿，但鲜有成功者。其实，阿里"政委"的一大关键能力是"懂业务"，而绝大多数 HR 是不懂业务的，甚至是畏惧业务的。不懂业务自然无法融入业务，更无法从业务的角度去推动文化落地、人才发展。本节我会结合我的亲身经历系统性地分享一下 HR 要如何懂业务。

我们可以看图 3-5，图中最上面的框里，代表不懂业务的一群 HR 从业者，这个群体的特征是听不懂业务语言，也不明白业务逻辑、产品逻辑，只能从人力专业的角度后知后觉地去看问题，而非切入业务里面前瞻性地看问题。企业经营以业务为中心，如果人力工作不从业务视角切入，就会飘在空中。

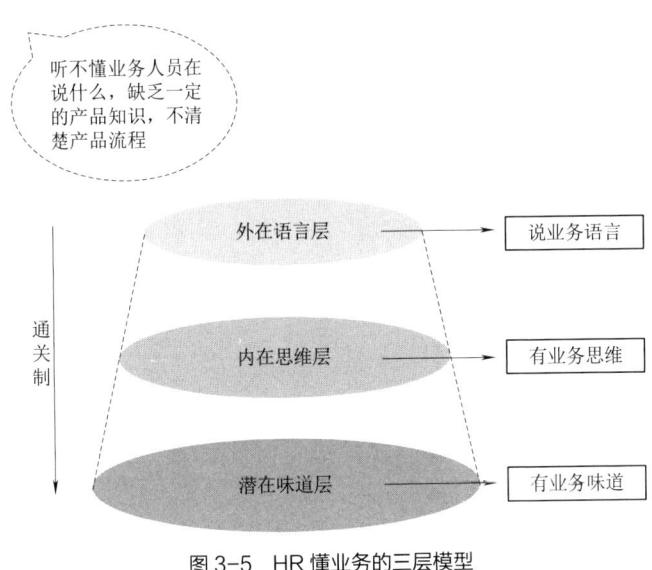

图 3-5　HR 懂业务的三层模型

但懂业务的 HR 有三层之分：说业务语言，有业务思维，有业务味道。

第一层是说业务语言,即要能听懂业务语言,能够用业务语言进行沟通,熟悉业务流程和业务术语。这样的 HR 才能跟业务部门进行交流,听得明白业务部门的需求与问题,能够帮助他们解决实际问题。HR 人群里,能说业务语言的很少。

第二层是有业务思维,即能够理解业务伙伴、市场规律和业务逻辑,熟悉各种业务场景,能够像业务人员一样思考,对业务变化有敏锐感知,知道这个业务接下来的发展规律是什么。这样的 HR 一方面能对自己的工作有自主规划,做到未雨绸缪,另一方面也可以给业务搭档做参谋,提供建议,甚至可以互相补位。HR 人群里,有业务思维的就更少了。

第三层是有业务味道。这样的 HR 已经成为"业务人"了,不知道的人会以为他就是业务人员。到了这个层次,就能够根据不同业务团队的特点和不同业务管理者的风格转换人力资源工作和语言,因为业务已经融入他的血液和基因了。达到这个程度的 HR 已经是行业的顶尖人才。

接下来我们就一层一层地讲解。

泡出来的语言

我们来看第一层"说业务语言"。做业务时最令人痛苦的一个情景就是"鸡同鸭讲",沟通双方的语言都不一致,各说各的。我们去过一个处于变革期的传统行业公司,他们组了一个十几人的新团队做创新业务。我去听他们开会,发现一个很奇妙的场景，十几人的小团队竟然说着三种不同的语言：几位公司的老员工说的都是传统行业的术语；新招来的几位互联网运营说的都是互联网语言，引流、转化、ROI（投入产出比）等等；还有几位是学者出身，提供理论指导，说的都是学术语言。在交流的时候，某一拨人说的话，另两拨人都听不懂。所以这个会开得很没有效率，而且很明显，这个小团队根据语言自然而然就分成了三个帮派。语言都不互通，遑论开展业务。所以在实际业务中，团队人员都是各做各的，也没办法互通信息，不到半年，项目组就解散了。这就是语言互通的重要性。

了解业务

要讲业务语言，就要了解业务。因为业务语言是每家公司甚至每个部门为提高沟通效率而从实际业务中总结出来的语言，HR只有了解这些业务场景，才听得懂、说得出。就像我们学英语一样，比较高效的方法是先了解英国，看英语电影，听英语音乐，知道他们的逻辑习惯、语法习惯之后再去背单词。如果直接硬生生地去背单词，不仅效率低，还可能会增加对英语的厌恶，那就反而增添了学英语的难度。

了解业务有两个内容：一是要了解业务逻辑，是事的部分；二是要了解业务搭档，是人的部分。关于业务搭档，我们在后文会详细展开，这里我们主要讲了解业务逻辑。

了解业务逻辑有七个要点：客户价值、商业模式、产品特性、友商分析、业务流程和组织架构、当前目标和状况、团队的构成和氛围。

客户价值是一切商业设计、组织设计的原点，公司的客户价值观决定了它要用什么样的人、什么样的方式去做业务。

商业模式、产品特性、友商分析都关系到公司怎么赢利，怎么做这一摊生意，怎么做业务决策。理解了这三点，对业务大盘就有了基本的了解，当市场发生变化的时候，HR才能敏锐地察觉市场变动对公司的影响是什么。

有了对业务大盘的了解之后再回过头看内部的盘子，就是业务流程及组织架构、当前目标和状况、团队的构成和氛围。

了解业务流程及组织架构可以让HR在做决策的时候知道该从业务流程的哪个端口下手，找谁协同，会关联到哪些部门、岗位。当然，有不少公司的业务流程和组织架构是不清晰的，那么HR就要带头搞清楚。业务是企业的骨架，业务流程不清晰就相当于人得了骨质疏松症，这样业务怎么能跑得久？

当前目标和状况、团队的构成和氛围决定HR接下来的工作重点在哪里，是先培训还是先招聘，要优先提升什么，团队里的哪些人是重点关注人群，哪些人可以成为自己的助力。

了解完这些内容之后，HR心中就有了一幅作战地图，眼睛一闭，面前就有一幅鲜明的战场图景，每一块业务怎么打、每一个人怎么用，了然于胸。这样才能在瞬息万变的市场中掌握主动权，稳操胜券。

知道了要了解的要点，就像有了一个药方，接下来就要去抓药，补足这些信息。补足信息有三个方法，这三个方法必须都做，缺一不可，这样才能拿到准确的信息。

补足业务信息的三个方法

第一，要跟业务搭档定期沟通。

一定要有跟业务搭档定期沟通的习惯，千万不要有了急事才火急火燎地去沟通，这样的沟通大多是针对紧急但不重要的事情，效率低且对长期发展没有帮助。而定期沟通则多是针对重要的事，双方可以提前进行充分准备，这样的沟通深入、有效率，对长期发展有帮助。当然，有急事也可以随时沟通。

千万不要怕与业务搭档沟通。我在辅导企业的过程中发现很多HR都不敢与业务搭档沟通，有些人会把一些想法讲给我，希望我去跟他的搭档讲。一般这种需求我都会拒绝，因为治标不治本，而且在业务搭档看来，这是不信任的表现。我会设法营造一个场域让他们可以敞开心扉地进行沟通，在沟通中拉近他们的距离，这样才能解决根本问题。HR千万不要害怕与业务搭档沟通，也不要觉得自己提出的想法会让业务搭档感到麻烦，只要自己的想法有利于团队、业绩发展，都应该去沟通。如果因为一些顾忌而没有把该提的问题提出来，最终耽误了业务发展，那就是HR的问题了。而这种沟通诉求一般也是由HR主动提出并执行。因为业务搭档一般很忙，你不去找他，他也几乎不太主动找你，这样你对团队就会越来越不了解，越不了解团队，你的工作就越不会被业务部门认可，这就陷入死循环了。

跟业务搭档的定期沟通也是有固定内容的。首先是当下业务的进展情况、推进计划；其次是团队的建设情况，其中包括整个团队的建设以及重点人群的建设，哪些人需要在业务能力上有所提升，哪些人需要在心态上获得辅导；然后是上一阶段的工作复盘，包括业务动作的复盘、业务策略的复盘，还有很重要的是对彼此的复盘，这可以加强双方的了解和默契；最后是下一阶段的工作计划如何实施，双方的分工是什么。一方面，通过这样的沟通，HR可以更深入、更及时地了解业务，了解业务搭档；另一方面，这也是一个很好的让业务搭档"提升认知"的过程，让业务搭档逐渐建立对人的理解，能够多一个视角看问题。这样的沟通让双方都有很好的收获，何乐而不为呢？所以HR要大胆一些，就像谈恋爱一样，大胆沟通才会有未来，暗恋是没有结果的。

第二，要抓团队。

关于如何抓团队，我们总结了十二字方针：关注人、盯紧事、报与会、常沟通。

关注人可以从四个方向进行。一是团队里的老人，因为老人对业务、团队的历史很熟悉。二是刚入职的新人，关注新人如何融入团队。三是隔一级的下属，我们叫作"管一层看一层"，跨级了解情况才能了解到最真实的情况。四是团队里业绩最好和最差的人，要重点跟进。

盯紧事是指可以从一些重要的事情中了解业务，比如新人转正、优秀员工晋升、各种会议、绩效面谈等。

报与会指的是对日报、周报、日会、周会、月会等，要进行常态化的关注，特别是重要业务会议，一定要参加，这样才能深入了解业务。有时候业务部门开会会忘记叫HR，或者觉得叫了也没有意义。但越是这样，HR越要主动，公司让我们担任HR，我们就有参会的权利和义务。

参会前期可以不发言，只观察。重点要观察以下几项内容。第一是业务进度，看有没有卡壳点。第二是人，会议上会有各种发言、讨论、争论，可以通过发言去看每个人的性格、逻辑、能力、情绪稳定性等，之后就知道怎么跟不同的人沟通相处，怎么发展他们。第三是搭档，看他如何主持会议，如何跟下属沟通，如何追踪业务进度，性格是怎样的，是严谨的、用数据说话的，还是感性的、给人鼓舞的，以方便接下来的合作。

常沟通是指除了会议，还要跟团队进行私下的沟通。比如做访谈，了解他们对公司制度的看法；又如做情感交流，了解他们的心态变化等。对管理者和员工，都要每个月与每个人至少有一次交流，心态、技能、个人生活等都要沟通到。

心在一起的前提是身在一起。我去过很多公司，发现不少公司的HR都在独立办公室，甚至还有业务在地方、HR在总部的，隔着十万八千里，这怎么可以？对于HR而言，业务在哪里、团队在哪里，你就要在哪里。

第三，下一线。

了解业务最快的方法就是下一线，到一线去听客户的感受。做管理最怕的就是坐在办公室凭幻想去指挥，即使是HR，也要到一线去。

只有到一线，才能得到关于前文讲到的七个要点的一手信息,对市场才有基本的了解。有一次,我们给客户开战略复盘会,发现他们的战略不太清晰,于是我追问下去,问到客户的最新需求,发现他们对客户需求反馈不一,而且都很模糊,似是而非。于是我就问他们一个月会做多少次与客户的沟通访谈,结果让我大吃一惊——没做过一次主动的客户沟通,只有客户主动找过来。所以,如果连客户的需求都不了解,怎么会有清晰的战略?于是我们暂停了复盘,让他们去做大量的用户调研之后才继续。

只有到了一线,我们才会看到团队在客户面前的真实情况,才会更加了解团队,制定更好的发展策略,而非在办公室听他们吹自己多厉害,或是在办公室看到了团队的问题但找不到问题的真实原因。

我刚到果小美担任CHO(HR负责人)的时候,对果小美的具体业务并不大了解,所以我到团队的第一件事就是下市场,跟销售去拜访客户。我们的销售开拓客户有不少是扫楼陌生拜访,我也一起跟着去,去体验被拒绝的感觉。然后我又跑到仓库,看仓储物流是怎么做的;跑到供应链看如何选品、如何跟供应商洽谈;之后回到公司跟内部的运营团队、技术团队交流,看看内部是如何实现的。整个流程跑下来,我对这摊业务可谓了然于胸,心里面有了一幅作战地图,所以我才能跟CEO搭档去做战略规划、组织梳理。之后公司快速发展,半年进来了2000多个新员工,组织还能正常运转,原因就在于我们HR团队对业务非常了解,能及时根据业务调整组织保障。

在下一线的过程中还发生了一些很有意思的事情。当时业务团队做得最好的是一名成都的小伙子，一个月开发了 30 个客户。我跟他一起跑完之后发现这个小伙子的业务逻辑不错，稍微点拨一下还可以做得更好。于是我就跟他讲，我们来打个赌，下个月能不能做到 100 单。他直接说："你疯了，现在一个月只能做到 30 单。"我说："你可以的，你现在的业务逻辑基本盘还不错，只需要在一些点上调整一下就可以了，如果你做到了，我们可以给你一个全公司的大奖。"当时 CEO 跟投资人都在现场，这个小伙子也有了雄心壮志，答应了这个赌约，后来他果然做到了。同时，我在一线也发现了几个不错的苗子，将他们作为公司的重点培养对象，后来在公司快速发展过程中，这些人都成了中坚力量。如果我没有去了解业务，不了解业务形态，不了解这些人的情况，我能做这样的判断吗？不能。所以还是那句话——真相都在现场，方法都在细节里。

以上是了解业务的一些流程，看起来没有讲到如何"说业务语言"，但其实把业务了解清楚了，自然就学会了业务语言，因为业务语言是在业务中"泡"出来的，我们把自己泡在业务中，自然也就会说业务语言了。就像你跟一群老外在一起生活，把他们了解清楚了，自然也就明白他们的语言了。

我再举一个例子。如果你是一个团队的负责人，你的团队语言不通，如何解决？

我们团队里的一位顾问老师去一家公司做服务，这家公司做的是互联网保险业务，所以团队中既有互联网风格的成员，如产品经理、IT、运营等，还有一支业务团队，是传统的保险行业的业务人员。这两拨人在一起，语言不通，又互相看不起。做互联网的人觉得做保险的人太土了，做保险的人也看不起做互联网的人，觉得他们太装了。开起会来鸡飞狗跳，根本无法沟通。

比如开会的时候，技术人员说要把开发流程改一下，保险团队一听要改流程，就把保险方案给改了一下，他认为改流程就是改方案，并不知道技术讲的流程是什么。这个时候，如果你是HR，你会怎么做？有人会觉得手足无措，没法下手；有人会说去一个个交流，但时间也许不够，因为业务要急着开展。

我们的顾问老师非常聪明，他想了两个办法。第一，他让两个团队的负责人每天都要对话，建立对话机制。一开始两个人都不知道要讲什么，只能问一句"吃了吗"，另外一个就回复："吃了，你吃了吗？"从这种最基础的问好开始，慢慢地能聊的东西越来越多，彼此之间就开始熟悉了，能在一起正常交流业务了。

第二，他在每天下午留一个小时时间，把两个团队放在一个大会议室开"吐槽大会"，让大家有什么不爽都提出来，为什么不爽，具体是哪个场景，大家噼里啪啦就开始吐槽。当然HR会在里面控场，不能真的吵起来。头几天，大家都很热闹，一直在吐槽，但到了第四天，大家出完了气，冷静下来，就开始思考为什么会这样，原因是什么。大家在一起是为了做事情，那么一定要彼此欣赏，彼此学习，于是团队开始自发地探讨与对话了。所以接下来，吐槽会就自动变成了需求会。保险团队就会提需求，问互联网团队产品经理的产品思路是什么，流程是什么意思，如何获客。互联网团队就会问保险团队是怎么谈客户的，线下卖保险这么难，他们是怎么进行的，不同客户的需求和痛点是什么。如是两周，大家觉得互相能沟通了，了解对方了，再也不会听不懂对方在说什么。而且双方开始彼此欣赏，保险团队觉得互联网的人好厉害，这么复杂的技术问题都搞得定，互联网的人觉得保险团队更厉害，这么多艰难的客户都谈下来了。之后他们就变成了一支可以背靠背打仗的团队。

所以，很多时候团队没有凝聚力，并不是他们不想，而是语言不通，语言不通就没有沟通的桥梁。

练出来的思维

会说业务语言之后就要进入第二层——有业务思维。

了解业务逻辑、业务基本盘只是让我们心里有这幅图景，能明白现有的业务，但还不能叫真正懂业务。要真正懂业务，还需要一个完整的思维链路。就像工厂生产一样，掌握信息就是有了原材料，但这只能进行粗加工，若要进行精密加工，就需要一套生产流水线。而对于 HR 来讲，这条流水线就是"业务思维下的人力资源价值链条"，掌握这个链条，是 HR 真正懂业务的开始。

业务思维下的人力资源价值链条

人力资源价值链条可以分成前、中、后端，HR 处于后端

（见图3-6），是后台职能部门，但这只代表工作的结果体现在后端，并不代表思考的逻辑、做的事是后端。屁股决定脑袋是低级的工作方式，要成为优秀的HR，一定要能从前端到后端跑完一遍，"以全概偏"（用全局思维思考具体工作）地去思考业务战略是什么，接着思考业务团队的市场策略是什么，最后思考我们的组织人才是什么。

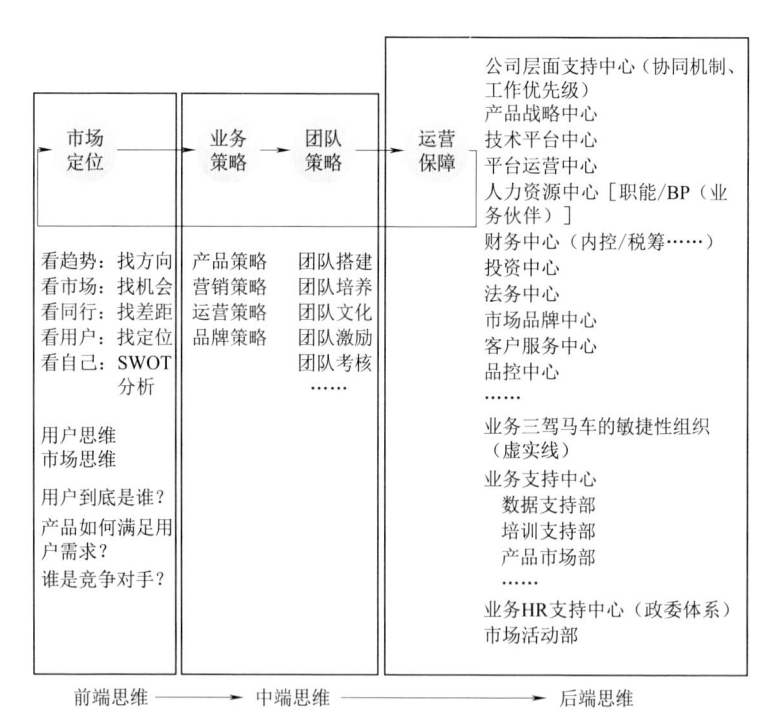

市场定位	业务策略	团队策略	运营保障
看趋势：找方向 看市场：找机会 看同行：找差距 看用户：找定位 看自己：SWOT分析 用户思维 市场思维 用户到底是谁？ 产品如何满足用户需求？ 谁是竞争对手？	产品策略 营销策略 运营策略 品牌策略	团队搭建 团队培养 团队文化 团队激励 团队考核 ……	公司层面支持中心（协同机制、工作优先级） 产品战略中心 技术平台中心 平台运营中心 人力资源中心［职能/BP（业务伙伴）］ 财务中心（内控/税筹……） 投资中心 法务中心 市场品牌中心 客户服务中心 品控中心 …… 业务三驾马车的敏捷性组织（虚实线） 业务支持中心 　数据支持部 　培训支持部 　产品市场部 　…… 业务HR支持中心（政委体系） 市场活动部
前端思维 ——→	中端思维 —————→		后端思维

图3-6　人力资源价值链条

在前端，有了使命、愿景之后，就要搞清楚战略、市场跟产品，所以要通过"业务五看"做市场定位、用户定位。我们的用户到底是谁？用户需求如何满足？竞争对手是谁？

要搞清楚这些，我们要回到内部，思考产品如何做，如何运营。HR要关注的核心是什么样的人才能实现满足客户的需求，能提供让客户满意的服务，我们的人才跟友商的人才需要有什么样的差异，这些人才在哪里找，如何吸引他们，团队之间用什么样的方式协同，用什么指标来考核。这些都是中端的事情，要设计执行框架。

设计之后就要具体执行，这就到了后端。把一项项具体的事务落地，比如按照招聘计划去筛简历、面试，按照培训计划进行一场场培训，等等。从图3-6看，后端一下子就庞大起来了，大家不要蒙，因为这只是事务，如果落实到部门架构上，可能小公司有一个岗位、一个部门就够了，对大公司而言可能就是一个平台中心，也就是我们常说的"中台"。

所以大家要明白，做招聘不能只做招聘，要思考招聘与战略的关系。做培训不能只做培训，要思考如何做培训才能有利于战略的实现。如果不看前端，只做现在的事情，就会前后不接，这样怎么可能做出有利于业务的组织建设呢？所以HR一定要训练出前中后端的思维路径，这样才能真正懂业务，建立与业务部门的信任，做出有利于业务的决策。业务部门并不是不喜欢HR，只是不喜欢只考虑人事工作的HR，如果你能帮助业务发展，自然能获得他们的信任，没有人会讨厌能够帮自己排忧解难的人。

接下来我给大家举一个案例，以便于理解。

某公司的技术部有一个前端的开发经理要离职，技术总监就很急，于是找 HR 商议，要赶紧招个人顶上。那么一般专业的 HR 就会提出三问：岗位要求是什么？薪资是多少？希望什么时候到？技术总监就说："起码有三年经验，二线以上的互联网公司出来的，最好有在上市公司工作的经历，统招本科以上学历。因为他还是一个管理者，所以他必须带过团队。月薪 2 万元。非常急，因为现在的经理下周就要走。" HR 说"好的"，立马开足马力进行招聘。

大家觉得这样的方式怎么样？我做过线下调研，70% 的 HR 都是这么做的。但根据上述价值链条，你觉得这个 HR 懂业务吗？他能招到合适的人吗？能解决根本问题吗？

那么根据价值链条，一个懂业务的 HR 会怎么做？

第一，不是立马去招人，而是先了解要离职的这名经理离职的真实原因是什么，是个人原因还是不能胜任工作，是对薪资不满意还是跟他的上级、协同部门不和。特别是存在一些人际矛盾时，员工一般不会跟上级讲，HR 要单独去了解。也许有些问题是可以解决的，那么他也就不用走了。而沟通也是一个建立联系与信任的方式，他有委屈，你可以去抚平，他有困难，你也可以看看能不能提供帮助。如果他真的要走，那么你们还会有情感联系。真的要招人，其实最好的方式不是辛辛苦苦到外面去招，直接让他推荐不是更快？在具体岗位上，HR 的人才储备哪里有他的人才储备多，为什么不用呢？而且如果导致员工离职的是内部原因，HR不解决，即使招到了人，他也会走的，那招聘就是在抱薪救火。

第二，如果确定要招人，那就要看中端，招这个人进来是做什么的，做管理协调还是具体的技术工作，是非得要招个经理，还是招个优秀的前端工程师就可以了。开发的工作量有多大，技术负责人能不能带，或者这个工作团队里面的人能不能兼任，搞清了这些，也许根本不需要招开发经理，或者根本不用招人。举个案例，我们在为另一个团队搭架构的时候觉得这家公司的财务部需要新增一个总账会计岗位，常规做法可能就是立马去招聘。但我们盘点下来发现，现在的出纳人员其实已经兼任了一部分总账的工作，做得还可以，于是我们就对这名出纳人员做了测评，发现他虽然还不完全具备总账的能力，但只要定向培训几个月就可以胜任，而且他已经在公司待了挺久，了解业务现状，可以无缝衔接。于是我们最终给这名出纳制订了成长计划，在几个月内学习完总账的基本技能，转岗总账，同时再去招一位出纳接替他。一方面招出纳的难度要低很多，另一方面也让这名员工在组织内有了升职加薪的机会，他内心也会高兴的，何乐而不为呢？

第三，如果真的要开始招聘，我们从前端看市场、看友商，知道市场上哪些互联网公司比较好，可以去定向挖人，未必要找二线以上互联网公司出来的。在用人标准上，其实前端的人才在市场上普遍学历不高，未必需要招统招本科生。薪资上，市场上一个二线互联网公司出身、统招本科学历，还带团队的开发经理，起步都要3万元，2万元月薪根本不可能招得到人。要么放宽招聘条件，要么把薪酬升上去，这样才可能招到合适的人。

所以，如果只用后端思维做人力资源工作，别人要什么，我们招什么，是招不到合适的人，或解决不了根本问题的。要想从根本上解决问题，第一步就是要跳出后端，全链路地看：现在的人为什么走、能不能留、怎么留，他一定要走的话，能不能推荐其他人来。还要看市场：市场上人才行情怎么样，谁家的工程师比较好，标准跟自己公司符不符合，需要的薪资范围是多少。这样才能招聘到优秀的人，也是我们了解前端的意义所在。这就是懂业务的做法，跟一般后端思维的做法不同。

工作核心是要解决未来的问题

除了前中后端的价值链路，HR还要有时间维度的思维，即基于未来看现在。也就是我们的工作核心之一不是解决过去的问题，也不是解决现在的问题，而是解决未来的问题，思考如何赢在未来。比如招聘，有些能力不是当下所需要的，而是为未来做储备的，像一个处于上升期的企业，财务负责人的配置要领先当下业务三年，提前三年做财务架构的规划。

当然，这套价值链路和业务思维不是一天两天就能掌握的，而要经过长时间训练，业务思维是练出来的。

炖出来的味道

"味道"是管理里面很玄妙的一个词，团队的味道是由团队共同的气场、思维、做人做事的逻辑所共同形成的，不同的团队因为主将不同、业务不同，味道都不相同。只有能理解这个团队的味道，自己也变成这个味道，才能彻底理解业务，彻底理解这个团队，建立自己在团队里的领导力。

整个阿里巴巴集团在发展过程中，先后有了淘宝、支付宝、阿里云等多种形态的业务，所以也从之前的中供调了不少人。我本人也从中供先后调到了淘宝以及阿里云的前身——阿里软件，对于不同业务团队的味道感受非常深刻，也对HR要有业务味道感受深刻。

举个例子。从中供出去的"政委"已经非常懂业务了，也将公司的文化融入了血液，在公司内部调岗，按理说会很顺利，但还是出了很多问题。从两个大业务而言，中供的味道是"干"。我之前的搭档、中供的一任总经理俞朝翎写过一本业务管理书籍《干就对了》，把中供的很多精髓写出来了：遇到挑战不要怕，坚定信念往前冲，一个字，就是干，状态要饱满，做事要疯狂。但淘宝的味道就是"创新"，要倒立看世界，从更多的维度寻找最优解。有不少从中供调到淘宝的"政委"因为没有适应淘宝的味道，早期闹了不少笑话。

比如中供有名优秀的"政委"，经验丰富，能力卓越，受到公司多次表彰，后来从中供调到了淘宝的技术部门。他到了之后，开会时感觉不舒服，会议氛围很沉闷，大家都很严肃地说一些事情，也没有人开玩笑。于是他就想调节一下氛围，用中供那一套"早启动，喊口号"的方式来开会。结果氛围反而更差，大家都不怎么搭理他,让他十分郁闷。这就是因为团队味道不同,技术团队不太讲喊口号式的激情。所以"政委"不仅要有业务思维,还要有所在团队的味道。

如何培养业务味道

要想有业务味道,首先要归零,不管之前自己多优秀,在自己的业务里做得多厉害,都要归零,在新业务里把自己当小白,从零学习,脚踏实地。不要叽里呱啦讲自己过去的东西,即使是自己很擅长的东西,因为每个团队都有自己的一套方法,哪怕不成熟,也是他们自己总结的。一方面,你不了解业务,你的方案不一定适合这个团队,说不定他们以前已经试过了;另一方面,只讲自己的东西其实是在否定他们之前的努力,这样只能让人反感。当然,如果你发现了问题,又有能力,可以采用启发引导的方式,而非灌输,没有人会喜欢一个指指点点的人。我们到淘宝之后都先学习业务,再行动。

在了解新团队的过程中,我们可以去观察,他们的沟通方式是直接的还是温和的,他们希望得到的帮助是什么。我们再去跟他们沟通业务上有个地方怎样做会更好(而不是说哪里有问题,要改进)。对方一看你说到点子上了,沟通得也很舒服,你们就会一拍即合。用对方喜欢的方式慢慢去沟通,你会很容易得到对方的信任和认可,初期是急不得的。

总结一下:第一要归零;第二要有学徒心态,谦虚地学习新团队的业务、团队、痛点、当下最重要的事情,一定要先理解他们觉得最重要的事，而非自己觉得最重要的事情；第三看怎么做组织会更好，然后用团队喜欢的方式去沟通，再跟着团队一起做，拿到结果。一定是用团队的力量，而不是用所谓的自己过去的优势来工作，过去的优势往往可能是现在最大的劣势。发挥团队的力量，也能让团队更自信，更有成就感。HR 不要做明星，不要做名义上的"领头人"，要做水面下的工作者，适当引导，及时鼓励，坚定给信心，这样在一场场拿结果、打胜仗的过程中，跟团队的信任就建立起来了。大家对你更认同，你也会更理解这支团队的精神、精髓、味道，并慢慢具备这种味道，因为味道是在一场场胜仗中"炖"出来的。

看人泡茶，就人论事

能做到以上三点的 HR 已经非常优秀了，但顶级 HR 还有一个能力叫作"看人泡茶"。我是一个很爱喝茶的人，身边有很多厉害的茶艺师。我发现一般的茶艺师是"看茶泡茶"，不同的茶叶，用不同温度的水、不同的泡法来泡。但厉害的茶艺师是"看人泡茶"，根据不同的人泡不同的茶。比如给喜欢清淡的人泡绿茶，给肠胃不太好的人泡红茶，让他更舒服。给新茶客泡香型很好的茶，一冲开就很香；给老茶客泡回甘比较好的茶，可能第一口没那么香，但喝几口慢慢品，滋味就很好。因为新茶客不会品茶，只能闻香型，老茶客会品，能体会到回甘。

在组织里，优秀的管理者"看茶泡茶，就事论事"，对什么样的事情就用什么样的方法，没有"一招鲜吃遍天"。卓越的管理者则"看人泡茶，就人成事"，针对不同的人、不同的业务、不同的阶段用不一样的方法，脑海中没有业务与组织的区分，业务就是组织，组织也就是业务，这是更高阶的辩证法。能做到这一点，就可以在不同的业务甚至不同的岗位之间自由切换。比如我可以在"政委"与业务、创始人与职业经理人、咨询顾问与个人创业者之间自由切换，不卡壳。我身边也有很多更厉害的人，他们能切换的身份就更多了，而且每一种都做得很优秀，因为他们已经不仅仅"懂业务"，他们自己就是业务，对业务的理解已经融入骨子里了。

第四章

攻与守：激活业务活力

企业经营每隔一段时间就会进入一次盲区。有时候是因为外部环境过于复杂，看不到方向；有时候则是内部意见不统一，各种观点交杂在一起。这时大家往往身在此山中，不识真面目，并陷入迷雾。这个时候就需要一场会议，大家花时间琢磨一下未来，形成判断和共识，把公司带到一条全新的道路上，这就是战略会的意义。

战略决定商业模式、组织架构，它的生成对企业的意义是重大的，它的执行注定是艰难的。如何保证战略与企业的自洽，如何保证执行的顺畅？这就离不开企业文化。战略是使命愿景的具象化。所谓"看十年、定三年、干一年"，看十年看的就是愿景，基于此定三年的战略，再做一年的规划。而战略的执行又需要价值观的护航,不让执行偏离方向。

经过文化落地"虚事实干六部曲"的第一步"诠释解读"、第二步"行为准则"、第三步"制度保障",文化已经深入企业经营过程中,开始对业务执行发挥作用。本章我们将结合阿里最著名的一次战略会,分享文化与战略、战略与组织的关系,并以此引出文化落地的第四步"层层宣导"和第五步"树立标杆",来讲述文化如何与业务共鸣。

走出盲区，成就千亿市值

战略是基于你对未来的判断做出的今天的选择。

——曾鸣

风光之下，迷茫弥漫

阿里有开战略会的习惯，整个集团、各个业务线，每年起码会开一次战略会。战略会能够让企业及时发现组织内部的变化，分析市场趋势、评估竞争对手、发现未来机会，及时迭代目标与行动路径，从而让企业保持长期的竞争力。在阿里的所有战略会中，2007年9月的那次战略会可以说是最重要的一次，因为这次会议让阿里走出了盲区，并描绘出了阿里未来十几年的发展蓝图。

2007年，阿里依然飞奔在发展的高速公路上，2004年阿里巴巴集团全年总营收大概为3.5亿元人民币，2006年就达到了13.6亿元人民币，每年都在翻倍增长。各个业务上，B2B已经处于上市前期，即将敲响上市钟声；击败eBay的淘宝成为中国电商第一平台，2006年淘宝网交易总额突破169亿元，比2005年翻了一倍，已经远超零售巨头沃尔玛在华的全年营收；支付宝的发展也已经为除淘宝外的 30 多万商家提供支付服务，交易金额超过百亿元。同时，阿里又相继成立了阿里妈妈和阿里软件，为中小企业提供营销与技术支持。当然，影响最大的还是与雅虎中国的合并。2005 年在雅虎和阿里共同投资人软银的撮合下，当时最为人熟悉及最有价值的互联网品牌之一雅虎向阿里注资 10 亿美元，成为阿里的主要股东之一，同时将雅虎中国的所有业务、团队交由阿里接管，其中包括雅虎在中国数百人的技术团队。合并之后，阿里获得了雅虎中国的技术与流量，彻底奠定了它在中国互联网行业第一梯队的地位。由此，阿里在业务上也有了更多的可能性，电商、通信、搜索、门户都有可能成就一番事业。

此时整个公司的发展看起来都风生水起，前途一片光明。但在风光的背后，迷茫弥漫其中。新业务中最重要的是与雅虎的合并。两家公司在未来发展、文化、管理方式、技术思考上都有很多差别，为了更好地融合，阿里派出了很多管理高手，都没有取得明显的效果。雅虎到底如何与阿里融合，两者如何分工协同，向何处发展，对当时的阿里而言都是问号。

相比新业务遇到的问题，原有业务面临的困难更为艰巨。淘宝与支付宝吵得不可开交。支付宝源于淘宝，原本是为了解决淘宝上的买卖双方在信任支付方面的问题所衍生出来的，但后来发现还可以为外部公司提供服务。如前文所说，到 2006 年，支付宝已经服务了 30 余万家外部企业。"孩子大了不由娘"，支付宝是继续作为淘宝的支撑公司服务淘宝，还是独立出来向外发展，服务更多的商家？两者谁更有未来，谁服务于谁？另外一边，B2B 业务上市在即，上市之后会迎来更大的挑战，靠销售运营起家的 B2B 未来将走向何方？花了大量精力，精心筹备酝酿的阿里软件也看不到方向，不知何去何从。总之，如果用一个词来形容此时的阿里，那就是迷茫。

当下的迷茫往往源于看不清的未来。当人看不清未来方向的时候，就会纠结于当下的问题，在当下的事情上冥思苦想，用当下的"勤奋"掩盖迷茫与恐慌，这种状态就是"内耗"。人是如此，企业也是如此。当企业看不清未来发展方向的时候，就会局限于当下的管理，越管越乱，越管越慌。所以此时阿里急需一场会议，让高管们放下眼前的繁忙，把视线往远处望一望，一起看看未来，想一想未来阿里到底往哪个方向去。

三浪叠加，预判未来

阿里在杭州之外开战略会总是会遇到一些戏剧性的意外。2005 年，阿里发展到了一个新台阶，就想去北京看看，于是在北京长城边找了一个会场，能边开会边看长城，结果遇到了沙尘暴，大家吃了一嘴的沙也没看到长城。2007 年也是一样，本来想去海边开会，能看看大海，视野开阔一些，看得更远。但秘书却订了一个沿海城市（宁波）不在海边的酒店，大家挤在酒店里，明明离海很近，却看不到海。正如此时此刻的阿里，明明身处未来的边缘，但看不到未来到底在何方。

这次战略会注定是艰难的，阿里的业务复杂度已经到了前所未有的状态，外部的市场环境变化很快，处于三浪叠加的状态①。未来行业到底会走向何方,阿里要如何在未来占据一席之地,这些都需要在这次会议上讨论。

会议开始,曾鸣教授给大家讲了时代背景,现在所处的后工业时代与工业时代在经济规律上有什么不同,会出现哪些新的生产方式,现在有哪些前沿的技术,如云计算等,给大家打开一扇天窗。开战略会的核心就是要打开天窗,看到新的世界,不然战略就只是在原地转圈圈。然后各个业务负责人开始把问题、思考抛出来,部门如何发展,合并还是独立,扩张还是放手。各种不同的观点、看法、需求像化学物质一样一股脑地被扔进了一个坩埚里,瞬间就发生了剧烈的化学反应,碰撞、翻滚、沸腾。在这种反应中,参会人员的信息被快速分享,大家的认知、观点不断碰撞升级,讨论到最后,像化学反应配平了一样,突然出现了一句话——建设一个开放、协同、繁荣的电子商务生态系统。这句话就是阿里未来十年的战略,这是阿里又一个划时代的时刻。

这个战略的核心是生态系统,这也是阿里首次提出生态系统的概念。当时的预判是,互联网经济的下一个热点一定是电子商务,而中国的电子商务一定会在一个平台聚集,这个平台要能提供电子商务的基础设施,类似于城市的"水电气",让企业能够繁荣生长,而这就是阿里要抢占的战略高地。而电子商务的基础设施就是资金流、物流和信息流,阿里要做的就是在横向上做基础

---

① 详见曾鸣的《智能商业》(中信出版集团,2018 年),意为三种不同的商业模式同时发展的情况。

设施，在纵向上做应用，在中间做数据的连通，这个思路总结出来就是图4-1。这张图一画出来，参会人员就觉得，如果可以做到，那么阿里所服务的中小企业就真的可以在平台上面繁荣起来，阿里就有希望成长为千亿美元市值的企业，大家的信心一下就有了。

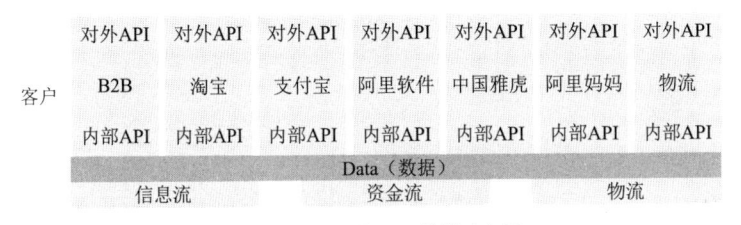

客户	对外API	对外API	对外API	对外API	对外API	对外API	对外API
	B2B	淘宝	支付宝	阿里软件	中国雅虎	阿里妈妈	物流
	内部API	内部API	内部API	内部API	内部API	内部API	内部API
	Data（数据）						
	信息流		资金流			物流	

图4-1　2007年阿里的战略布局

以上是总战略、总纲领。之后在这个总战略的指导下，阿里连续召开了一系列落地会，并进行落地尝试。最终支付宝独立发展，变成了蚂蚁金服，为中小企业提供资金服务；阿里软件进行了拆分，其中的一部分最终演变成了阿里云，为中小企业提供数据及技术服务；阿里妈妈并入了淘宝，为卖家提供更好的营销服务；而物流板块虽然在2013年才成立了菜鸟，但在2007年的这次会议上已经讨论了大概模型与服务范围。所以，我们可以很清晰地看到，阿里之后十几年的发展都是这个战略下的延伸、演化。后来阿里在2014年和2019年的上市招股书中都写道："我们旨在构建未来的商业基础设施。我们的愿景是让客户相会、工作和生活在阿里巴巴。"对基础设施的理解，贯穿阿里战略的始终，后来随着阿里的壮大，生态系统就演化为今天的数字经济体（见图4-2）。

阿里巴巴数字经济生态系统

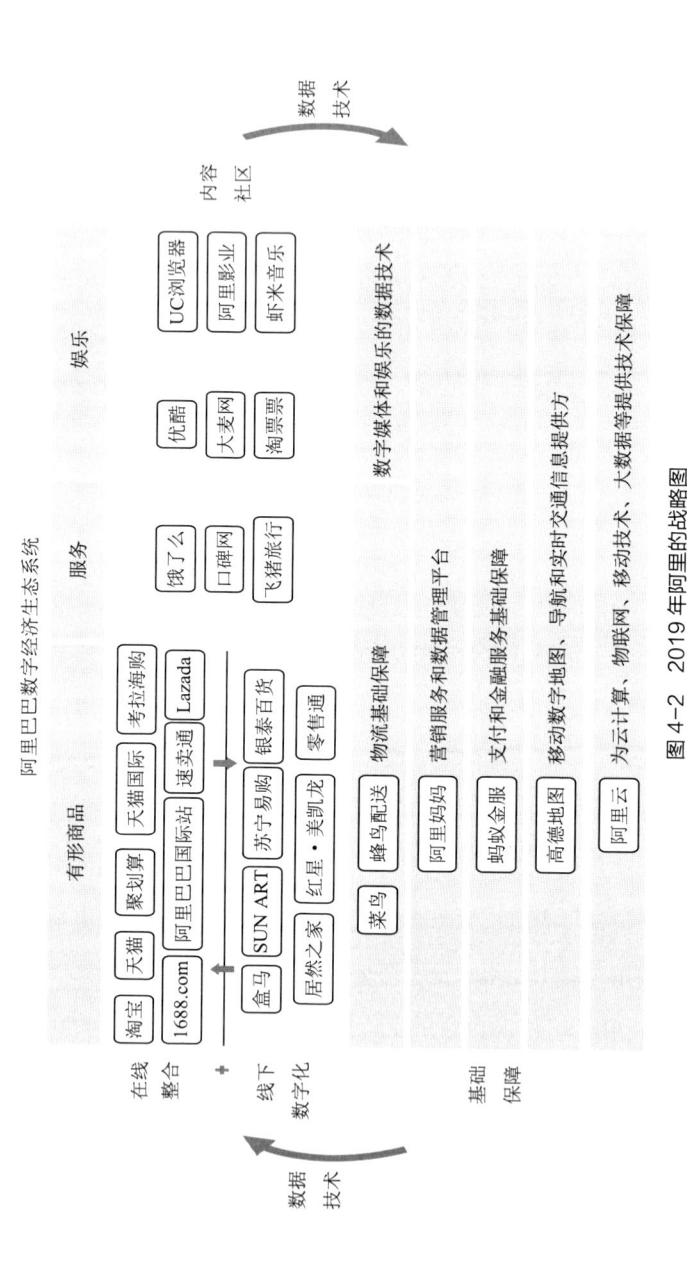

层级	有形商品	服务	娱乐
在线整合	淘宝　天猫　聚划算　天猫国际　考拉海购 1688.com　阿里巴巴国际站　速卖通　Lazada	饿了么 口碑网 飞猪旅行	UC浏览器 阿里影业 虾米音乐
线下数字化	盒马　SUN ART　苏宁易购　银泰百货 居然之家　红星·美凯龙　零售通		优酷 大麦网 淘票票

内容社区

基础保障：
- 菜鸟　蜂鸟配送　物流基础保障
- 阿里妈妈　营销服务和数据管理平台
- 蚂蚁金服　支付和金融服务基础保障
- 高德地图　移动数字地图、导航和实时交通信息提供方
- 阿里云　为云计算、物联网、移动技术、大数据等提供技术保障

数据技术 ← → 数据技术

图 4-2　2019年阿里的战略图

赢得生意：做穿越周期的幸存者

战略衍生，重大变动

新战略带来的组织影响也是巨大的，除了业务部门的合并调整，人事上也发生很大变动。三分之二的高管进行了相当大程度的调动，甚至有创始高管离开团队。这是必然结果，战略变动必然带来组织、人事的变动，战略的重大转折也必然带来组织的转折。

我们现在回看，也许会觉得这些战略调整很简单，理应如此。但在当时，做出这个决策却是非常艰难的。对于所谓的企业生态，大家也很陌生。云计算，当时很多人都是第一次听说，更不要说做了，后续发展也很艰难。2007年阿里开始筹备云计算业务，2009年王坚博士加入了阿里，担任阿里云的总裁。接下来每年10亿元的投入，别说有回报，甚至连盈利的苗头都看不到，整个阿里云团队都背负着巨大的压力。来自股东、市场、其他业务部门的质疑让阿里云的员工每天如坐针毡，也导致阿里云的离职率一直是最高的。在2012年阿里云年会上，王坚当着阿里一众人的面，落下了眼泪，其中的压力、委屈难以言说。

白驹过隙，转眼到了2022年，在新一年的财报里，阿里云营收为745亿元（扣除来自为其他阿里业务提供服务的收入后），并首次实现年度盈利，年利润高达11.46亿元，而在前一年的财报中，阿里云的亏损依然高达22.51亿元。至此，服务了400多万企业、占据市场40%份额的阿里云成为中国云计算领域绝对的领先者。此时距离2009年阿里云正式成立已经过去13年，距离 2007 年决定发展云计算业务已经过去了 15 年。所谓"十年磨一剑，滴水穿顽石"，就是如此。

回归初心，破除盲区

经历了不知道何时有回报的业务选择、多位创始高管的离开，我们现在回头看，2007 年阿里的战略会无疑是成功的，经常会被商学院当作经典案例来讲。但在当时，做这个决策无疑是艰难的。那么这样的决策是如何被确定并坚持下来的呢？

在战略会上，首席财务官蔡崇信和首席战略官曾鸣分别从财务角度和经济发展角度给出了不同决策路径下一致的决策结果。而作为企业总舵手的马云则没有这么复杂的思考，没有经过大量的财务计算和历史规律研究，他的决策逻辑只有一个——云计算对中小企业有没有好处？能不能降低中小企业的经营成本？答案是有，云计算可以大幅度降低中小企业的成本，让企业实现更好的创新。那就做。只要符合使命，我们就做；有影响使命完成的问题，就解决。决策如此简单，但因为简单，其力量才是巨大的。如果当时马云是根据投入产出比之类的财务指标做决策，我相信在每年有如此大的投入依然看不到回报的情况下，阿里云不可能发展到今天。

企业在经营中往往会遇到盲区，看不清方向，大到战略抉择，小到日常业务，都是如此。当遇到盲区，看不清方向，依靠"理"无法找到答案的时候，我们就要抛开"理"，回归到"心"，回归到文化上。这样往往能看到答案，做出决策。这样的决策，往往是难的，却是正确的。

天下之至拙，能胜天下之至巧。

从中我们可以看出文化之于定战略的重要性。而战略还需要执行，执行需要更多员工的参与。要保证战略执行不偏差，还需要执行的人具备同样的价值理念。所以我们接下来讲"层层宣导"和"树立标杆"，看文化如何深入每一个人、每一个业务场景。

从业务中来，到业务中去

本节讲文化如何与经营在"软"层面结合在一起，也就是我们在第二章中所提到的文化落地"虚事实干六部曲"的第四步——层层宣导。

层层宣导，建立生态

在文化这棵大树中，层层宣导起到的是"枝叶"的作用，是将"生命"转化为"生态"的重要环节。对于树木而言，只有粗壮的树干才能成为木材，粗壮的树干加上茂盛的枝叶，才能成为繁育生命的生态。因为枝叶可以通过呼吸作用为树木提供能量；通过蒸腾作用调节植物体的温度，以免夏天温度高时被高温灼伤；通过光合作用维持大气的碳－氧平衡；茂盛的枝叶还可以为其他生命提供繁衍的空间。而"层层宣导"正如树木的枝叶，为文化的发展提供能量，通过有趣鲜明的活动降低文化落地过程中员工产生的抵抗情绪，让企业的氛围更加活跃。总的来说，软性的"层层宣导"可以让企业文化从只有人人都必须遵守的硬制度"纪律"变成人人都想参与的"活力"。

要做好层层宣导，要先理解什么是层层宣导，这里面有两个关键：第一，什么是"层层"，有哪些层次；第二，用什么活动宣导，宣导的是什么。

关于层次，大致可以从两个维度划分，组织维度和时间维度，每个维度又有两种划分方式。

从组织维度看，第一种划分方式是分为基层、中层和高层三层，因为对于不同职级员工的文化要求是不一样的，职级越高，要求就越严；第二种方式是按部门、业务线划分，不同的部门、不同的业务线可以有不同的宣导活动，因为不同业务的氛围、风格、大家喜欢的方式是不一样的。

从时间维度看，一种划分方式是按入职的时间将员工分为新人和老人；另一种是按照十二个月划分，每个月有不同的活动。

那么用什么宣导？宣导的核心是什么？我将整个宣导体系分成六个部分：眼见、耳听、鼻闻、口说、身行和意悟。我将其称为六识体系（见图4-3）。很多公司都在做这些事情，但只做了"表",没有做"里",只知道要做这些事情,为什么要做、目的是什么,以及怎么做,都没有搞明白。做的时候也都是东一榔头,西一棒槌,不成体系。本书中提到过很多次"体系",工作中无论做什么项目,都要有体系地做,才能真正解决问题。

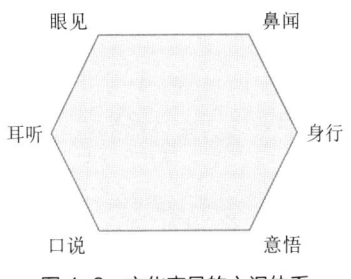

图 4-3 文化宣导的六识体系

六识体系,推进落地

眼见

眼见就是做到内容可视化。

百闻不如一见,文化宣导需要载体、阵地和场域,要从视觉上进行认知的强化,要将文化内容变成所有人都看得到的东西。常见的就是做海报、照片墙、工牌、内刊等,员工眼见处都要看到文化。

比如阿里每名员工入职的时候,公司都会发文化卡片,最早是"独孤九剑",后来就改成了"六脉神剑",员工可以放在身边经常看到,我自己是把它放在工牌里面,随时随地带在身上。

阿里的内刊叫《阿里人》，不同的业务部也会有不同的内刊，淘宝的内刊叫作《江湖》，因为淘宝是阿里武侠文化最盛行的地方，其实阿里的武侠花名文化也是从淘宝开始的。

随着时代的发展，文化宣导也有了不同媒介，现在很多公司在做文化宣导的时候，会用公众号、视频号、小红书等等，不仅让内部人员看到，也将公司的文化向社会传递，有利于公司形象的建立，方便公司的招聘。现在很多年轻人在决定去不去一家公司之前会在网上搜索这家公司的信息和背景，看一下网络上的评价。

当然，公司内部的文化墙也要建立，而且最好让年轻人去做，因为年轻人的表达会比较有意思，比较有创意、有活力。现在很多官方媒体的网络账号都是年轻人在运营，有很多有意思的内容，一改之前严肃的画风，关注量一下子就上来了。群众喜闻乐见的内容才最有宣传效果。

耳听

耳听主要体现为培训。基本每家公司在员工入职的时候都会做新人培训，把企业基本情况、发展历程、部门架构等内容作为培训要点，但能把文化放进去且作为重要部分的公司寥寥无几。很多卓越的公司，像谷歌、华为、阿里都会把文化作为新人培训的重要内容。阿里的新人培训至少有三分之一的时间是在讲企业文化，讲阿里的使命是什么、愿景是什么、价值观是什么，这些东西到底为什么重要，公司是如何去做价值观评估的，价值观能够给公司带来什么，它跟每个人的利益又是如何相关的，凡此种种。

这些卓越的公司会花费大量的人力、物力在文化培训上，并不是因为这些公司有钱，阿里没钱的时候也这样做。这是基于对新人培训目的的理解不同。我认为新人培训的目的不在于传输技能，让新人理解业务，而在于建立"认同"，要把"外人"变成"自己人"，要把来自五湖四海、有不同背景的人变成公司的人，让他们拥有同样的意识、同样的行为准则。所以对员工来说，重要的不仅是能力，更重要的是意识、文化、味道。所以文化培训做两天也好，七天也好，重要的是能不能将"外人"变成"自己人"，将新同事变成老伙伴。

我自己是 2004 年 3 月 8 日入职阿里的，但到 4 月 1 日才上岗，就是因为中间经历了二十多天的培训。3 月 8 日那天早上，我一报到就开始参加培训了，培训的第一堂课就是 Savio 讲的。但他进来之后并没有直接开始分享，而是拿了一大罐进口的糖果发给我们吃，让我们一边吃一边听他分享阿里的文化。这种独特的教学方式让我终生难忘。Savio 不仅是在跟我们讲，更是用他的行为给我们诠释了阿里文化的亲切、活力和有趣。

随后，马云也加入讲解阿里文化的行列。他讲了阿里为什么会有这样的使命愿景，公司的原点是什么。而且即使在公司规模很大的时候，无论有多忙，他也一定会参与新人的文化培训。由此可见，文化是企业发展的灵魂工程。

再然后是当时 B2B 业务的负责人、后来阿里的 COO 李琪进来分享，他的讲解方式与 Savio 有所不同。李琪没有详细讲解每一条价值观，而是通过讲述阿里发生的违反高压线案例，告诉我们哪些行为是不被允许的，做什么会被阿里开除。他强调了这些行为的严重性，并告诫我们要避免犯同样的错误。李琪是业务管理者，是每天都带着我们打仗、跟我们朝夕相处的人，他也是最不希望我们因为违反价值观被公司开除的人之一。

现在回顾起来，我对新人培训中其他技能方面的内容的记忆已经有些模糊了，但仍然清晰地记得 Savio 带着糖果进入教室的那一刻，记得马云讲为什么要让天下没有难做的生意和李琪所讲授的高压线。这些都是我融入阿里文化的重要过程。

对于管理层，阿里每个月会举办两天的管理论坛，其中一天讲业务，一天讲文化和管理。而对于全体员工，阿里会定期梳理文化案例，然后通过会议、内网等各种渠道传达，强化员工对价值观的理解。

口说

口说有两个部分：沟通渠道和语言符号。

沟通渠道的主要作用是营造自由开放的沟通氛围，使大家畅所欲言，了解大家对文化的感受与行为结果，及时疏导，解决问题。

比较常规的是内网和公共邮箱。在内网上，员工可以自由表达对公司的观点和思考，也可以看到其他员工的想法。所以公司可以从内网上随时了解员工群体的想法和需求，员工也可以在内网上发起活动。

比如阿里的小伙伴们曾在内网上发起活动，评选最受大家喜爱的"政委"，当时淘宝一共有38个"政委"，几乎每次我都会被提名。所以后来我的领导戴姗找到我，说要"提升一下我"，让我去主管组织文化部（新部门）。那是在2010年左右，中国还没有几家企业专门调人做组织文化。真的很感恩阿里给予的机会。

此外，阿里还有一个公共邮箱系统，任何员工都可以向公司内的任何人发送邮件，包括公司的高层管理者、各个业务的CEO，甚至马云。只需要在系统内输入他们的名字，就可以查找到他们的工号、部门和联系方式，向他们发送对公司的意见，收件人都会极其重视。邮箱是实名的，因为对于大家的反馈，公司都会给予高度的重视，要跟反馈者核实信息，如果是匿名的，事件后续很难处理。同时，阿里一直致力于让公司的文化氛围透明、清新，如果氛围严肃到让员工都不敢实名说话，那公司的文化肯定出了严重的问题，让员工开始不信任公司了。

当然还有一些特殊的沟通渠道、机制，比如华为的"批评与自我批评"在阿里则被称为"鲜花与拳头"。这是一种定期回顾与反思自己的优点和不足的方式。在会议上，大家敞开心扉，可以对自己进行缺点复盘，也可以指出其他人的不足，给他"拳头"，当然也要给他"鲜花"。

在淘宝，也有类似的会议叫作圆桌会议。每个月有半天的会议，由CEO、HR负责人发起，跟任何想聊一聊淘宝的人聊天，但是有个要求，即不要表扬，不要讲淘宝有多好，而要带着问题讲淘宝有多不好。

除了这些沟通渠道，口说里面还有一部分叫"语言符号"，即通过口口相传、易记、有趣、同核的标识强化大家的共同认知。每一个符号都是文化的点滴体现，小符号与大文化是一体的。比如花名文化，每个员工在为自己起花名的一瞬间就有了一个新身份，之后每提起一次花名都加深了一次文化认知，久而久之他就会更认同这个新身份，自然也就更认同新文化。我转岗到淘宝的时候准备了两个花名，一个是"若思"，一个是"无才"。"若思"就是若有所思，做事情思考全面。"无才"有一种自谦的寓意。在我纠结取哪个名字的时候，戴姗来问我花名取好了没有，我就跟她说了我的两个备选名字。她说："你那么有才，叫什么无才，就叫若思好了。"所以我在淘宝时的花名就叫若思。

当然，不同的公司可以有不同类型的花名。果小美创立的时候将文化定为取经文化，花名都是与《西游记》或其衍生作品相关的，CEO叫"至尊宝"，我自己叫"观因"。"观因"是"观音"的谐音，因为我觉得自己撑不了"观音"这个名字，所以用了谐音的词。团队里面还有"镇元大仙""沙和尚"等成员，我们开玩笑说，我们开会就是在开蟠桃大会，各路神仙聚集。

我有一个学员的企业是做医药的，他们就用中药名来起名字，"五味子""陈皮""藿香""紫苏"等，都很好记，而且朗朗上口。

除了花名，阿里还有一个很有名的"语言符号"就是"阿里土话"，这些土话朗朗上口，正能量满满，数量也非常庞大。刚开始这些土话看似是员工在无意识状态下说出来的口头禅，特别接地气，后来就演变成企业文化最简单、最有效的宣传语。并且，阿里的土话来源于真实的业务，每一句土话都代表着一个真实的业务场景，表述又很接地气，让大家一听就明白。比如Savio讲的"今天的最好表现是明天的最低要求"，这句话是什么意思呢？前文提过，阿里的员工业绩考核结果会以一些形象的动物标签呈现，如野狗、明星、黄牛、小白兔，如果某个员工在新人的时候拿到了"黄牛"，随着组织往前走，员工也得往前走，如果员工没有与时俱进，那么下一期的考核结果可能就不是"黄牛"，而是"小白兔"了。所以这句话是在激励大家每天都要进步，不要因为今天做得非常好就停下脚步，明天还要做到更好，它一直激励着阿里和阿里人的进步，后来这句话也成了"新六脉神剑"里的其中一剑。又如"无后备，不晋升"，意思就是每个管理者必须培养出自己的接班人，才有晋升资格。这背后是一个完善的晋升制度，但这一句话让人一听就明白。再比如"不难，要你干吗？"，每一份工作都会遇到挑战与难点，当困难出现的时候，无论是自我激励还是激励别人，都需要从多个维度费一些口舌才行，但一句简单的"不难，要你干吗？"瞬间就可以让人明白工作的价值与意义。还有"让毒草莓长在阳光下"，鼓励大家主动把看到的一些潜在隐患主动说出来。很多公司的氛围是，大家都看到了一些问题，但因为各种原因不敢表达，所以阿里就有了"让毒草莓长在阳光下"。不用担心说出来会怎么样，把问题暴露出来，好草莓、毒草莓自然就被鉴别出来。我们在犹豫要不要主动把问题暴露出来的时候，想到这句话就知道该怎么行动了。

以下是一些阿里土话：

- 流动的人心，不变的人性。
- 今天的最好表现是明天的最低要求。
- 为过程鼓掌，为结果买单。
- 不换思想就换人。
- 业务的老大首先是 HR 的责任人。
- 大恶乃大善，大善乃大恶。
- 闻味道，揪头发，照镜子。
- 猴子屁股理论：员工职业发展路径。
- 疑人要用，用人要疑。
- 宰相出于州郡，猛将出于士卒。
- 心要慈悲刀要快。
- 对得起好的人，对不起不好的人。
- 没有过程的结果是狗屎，没有结果的过程是放屁。
- 不难，要你干吗？
- 让毒草莓长在阳光下。
- 教学相长。
- 此时此刻，非你莫属！
- 选拔比培养更重要。
- 大胆使用是最好的培养。
- 无后备，不晋升。

这些话几乎涵盖了工作的每个环节、每个场景，我们不知道怎么做的时候，想到某句话就有了答案。土话之所以有生命力，就是因为它跟我们的工作息息相关，是我们团队形成的共同行为准则。有个玩笑说，阿里人在一起，5 句话之内必谈价值观，10 句话之内必说阿里土话。

大家在落地文化的时候，也可以结合自己的业务提炼一些属于自己的土话。比如发展中的企业会经常调整业务与组织架构，有时候会把一些不适配的高管调下来，这就需要高管有能上能下的心态，所以我们的一个客户公司就提出了"能上不能下是伪高管"这句话。

鼻闻

鼻闻，就是要去闻文化的味道。一个人在一个环境里待得越久，身上就越会带有这个地方的味道。一个员工入职的时间越久，从行事风格到思维方式，就会越来越有这家公司的味道。前文说到层层宣导过程中可按司龄划分层次，比如给不同司龄的员工举行不同的仪式。阿里有一个固定的仪式，叫作"135 仪式"：一年香、三年醇和五年陈。

一年香：入职阿里满一周年的员工被称为"一年香"，他们充满了新鲜感和热情，身上的"香味"扑鼻热烈，但这种香味还不够浓郁，还不够有厚度和层次，后味不足。

三年醇：入职三年的阿里人虽然没有新人的那种新鲜感，但已经融入了公司的文化，他们对公司的业务、同事关系、文化有了深入的理解和认同，就像一杯醇厚的茶或酒，初品味道不是那么浓烈，但再品味道就会浓烈起来。所以在阿里，有"三年才能称阿里人"的说法。一个人只有深刻地知道组织真正要去的远方是哪里，知道文化提倡行为的真正内涵，经历过很多次战斗，才有可能切身体会到一家公司的文化，才能在内心深处产生共鸣，从内心到言行都烙上这家公司的印记，才能真正成为这家公司的人，而这是需要足够的时间与经历的。

五年陈：员工已经成为公司的核心成员，他们的经验和智慧就像老茶或老酒，看起来不再那么显眼，但内在的味道却越来越香。

所以在每位员工的不同阶段，公司都会颁发相应的奖品来表彰员工，这个仪式不仅是对员工的肯定，也是对他们的鼓励，让他们在未来的日子里继续努力，做出更大的贡献。

阿里是用酒来比喻，也有公司用树木来比喻，"一年苗、三年木、五年林"，给对应司龄的员工赠送银质徽章，上面分别绘有树苗、树木、树林的图案。还有公司会用文化案例来做文化宣导。比如有家公司，每当员工的优秀事迹被当成文化价值观案例表彰记录，员工就会获得一定的"文化积分"，不同积分对应不同等级，有青铜骑士、白银骑士、黄金骑士等，每个等级都有相应的徽章标志，而且会陈列展示在公司重要的地方，让所有人都看到。这就是文化落地的一个重要环节——道具化，通过道具将公司重视文化的理念展现出来。

身行

身行就是举办一些让大家身体力行的活动。我相信每家公司都有自己的常态化活动，但我想强调的是，活动一定要有自己的特色。比如每年的阿里日，所有的阿里人，无论离职的还是在职的，都可以参与，也可以带亲友来，让亲友看看自己是在什么样的环境中工作。公司在阿里日也会举办集体婚礼，每年都会有很多对情侣在同事的共同见证下结成夫妻。阿里日给予员工用心、有温度的关怀，这一行动侧面彰显了公司"员工第二"的核心价值观。公司有诗和远方，有必须遵守的硬性规则，同时有感性、温暖、快乐的工作氛围。

再比如公司年会。因为公司在不同阶段有不同的业务重心，所以年会会有不同的主题。例如2010年的淘宝半年会，定的主题是"为梦远航"。定这个主题是有业务背景的。一方面，淘宝这时候已经基本打败了主要的竞争对手，成为中国电子商务的头部平台，其新方向、新路径在哪里，需要探讨。另一方面，随着平台的发展，越来越多的不良商家涌进来，用假货、违规操作破坏淘宝的生态。当时有舆论跟风宣传，说淘宝已经成为"假货天堂"。在这种负面舆论下，内部员工也开始迷茫了，不知道自己工作的意义是什么。在这个背景下，急需调整大家的心态，并为业务发展指明方向，所以我们决定开一次大规模的年会。

这也是阿里第一次举办开放式的年会，参与者不仅有内部员工，还有员工的家属、平台上的商家、供应商、消费者、媒体。所以这不仅是阿里的年会，也是整个电商生态的年会。

在年会的前半部分，我们通过舞台剧表达主题"寻梦"，后半部分则是颁奖仪式，给淘宝生态的不同参与者颁奖，其中一项特别的奖项被颁给了淘宝的残疾人卖家，致敬他们的坚强与梦想。在年会的过程中，大家看到了平台的价值，看到了平台所承载的社会责任，看到了因为平台的存在，无数人的生活变得更好。所以"为梦远航"的"梦"并不只是公司的梦，也是"小二"的梦、卖家的梦、消费者的梦，是整个电商生态的梦，淘宝不仅是一个商业平台，还是无数人实现梦想的平台。公司在这次年会上提出了"新商业文明"这一口号，展望了电商所带来的商业文明的变化，重新定义了对梦的追求，朝着梦想重新起航。

大家对这次年会最终的反馈也是非常好的，阿里的员工看到了自己工作的价值，能够帮助更多勤劳的人改善生活，让消费者买到好产品；卖家看到了整个平台的未来发展前景，知道了自己未来可以走得有多远；社会也重新理解了淘宝，认可了淘宝的社会价值。

在阿里，我们通过很多活动，把客户、员工、员工家属连接在一起，让大家彼此看见，看见彼此工作的意义，从而能互相支持，形成一个生态，走得更远。

除了举办这些活动，阿里人还有一些特殊的行为。

比如，支付宝有一种独特的庆祝方式"裸奔"。每当完成一个目标，项目负责人就会赤膊举着标有成绩清单的大牌子，在公司跑一圈，向所有人报告这个好消息。因为一开始支付宝的员工基本都是男性，后来就改为穿一些奇特的衣服进行奔跑庆祝。

裸，象征着坦诚、开放的公司文化；奔，寓意着狂欢庆祝。但这是属于支付宝的独特文化，如果没有对应的土壤就不建议使用这样的活动，企业的文化活动一定要结合自己的文化土壤。

意悟

与前面五项不同，意悟并不是单独的某项活动，而是体现在所有活动中。所有的宣导活动都要有特定的意义，不是为了做而做，而是为了向参与者传递企业想表达的意思，完成文化落地的最后一公里，使价值观与行为准则深入人心，从而让与我们"臭味相投"的员工有强烈的意愿释放他们的激情与能量，参与到我们的使命践行中，共建一个生机勃勃的文化生态。

三大原则，贯穿其中

层层宣导还有三大原则贯穿其中。

原则一：旗帜鲜明，活色生香。

活动一定要有特色、有趣味，让人愿意参与其中。有些公司在做活动的时候不仅毫无特色，还会让人厌烦，比如搞一些只有领导讲话的个人秀，或是邀请某位"大师"给员工讲一些洗脑的东西。这样的活动连让人有参与欲望都做不到，更不用说起到文化宣导的作用。

原则二：润物细无声。

文化宣导不是搞运动，不是为了宣导而宣导，而是要紧密结合业务场景。每一场活动都要有相应的主题和业务背景。像前文讲的淘宝年会，就是因为遇到了业务上的难题，需要一场"润物细无声"的活动让大家在沉浸中发生改变才举办的。反过来讲，一些公司做活动只是为了做活动，花了很大的精力搞团建，但没有主题，没有跟业务融合在一起，员工事后可能连做过什么都忘了。

原则三：一百次的重复就是强调，一百次的强调就是成功。

这是我特别喜欢的一句话，凡事不能半途而废、虎头蛇尾，要坚持下去。一两片叶子代表不了春天，但绿叶成荫的时候，盛夏就到来了。

企业文化"三维二体"宣导体系

我们从众多的层层宣导方法和案例中，提炼出"三维二体"宣导体系。

三维是指全员维度、时间维度和组织维度。从不同维度细分，做不同的宣导活动。总之，维度细分的逻辑目标是根据员工的群体特征来开展企业文化的层层宣导活动（见表4-1）。

另外，我们把企业文化落地和呈现的形式归纳为"二体"，一是文化系列活动，二是符号化。可以从不同维度设计文化系列活动（见表4-2），让员工在积极参与的过程中或是耳濡目染中，切实感受并认同企业的使命、愿景、价值观，愿意和企业一起为共同的未来拼搏。

表 4-1 企业宣导体系解读

活动体系		全员	新人	管理者团队	司龄
视觉呈现		(1) 海报、照片墙、厕所文化、内刊			
		强化视觉认知，构建文化场域，活跃氛围，以多种方式进行文化内容的传播			
线下培训		(2) 解读文化案例	(3) 新人训（百淘）	(4) 月度管理论坛	
		强化对价值观的理解，梳理标杆案例	快速认识团队文化，了解行为准则等，促使大家快速融入		
命名仪式			(5) 花名、帮派		(6) 一年香、三年醇、五年陈
		以易记、有趣、同核的标识强化认知			强化成长与敬业
沟通渠道		(7) 内网论坛、公共邮箱			
		搭建自由开放的沟通氛围，使大家畅所欲言，宣导所需规则，强化全员认知			
线下活动	(8) 全员年会	聚焦年度重点事件			
	(9) 管理大会				
	(10) 节日活动	给予员工用心、有温度的关怀，侧面彰显公司"员工第一"的核心价值观 公司有诗和远方，有必须遵守的硬性规则，同时有感性、温暖、快乐的工作氛围			
	(11) 集体婚礼				
所有宣导的目的		用心关怀"臭味相投"的员工，完成文化落地的最后一公里，使他们有强烈意愿参与到我们的使命中来，并释放他们的激情与能量			

表4-2 企业文化"三维一体"宣导体系设计

	全员维度			时间维度			组织维度				
							纵向维度			横向维度	
	活动	目标	频率	新人	1年	3年	5年	基层	中层	高层	产品部	销售部	……
文化系列活动	年会	启迪梦想、奖励功臣	每年1次	新人培训——百淘	一年香、五年陈仪式	……	三年醇	所有活动都需明确目标、频率等					
	"思想自由"之圆桌会议	跨层级沟通、互相理解、思想碰撞	每月1次	……	……	……	……						
	……	……	……	……	……	……	……						

符号化

B2B铁军、帮派、花名、阿里土话……

符号化在许多公司都比较常见，可以是花名，可以是帮派，可以是口号，也可以是土话。无论哪种形式的符号，都是企业文化的外显和层层宣导的有效方式。

树立标杆，助推业务

不是能不能做，而是该不该做

2010年上海世博会结束之后，各个场馆开始准备拆除。其中英国馆"种子圣殿"的外立面由60 680根"种子"触须构成。这些种子除却部分被赠送给研究所、植物园、学校，剩余的大多数都会随场馆一起被拆掉。它们每颗都不一样，都有独特的生物学价值，同时又是世博会的见证者，可以说非常有纪念意义。这样漂亮且具有意义的种子被拆掉，大家都觉得很可惜，所以网上有很多用户都在讨论，表达惋惜。我记得当时在淘宝，我们在开完小会之后就聊到了这件事情，大家也都觉得可惜。在有的公司，可能大伙儿抱怨、惋惜一下就过去了。但在淘宝聚划算，员工已经受过多年的创新训练，创新思维已经融入大家脑中，遇到这种事情大家就会问自己：能不能做一些什么？做了会有什么困难？为什么不可以这么做？

所以我们就临时开了个会，进行头脑风暴，看我们能做些什么来留住这些美好。有人提出，我们可以把每一颗种子都变成一份"纪念品"放在聚划算平台上卖，既能让这些宝贵的种子留存下来，又符合我们共享美好的理念。大家瞬间觉得这个做法很好，于是立即执行。三个同事立马跑去英国驻上海总领事馆沟通这件事情，对方也觉得这个想法很好。三天之后，这个活动就上线了，首批种子不到一分钟就被抢光。后续随着英国馆的拆除，我们又陆续做了几次活动，这些种子每次都被很快抢空。抢购的用户中有不少人是把这份种子当成了珍贵的纪念品，比如把它当作结婚纪念品送给自己的爱人，承载美好的回忆。事后，淘宝将本次活动所获得的全部收益捐献给了上海一家为脑瘫儿童提供康复训练及住宿服务的社会福利机构，真正实现了美好、善良的循环。同时，这次活动也受到了媒体的广泛关注，就连央视都进行了相关报道。

次年，也就是 2011 年，我们还发起了另一项活动。那年是香蕉生产的大年，产量大增，但对于农户而言，大年并不一定是好事，因为产量越大，农产品价格越低。进入 6 月后，海南香蕉收购价格快速下滑，从 2 月的地头最高价 7.6 元 / 公斤跌至 0.4 ~ 0.6 元 / 公斤，连赚回成本都不能。原本是香蕉大量上市的好季节，但是香蕉价格跌至谷底，烂在地里没人收，许多农户都欲哭无泪。

这件事情被报道出来，我们的同事看到了。不少同事为此忧心，都在想怎么样可以帮助到他们。2011 年生鲜电商还不发达，各种物流配送技术还不成熟。电商一般只用于客单价比较高的水果，香蕉的价格还承载不了配送成本，所以当时香蕉基本是在线下售卖。淘宝电商的力量似乎解决不了这个问题，但我们又觉得如果不去做这件事情，内心是过不去的。我们的使命就是让天下没有难做的生意，看着这些蕉农承受这么大的亏损，我们内心是煎熬的。于是，当时聚划算的负责人慧空就带领团队讨论，大家都觉得必须做些什么，因为如果不做，我们就放弃了客户价值，如果做了，不仅践行了我们的客户价值，也遵循了我们"创新"的价值观。

针对具体怎么做，我们召集更多伙伴开创新讨论会。最后我们决定发起"聚蕉行动"，这个名字是"聚焦"的谐音，同时也是聚划算和香蕉的合称。为了解决物流问题，我们首次采取"线上团购，线下提货"的方式，用户可以在淘宝平台上团购，线下到世纪联华超市去提货。为了方便提货，我们还紧急研发了一种条形码，方便识别买家。这个活动也受到了用户的热烈欢迎，在活动发起 24 小时内，170 多吨香蕉就被抢购一空。杭州首站开团创造奇迹之后，各地网民纷纷希望自己的城市可以加入"聚蕉行动"的行列。7 月 15 日，我们在 8 座城市的近百家超市发起声势更大的第二轮公益团购活动。截至 7 月 19 日活动结束，总共有 114 971 名来自全国各地的网友参加第二轮"聚蕉行动"。两轮团购下来，香蕉总销量达到 520 吨。

同样，这次活动也受到了包括央视在内的媒体的广泛关注，给平台带来了巨大的声誉和流量。而从有这个想法，到找合作方联华华商集团，到页面上线，仅用了四个工作日。

同时，本次活动也积淀了关于生鲜电商的经验，后来我带团队去到各个农产地源头，用"聚蕉行动"的经验帮助了更多农民卖出好产品，也让更多消费者买到了好产品。

这两个案例都是我在淘宝时期经历的。通过这两个案例，大家可以发现，当文化融入经营后，文化会代替商业的理性去做决策，我们在做事情的时候考虑的不是难度——"能不能做"，而是正确性——"该不该做"。先考虑这件事情是不是符合企业的使命、愿景、价值观，再考虑这件事情的难度，以及如何实现。如此，团队的进取心才会被激发出来。一个做什么事情都先考虑难度的团队是不会有进取心的。

以上两个案例，如果没有文化信念的支撑，我觉得是不太会发生的。且不说这两件事能不能做成，即使做成了，对短期利益好像也没有什么好处。有的人会想，与其这样，还不如花时间去思考如何提高业绩、利润，多赚些眼前的利润，才能有更多的工资。但这也是有文化的企业和没有文化的企业在经营上的不同。没有文化引导的公司在做决策时往往会选择相对容易且能快速赚到钱的路径，而拥有正确文化的公司在做决策的时候往往选择难且有长期收益的做法，这是因为有文化的公司追求的目标更高远，所需要的能力也更强，只有经历过一次次艰难的挑战，才能沉淀出这样的能力。文化，会让企业选择艰苦、孤独的路走，而艰苦、孤独最终能淬炼出一个伟大的企业。

这也是"三流企业做业务，二流企业定战略，一流企业建文化"的原因所在。艰难困苦，玉汝于成。

树立标杆，有效激励

文化融入业务、助力业务，就标志着文化已经被员工认可，员工开始被价值观驱动，那么这个时候就要进行文化落地"虚事实干六部曲"的第五步——树立标杆。通过标杆让"好人好事"被看见，让更多的人可以切身地感受到文化的作用，激励更多的人学习，那么文化的果实就会变成种子，长出新的树苗，让生态繁衍起来。如果忽略这一步，不去树立标杆，文化案例没有传播出去，果实就会烂在树上，繁衍不出新的生态，等树木死去或者遭遇天灾夭折，文化之树也就走到了生命的尽头。

我相信大多数公司都会表彰一些先进个人、先进团队，但这种表彰能否起到作用，能否让其他人学习效仿，需要打一个问号。过去我服务过一家港股上市公司，有十几万员工，他们请我做文化梳理，当我让他们梳理团队里的标杆的时候，他们列出了六个标杆给我看。我发现六个标杆里有五个都是中高管，只有一个是基层员工。这样的标杆能起到激励作用吗？答案显然是不能。树立标杆很核心的一个点在于让广大一线员工知道自己是在公司这个舞台上被注视的，自己的工作结果是可以被看见、被奖励的，是有价值的，自己也是有机会站在舞台中央的。占据公司人员比例绝大多数的基层员工只占到了标杆案例的极小部分，会让员工们觉得自己是没什么机会的，甚至会有人觉得唯一一个普通员工的标杆也是拿出来做戏的，这样的标杆就起不到什么作用。

有效标杆的五大原则

关于正确地树立标杆，有几个原则：代表性、可学性、针对性、传播性、真实性。

一是代表性。选择的案例一定要能代表最广大员工，就像前文那个案例所说的，如果选出的标杆只代表了部分人，脱离全体员工，那么这样的标杆毫无意义。为什么我们要宣扬雷锋精神、王进喜精神、焦裕禄精神？因为雷锋是中国百万士兵中的一个普通战士，王进喜是一位普普通通的工人，焦裕禄是中国数千个县里一个贫困县的县长。我们把能代表绝大多数人的人物、事迹选出来做标杆，才有普适意义。作为企业，要学会发现员工中的标杆，让猛士发于士卒。作为管理者，要把员工推向舞台，将自己留在幕后。

二是可学性。代表性会连带另一个特性——可学性，也就是选择的案例是大多数人用心、努力就可以做到的，会让大家感觉到"我也可以，我也能做到"，如此才是有价值的。当然，这不代表有些有难度的事迹就不奖励了，而是要根据我们的业务现状分配好比例。比如"感动中国"年度人物，既有研究高精尖技术的科学家，也有在一线赴汤蹈火的消防员；既有为国征战、斩获金牌的运动员，也有在田间地头默默耕耘的农业人员。这些不同行业、不同工作的标杆都是在激励不同人群奋发向上。

三是针对性。树标杆的一个核心是企业想奖励什么。企业在不同发展阶段会有不同的攻坚任务，这就需要激励人们往不同的方向去尝试，所以我们在不同阶段选择的标杆也要有所不同。想要什么，就要奖励什么；不想要什么，就要惩罚什么。

像在阿里早期，客户对我们没有什么认知，当时最难的就是打开市场，所以我们奖励的标杆以销售冠军居多。为此还特地成立了一个"百万精英俱乐部"，将年销售额过百万元的销售精英们组织在一起，而号称"阿里巴巴许文强"的贺学友就是其中名气最大的一个。老贺是中学毕业，进阿里之前做过十几份工作，但一直觉得没有实现自己的人生价值。后来他进了阿里，第一年没有成为销售冠军，他很郁闷，并且给自己定了一个比较高的目标，暗暗写了很多计划。刚好年会的时候碰到马云，他就跟马云打赌说："我一个月要做120万元，一年就要做1440万元。"因为他认为一个人的成就是不会超过他的目标的，所以要给自己定一个高目标。

这个目标把大家都吓坏了，因为那时候人均业绩一年只有五六十万元。突然有人一下子把目标拉高30倍，大家都觉得不可能达到。于是马云就回复他："我要求不高，我只要求你一天做到1万元，也就是365天能够做到365万元，同时你的续签率不得低于80%。"因为中供是一个续费产品，客户的续签非常重要。两个人定下赌约，如果都达到了，马云请老贺在全球任何一个地方吃饭。但如果有一条没达到，老贺就要在冬天去西湖里游泳。到了第二年结果出来，老贺的销售业绩达到了600万元，但续签率没有达到80%。就在年底大冬天的时候，老贺履行了赌约，他的主管也陪他一起。虽然他没有赢得赌约，但他的业绩创了新高，并且带动了整个公司的业务氛围，从那年开始，百万经营俱乐部开始批量地进人，公司的业绩也越来越好，市场被打开了。

后来我到了淘宝，我们的核心是创新，在eBay的围追堵截下生存下去。令人想不到的是，一名保安成了这一阶段的标杆。那个时候，eBay用高价买断了国内的主流网站，不允许他们给淘宝做广告。这对于一个电商网站而言无疑是致命打击，因为这几个主流网站是国内的流量聚集地，而没有流量，淘宝就无法被用户看到，更不用谈使用了，所以我们每天都在想如何做推广。这时候，有名保安经常在运营团队身边，知道我们在苦恼什么事情。有一天我们还在苦恼，他就过来说这有什么难，还给我们提了几个建议，比如主流网站不能用，可以去小网站，主页广告不能用，可以用小屏广告。这一下就解了我们的难题。经过测试，这两个方法非常行得通，带来巨大流量，而且价格很便宜。受这个想法的启发，我们还开辟了线下广告，与eBay完全错开竞争战场。这名保安的建议可谓为淘宝的发展起到了巨大作用，后来他也转岗做了运营，一直做到运营总监。这就是淘宝在求创新阶段的一个标杆，而且是我们身边真真切切发生的事情，所以能够无数次激励我们。我们都很平凡，但是平凡人在一起可以做非凡的事情。这就是标杆的作用。

之后又出现了"最美妈妈吴菊萍"，这个时候阿里已经很大了，不仅是一个商业公司，还是社会生态的重要参与者。所以阿里不仅承担了商业责任，还要承担社会责任。吴菊萍的案例就让我们看到了如何去承担社会责任，我们虽然不要求所有员工像吴菊萍一样不顾自己的安危，但希望大家学习她身上向上向善的力量。

四是传播性。我们选择的案例要容易传播，能够通过很多渠道让它传播出去。同时，对于可以宣传的案例，我们要加工一下，加工不是夸大，而是整理好宣传素材，图文并茂，让大家一听就知道这是件什么事情，值得学习的地方在哪里，不能让大家看了半天都看不懂。比如 Savio 会给我们的标杆写一首打油诗，非常用心地把每个人的名字、做了什么事情、有什么特点放在里面，所以有不少人冲刺标杆不是为了物质奖励，而是为了能够让 Savio 给他写一首诗。

诚信通的朱丽青是当时销售业绩特别棒的员工之一，也是百万精英俱乐部的成员，当她成为标杆后，Savio 给她写了一首诗：

朱颜只羡孔雀屏，丽月无光鸟不鸣。

青松高柏惟乔木，长春默默变不惊。

这首诗歌读来感觉很有意境，也很美，不仅通过藏头的方式把朱丽青的名字放到了里边，细细品味，还能了解到诗里主人公正直坚韧的品格。朱丽青当时带一个销售小团队，每次和团队成员分享这首诗时，她都会感叹文化的魅力和价值观的力量，以及 Savio 和公司通过这种特殊方式传递给她的正能量。她现在还会经常回忆这首诗歌，还把它装裱之后放在家里，以此激励自己和女儿不断进步。

对于加入百万精英俱乐部的员工，公司会把其中每个人的事迹做成册子发给所有的销售学习，让大家都能看到做得好的人是什么样的，是怎么做到的。

所以，管理层和"政委"在日常工作中要留下记录，每次会议、活动都可以拍一些照片、视频，这样以后做传播的时候就有最原始的素材了，原始素材的传播力是非常强的。

五是真实性。案例一定要真实，千万不要去虚构，因为只有真实才有最本质的力量，虚的东西是经不起时间的考验的。

聚心聚力，释放可能

到这里，文化落地的前五个步骤已经走完了。诠释解读让大家明白文化是什么，行为准则让大家知道怎么做，制度保障和层层宣导让文化融入经营、融入人心，树立标杆让好的案例被发现、被推广，从而不断激发新的标杆出现，让文化生态繁衍壮大。做完这些之后，我们就会发现文化体系已经初步成形了，再经过一段时间，随着组织往前走，我们就会发现大家有了共同的基因，接下来就要用时间去将它发扬光大。

马云说的一段话我特别喜欢，一直放在我的工作笔记里，它一直陪伴着我，在此分享给大家：

> 我们想和大家一起建立一家中国人创办的世界上最伟大的公司，这个公司至少能持续102年，横跨三个世纪。希望大家在这样的一家公司工作，能够感觉到自己畅快地走在透明的蓝天下，愉快地走在坚实的大地上；能够感觉到蔚蓝的、流动的大海带给你的胸怀，又宛如在绿色的、充满氧气的森林里呼吸。这样的一家公司在互联网激烈的竞争面前富有战斗力、执行力，业绩不断增长，规模不断扩大，在"让天下没有难做的生意"这一使命的感召下不断地为社会创造价值。
>
> 而这样的一家公司没有优秀的员工是不可能建成的，我们的"六脉神剑"是所有阿里巴巴人共同尊重的价值观、人生观。她来源于人性最美、最善良的一面，也必能激发人性最美、最善良的一面，为整个社会所接受和认可；她能帮助我们选拔、培养、塑造世界上最优秀的员工，在这样的准则下成长起来的员工，一方面是社会上人人尊重的好公民，一方面是我们企业追求卓越的生力军。因此，我们将旗帜鲜明并且活色生香地推广我们大家尊重的价值观，为了我们的终极使命和愿景目标贡献我们大家的全部智慧！

这段话陪伴了我十几年，每次读来我都有非常真切的感受。其实早在加入阿里前，我就在火车杂志上知道阿里这家公司，就被阿里的氛围、价值观吸引。我当时已经在一家非常不错的公司担任管理者，但还是选择离职并加入阿里，从一个管理者重新变成一线员工。进去之后，我发现跟我一样选择的人不在少数，还有人放弃上万元的月薪到阿里拿一千多元的月薪。当时我也并不知道自己能待多久，我想待个几年应该没问题。结果没想到，一年又一年，一待就是十几年，但是每年都感觉像新的生命一样。所以我觉得我加入这家公司就是被它的使命、愿景、价值观所感召的。

伟大的公司背后都有一个伟大的组织，伟大的组织背后都有一个伟大的企业文化！

企业文化的外在形象多种多样，但是它的底层其实都是两个词：向上、向善。所有好的企业文化，最后激发的都是我们人性当中最善、最美、最真实的那一部分。这也是企业文化的真谛，让善良释放，让美好发生。

复盘迭代，历久弥新

文化落地"虚事实干"做到第五步，企业文化就基本成形了，但是基本成形是不够的。历史在前进，市场在变化，企业需要不断进步，我们也需要阶段性地去复盘优化已有的企业文化，使它跟上企业发展和市场变化的节奏。本节分享文化落地"虚事实干六部曲"的第六步：复盘优化。

优化是日常性动作，应用于企业的核心业务没有发生大的变化、文化与业务没有大的脱钩时。我们通过文化的复盘优化，时刻关注大家的践行方向对不对，力度有没有到位，有什么好的方法与案例，需不需要调整。

复盘优化的方法

周期性复盘

所谓周期性复盘，就是在固定的时间段做固定的优化动作，我总结了一句话：一周一宣讲，一月一总结，一季一考核，半年一回顾，N年一迭代。

一周一宣讲，就是每周在周会上都讲解最新发生的价值观案例，对好的案例做出表扬，对不好的案例予以警告，给大家解读为什么做出这样的评定。我们有一个新消费领域的企业客户，他们固定每周三下午开全公司的周会。周会上的第一件事就是由CEO讲解上周发生的价值观案例，讲完之后再进行业务的复盘。把文化放在业务的前面，所以员工知道文化的重要性，都比较遵循文化价值观，无论是内部协同还是对外服务客户，质量和效率都很高。即使在疫情期间，他们的业绩也在翻倍增长。

每月一总结，就是每个月都将团队里发生的价值观案例进行总结：好的案例是如何产生的，能不能提出可复制的经验，让好的案例继续发生；不好的案例是如何产生的，能不能通过机制流程去规避。这些都要总结，形成新的方案。

一季一考核，即每一季度做绩效考核，做业绩和价值观的共同考核，这在"虚事实干六部曲"的第三步"制度保障"里有详细的分享，在此就不再多说。

半年一回顾，指在一般公司每半年一次的战略复盘会之前开文化复盘会。通过文化复盘回顾企业的初心，回顾企业的使命、愿景、价值观，企业从何而来，向何而去。这样可以避免企业制定的战略跟企业的使命、愿景脱钩。而在文化复盘会中，要通过最新的案例与业务场景，来看文化的诠释解读需不需要重新修改，行为准则需不需要进行调整，案例要不要扩充更换，落地制度要不要更新，也就是对文化落地的前五步都要进行复盘，让看似"虚"的文化与实际业务保持同频。

像这样每周、每月、每季度、每半年周而复始地循环，最后N年一迭代（文化的迭代升级在后面章节会做分享）。

管理者践行

文化落地的根本在于管理者以身作则。所以，我们会重点关注管理者是如何践行公司文化的。讲得再好，管理者没有以身作则，一切都会归于零。对于高管及一些核心管理层，可以进行"360°访谈"，通过他的上级、下级、平级的视角去看这个管理者做得怎么样，比如他日常如何带团队、如何协同工作、如何培养接班人等。对于优秀的管理案例，也要在高管中进行分享和传播。通过关注和访谈，自上而下地进行复盘，推进价值观的优化。如果发现做错了，或是做得不到位，要及时去纠正。对管理者的放纵就是对公司的荼毒。

文化复盘优化的方法见图 4-4。

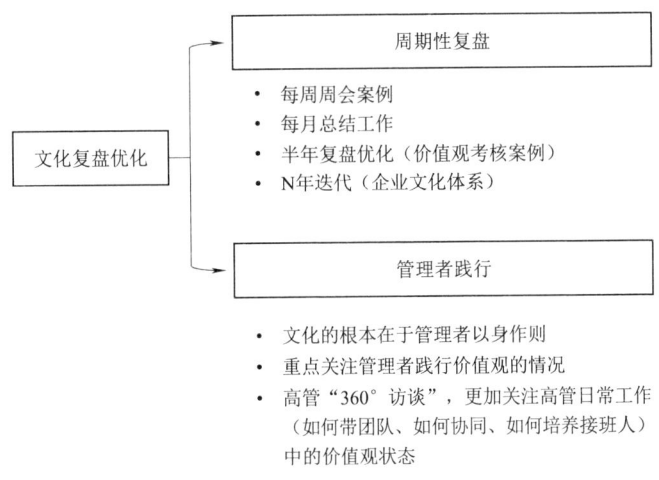

```
                          ┌─────────────────────────┐
                       ┌─▶│       周期性复盘          │
                       │  └─────────────────────────┘
                       │   • 每周周会案例
                       │   • 每月总结工作
┌──────────┐           │   • 半年复盘优化（价值观考核案例）
│ 文化复盘优化 ├──────────┤   • N年迭代（企业文化体系）
└──────────┘           │
                       │  ┌─────────────────────────┐
                       └─▶│       管理者践行          │
                          └─────────────────────────┘
                           • 文化的根本在于管理者以身作则
                           • 重点关注管理者践行价值观的情况
                           • 高管"360°访谈"，更加关注高管日常工作
                             （如何带团队、如何协同、如何培养接班人）
                             中的价值观状态
```

图 4-4　文化复盘优化的两个方法

复盘优化的步骤

从文化的提炼、落地、复盘到迭代，形成一个完整的文化体系，任何一个环节都是不可或缺的。复盘时可以参考以下四个步骤（见图 4-5）。

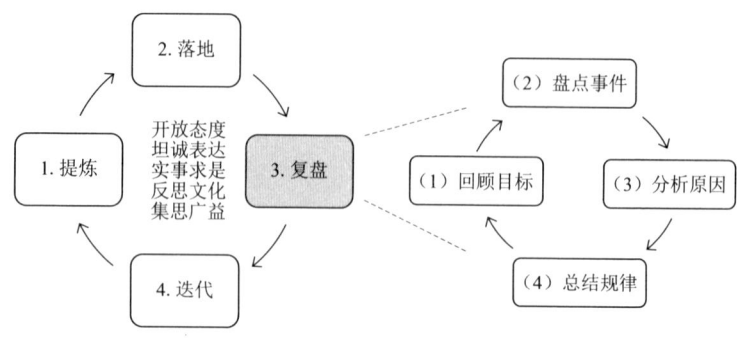

图 4-5　复盘的四个步骤

首先要回顾目标。对既定目标和已有结果进行回顾，从大目标到拆解后的小目标，一一对照，看得到的结果是否达成目标期望。文化落地是一个过程，每个阶段都会有每个阶段的目标，是先形成文化，还是让大家有初步的认知，或是要建立一些文化落地的制度，都是目标。所以我们要先回顾一下目标，看一下我们有没有达到这个目标。

其次是盘点事件。不论结果是超出期望还是满足期望，甚至未满足期望，都需要基于真实的事件进行盘点，一个个摊开来看。比如某个销售人员的季度 KPI 完成得特别出色，那么我们就要盘点在考核期间该销售遇到了怎样的客户或事件，他又是怎么在过程中践行企业价值观的，或者在原有价值观的基础上有没有更高维度的践行，这些事件都可以逐个被盘点记录下来。

再次是分析原因。我们需要分析事件背后的原因，比如超额完成 KPI 的事件背后，是员工解决了怎么找到优质客户的问题，还是他在工作过程中有一些比常人更为努力和更具韧性的方式方法。同样，如果得到员工未满足期望的复盘结果，我们也要分析出现这个结果的原因，是员工个人的问题，还是组织出现了问题。如果是员工的问题，那我们就要继续分析这样的问题是否只是个例，如果是个例，我们应该怎么解决，如果是员工群体的常态化情况，我们又该怎么解决，是从制度或流程层面去规范，还是从文化层面去化解和宣导。

最后是总结规律。在分析出原因后，不论分析得到的结果如何，对文化复盘来说都是极为宝贵的，因为我们需要的是进行归纳总结，有则改之，无则加勉。善于以结果为导向总结因果规律，继续沿用能产生正面意义的人或方式方法，对于起到负面作用的人或方法要及时解决或改进。

对于价值观的复盘优化，Savio 分享说："很多人问我为什么阿里巴巴的价值观能够持续这么久，我想就是因为我们每三个月都会告诉大家，他在价值观方面做得怎么样，而且不只是问同学，所有的主管都会被问同样的问题。"

第五章
破与立：企业生生不息的不二秘诀

企业生命周期的第三个阶段叫作成熟期，成熟期的企业已经处于行业的领导地位，组织体系、管理理念都趋于成熟。但这也是企业最需要警惕的时候，如果企业沉溺于繁荣与安逸，停止自我进化与迭代，那么企业就会趋于骄傲、保守与自负。或是被市场竞争的旋涡裹挟，为了外部竞争而搞"军备竞赛"，在竞赛中忘记了客户价值和初心。如果不及时醒悟，企业就很容易陷入僵化与衰退。

在商业史上，不少企业都经历过这样的阶段，在成熟期停下脚步，忘记初心，无序竞争，其中有一些企业没有及时醒悟，最终倒闭关门。企业要想避免僵化衰退，实现生生不息，就需要自我变革,大破大立,做自己的破壁人。本章我们将以阿里2011年的危机与新生为例,分享成熟期企业文化是如何做迭代与升级的。

文化涅槃：阿里巴巴的破与立

> 每一个人、每一个组织乃至每一个社会，在达到某一个点时，都应该点击刷新——重新注入活力、重新激发生命力、重新组织并重新思考自己存在的意义。
>
> —— 微软 CEO 萨提亚·纳德拉

经过十几年的蓬勃发展，互联网行业已经进入新的篇章。中国互联网行业从一个看不见、看不清的边缘行业，成为国民经济的重要部分，构建出经济发展的新秩序。在这场变革之中，创业健儿们依托个人的聪明才智、勤奋坚韧，在不同的领域内打怪升级，经历高光低谷，胜出者变成了可以左右某个领域发展的重要力量。在 2010 年左右这个时间段，各个领域相继角逐出胜者，这些胜出者确认本领域内没有主要威胁者之后，不约而同地将目光转向其他领域的胜出者，当他们的目光交织在一起时，一场最后的问鼎之战似乎一触即发。

此时的阿里已经成立 11 年，从初生牛犊成长为互联网巨头。淘宝每天可以创造近 20 亿元的交易流水，占据中国 C2C 市场 80% 以上的市场份额；除此之外，还有每天十数万人次的外贸商在阿里的平台上寻找全球买家。在电子商务领域，阿里已经成为毫无争议的霸主，似乎已经完成了阶段性使命，那么下一个阶段的任务是什么？在阿里 2010 年的第一次组织部大会上，阿里巴巴集团战略总参谋长曾鸣教授正式提出了阿里的新使命：促进"开放、透明、分享、责任"的新商业文明。在新的使命下，阿里巴巴就不只是一个商业发展的推动者，而是一个以重塑商业价值观为使命的新商业秩序构建者，格局上似乎高了一个量级。但今天我们都知道，阿里后来又将使命改回了"让天下没有难做的生意"，这是为什么呢？这也是本章要讨论的内容之一。

回到当时的具体经营上，阿里的第一个"本命年"将至，阿里的高管们也知道未来一年必然是充满坎坷与痛苦的，事后来看，的确是这样，困难和痛苦超过了所有人的预想。与 2007 年在商业上的迷茫不同，这一次是内心与灵魂上的痛苦。

"从来没想过会这么痛，这么苦。我其实已经有预感，本命年麻烦多，但我没想到会有这么多。"马云后来回忆说。

黑名单事件

如果把阿里比作一个家庭，各个业务比作家里的孩子，那么 B2B 就是家里的老大哥。老大哥无疑过得很辛苦，从诞生之日起就要肩负着养活家庭的责任。而随着淘宝、支付宝的出生，B2B 又要承担让这两个业务发展起来的任务。多年以来，老大哥辛苦打拼，供养家庭，家庭越来越好，弟妹也逐渐成才，但自己的青春却被耽误，错过了最佳的转型期。与其说 B2B 是老大哥，不如说是奶牛，不停地用奶水哺育淘宝和支付宝的成长。在外界看来，也许阿里的 B2B 是互联网业务，但从内部看，靠销售驱动的 B2B 无疑是劳动密集型业务。B2B 要提升业绩，要么加人数、扩区域，要么提升人均产能，增长都是线性的，做不到纯互联网企业的非线性增长，B2B 的未来空间基本看得到头。

2006 年，时任 B2B 总裁卫哲曾与马云交谈，希望能给 B2B 一些时间，进行商业模式的转型，以谋求更广阔的未来。但此时处于上市前夕的 B2B，已经没有时间了。面对股东、员工的财务期望，淘宝、支付宝发展的资金缺口，B2B 唯有上市才能解决这些问题。但上市之后，就更没有时间和机会转型了，因为转型必然会带来波动，波动很可能会让股价动荡，没人能承受这种后果。B2B 唯有狂奔。

既然不能在商业模式上变革，那就只能在业务模式上改变。此前中供的盈利模式一直是以收取会员费为主，营收来源单一。于是中供把会员费从 4 万元降到了 19 800 元，从而提高客户数，然后推出一系列增值服务，通过增值服务增加营业收入。这些举措从数字上取得了非常好的成果，到 2010 年，中供的会员数达到了 12.1 万，相较于上市时增长了三四倍，增值服务也成为营收的主要构成部分。但在高速增长的背后，隐患也在发生。

与高速增长的卖家数相比，买家数增长相对缓慢，已经越发跟不上，而且质量也逐渐下滑，如此卖家通过中供获得有效客户越来越难，卖家使用中供赚不到钱了，就会心生不满，直接结果就是续签率下滑 10% 以上。内部员工也开始自我怀疑：中供真的能帮到客户吗？

比客户续签率下滑更严重的问题是开始出现骗子卖家。会员费下降后，只需要 2 万元左右就可以用上中供产品，从而获得数万甚至数十万美元货款的机会。金钱的味道很快吸引了一群鲨鱼般的骗子组织，他们有组织、有计划地行骗，即使是老销售员也不容易分辨真假。

但这并没有引起管理团队的高度警觉，因团队每天要忙于业绩增长，对于偶有发现的案例也当作个例处理，将当事销售员开除，上级管理者降级，并没有做系统性的治理。但这种"毒"业绩增长的背后是客户的真实利益受损，于是客户端爆出的问题越来越多。2010 年底，联合创始人蒋芳被调入中供管理诚信安全。2011 年 1 月，蒋芳在邮件中提到了最近观察到的事件。

> ……2010 年跑来投诉中供是骗子的买家每个月比 2008 年翻了 20 倍！还查到有些销售，一个人就签进来好几十家骗子公司，甚至还一手拿公司的佣金，一手拿骗子的贿赂！真是太气人了！现在我特庆幸公司调我来管这个业务，当年大家好不容易做起来的事业，即使炸掉也不能毁在一帮骗子手里！现在每天组织同事查案子、关账号，想各种办法堵漏洞，干得很带劲……

这封邮件引起了马云的高度重视，随即打电话询问情况，了解到已经清退了 2000 多个涉及欺诈的客户，但马云对此并不满意。4 天后，阿里 B2B 公司董事会委派已经退隐的 Savio 成立调查组，并将此事件定义为"非常严重"。那个春节，无论是马云还是卫哲，都不好过，都在痛苦与纠结中度过。

新春之后，经过 20 天的调查，最终结果出来了：除却不法分子组团式诈骗，还涉及内外勾结，约有 100 多名销售及管理人员直接参与了与不法分子的交易，另外还有数百名知情不报的员工。这是严重的系统问题，公司一直担心价值观被稀释，噩梦成真。

这一事件被称为"黑名单事件"，即使事件背后是有组织的集体犯罪行为，但阿里内部依然做了严厉的处罚。最后引发两名高管离职，一名高管降职，数十名管理层人员或开除，或降职，或降级，处罚的严厉程度在当时的中国互联网行业堪称第一。

淘宝之殇

老大 B2B 过得不好，老二淘宝也好不到哪里去，2011 年对于淘宝来说是一个大坎。

2011 年 2 月和 4 月，美国贸易代表办公室、《焦点访谈》栏目先后指出淘宝知假售假，纵容商家违法销售外贸原单货物，没有在交易过程中承担应尽的责任和义务等，引起各界巨大反响。

同年9月，又爆发"1元门"事件（2011年9月1日，在淘宝网开设的团购当中，大量卖家的商品价格被误操作为1元钱，因为数量较多，如果卖家正常发货，将损失数百元到数百万元不等，该事件被称为"1元门"），因为处理不当，引起巨大的舆论反响。接连出现的负面事件让淘宝的声誉一落再落，但真正的致命一击是2011年10月，"十月围城"事件爆发。

2011年10月10日，为了解决假货问题，淘宝商城宣布正式升级商家管理系统，加大了对商家违规行为的惩罚，提高了消费者买到假货后所能获得的赔偿金。同时商家要缴纳的技术服务费、保证金都有较大程度提高，最高涨幅达10余倍。保证金直接进入消费者保障基金，商家一旦违约，将直接被扣除。

此举的目的也许是好的，淘宝希望能够通过这次升级提高卖家门槛，降低假货率，提升消费者体验。但对于卖家来说，感受完全不同。一直以来，淘宝在交易过程中是偏向买家的。即使出现明显的恶意拍货行为，规则也是有利于买家的情况较多，这就会导致卖家因为不良买家恶意购买产生不同比例的亏损。而技术服务费、保证金等费用的提升也让不少小卖家压力陡增。秋冬季是网上零售的热季，很多中小卖家都囤积了大量的货，手上只留有少量的流动资金。突然增加这十几万元的保证金，等于截断了这些中小卖家的现金流，钱都用来缴费了，用什么来经营呢？卖家的经营计划被打乱，甚至有不少卖家陷入了破产的边缘。

与之后以B2C业务为主不同，早期的淘宝业务多是C2C，个人卖家占主体。这些个人卖家本钱少，抗风险能力弱，绝大多数是二三十岁的年轻人，以微薄的资本和 24 小时服务的精神，做着小生意。多年来他们像蚂蚁一样靠着自己的勤奋在平台经营，在赚取微薄利润的同时带动了淘宝的繁荣发展。淘宝突然改变规则，一瞬间击破了中小卖家的心理防线，他们感受到了"背叛"，愤怒的情绪在小卖家中酝酿。

当天晚上，在 YY 的一个语音频道里，中小卖家们开始聚集，最多的时候拥进了 7 万多人，大家在频道里诉说这些年的艰辛。不满、委屈和愤怒，像海啸一样被唤起，直到哭声开始，情绪到达了高潮。突然有人提议"以暴易暴"，一个名为"反淘宝联盟"的民间组织自发成立。10 月 11 日晚上，一些大卖家商铺突然涌进了大量的"顾客"，拍下了大量订单，当商家们正疑惑要不要发货时，他们发现刚刚付款的"亲"已经在"申请退款"，一时间，淘宝网交易系统大乱。激烈的抗议还发生在线下世界。数以百计的人赶到杭州的淘宝总部，高举标语，点燃蜡烛，漏夜静坐，并声称要组织抗议大游行。

面对网友们的行为，次日淘宝商城总裁张勇表示："对互联网暴力，对恶意攻击其他商家的行为，我们不会容忍，也绝不会因为这个而妥协。"态度很坚决。同样，网友们的回复也很坚决："既然淘宝商城不准备改变规则，那么'反淘宝联盟'的活动也将会一直持续下去，直到淘宝商城取消之前的规则修改。"事件继续升级，直到惊动了商务部。在商务部的调停下，10 月 17 日，淘宝调整了新规，延后了规则的执行时间，并拿出 26 亿元为中小商家提供各项支持，助力卖家发展，从而提高消费者的消费体验。至此，事件才初步告一段落。

从时代背景来看，经过三十年改革开放，此时中国人民富裕起来，在消费上从追求低价开始转向追求性价比，那么由品牌方供货的 B2C 模式自然会逐渐取代由小卖家供货的 C2C 模式，淘宝的调整也是为了提升卖家质量，初心是好的，但在执行过程中却忽略了在过去十年中与淘宝繁荣与共的广大中小卖家的利益诉求。此外，多年以来，阿里的底层商业逻辑是做基础设施、做平台，然后吸引从业者在平台上发展，从而收取一定的服务费，这一生态型的商业模式无疑是有吸引力的。但是"天行有常，不为尧存，不为桀亡"，生态是客观公允的，没有私心的，而以盈利为核心的企业在制定规则制度的时候是否也能一样公允、不带入自己的私心？阿里发展至今，平台上承载了如此大量级的商业交易，随便做出一个商业决策，都可能影响上百万人的生计，甚至动摇整个行业的稳定性。这样的压力对任何一家公司来说都不容忽视。

事件到此告一段落，但中小卖家的未来走向何方，淘宝未来走向何方，都是个问号。至少在"十月围城"中，没有一方是赢家。

在痛苦中反思，在反思中寻找，在寻找中突破

此时，国内互联网行业正处于竞争白热化的状态。2010 年

腾讯与360爆发的著名的"3Q大战"就是典型事件，双方以自己的客户数量为基础，互相攻击、互断财路，最终闹到工业和信息化部出面调停才结束。而阿里也面临着这样的局面：在外部，京东、凡客、当当等新平台的崛起对淘宝产生了威胁；而淘宝生态内的竞争也在加剧，流量成本水涨船高，淘宝头部卖家"出淘"蔚然成风。阿里内部出现一种声音：未来淘宝会不会输掉电商之争？为了不输掉"军备竞赛"，B2B一路狂奔爆发了"黑名单事件"；为了不输掉"军备竞赛"，淘宝加速转型引发了"十月围城"。

《阿里局2》中有过一段描述，"中供的人、事、物的背景一直都是战场，在以战队自称、排名、口号、PK的氛围下"，中供没有意识到已经过于关注业绩。

其实早些时候，创始人马云已经有察觉，无论是淘宝还是整个阿里，在内外部竞争的裹挟下，都隐隐有势头成为一个商业帝国而不是生态系统，再这么下去，一定会有问题。但从察觉到改变，需要一些时间，命运没有给阿里这段时间。B2B的"黑名单事件"、淘宝的"十月围城"，再加上同年发生的支付宝股权之争，一个个重大事件就像拳头一样挥向阿里，挥向她的躯体，挥向她的内心，挥向她的灵魂。阿里到底怎么了？为什么我们一直奉行客户第一的价值观，却走到了今天这个样子？阿里在思考。

著名财经作家吴晓波曾说："商业是一场总是可以被量化的智力游戏，商业是一场与自己的欲望进行搏斗的精神游戏，但归根到底，商业是一场有节制的游戏。所有的天意或宿命，其实都是企业家性格的投射。在这多事之秋扛过至暗时刻，王者必将君临。"在痛苦中反思，在反思中寻找，在寻找中突破，这大概是2011年阿里的真实写照。经历过痛苦煎熬的阿里和创始人马云此刻开始回归，回归最初的本心，回归最初的梦想。

2012年，阿里将使命改回"让天下没有难做的生意"。相比于"促进'开放、透明、分享、责任'的新商业文明'"而言，"让天下没有难做的生意"从字面上看没有那么高大上，要"土"得多，但就是因为"土"，所以它才接地气，才具有生命力，所有人一听都明了。阿里所一直服务的中小卖家关心的只有一件事：生意到底好不好做，能不能做。使命可以宏大，可以高远，但一定要贴近客户，如果客户对你的使命不能一听就明白，一听就兴奋，那这个使命大概是你的自嗨。因为使命要感召伙伴一起同行，伙伴包括内部的同事与外部的客户。在过去十几年的发展中，"让天下没有难做的生意"感召了许许多多勤奋、敢于创新挑战的人加入这个平台，大家齐心协力才有了今天的阿里。

所以经历过本命年的痛与劫，阿里开始了"不做帝国，做生态"的使命回归。对此，马云后来回忆说："很多年来，我一直坚信：我们不能做'帝国'，我们要做的是'生态系统'。任何一个'帝国'都有倒台的时候，但'生态系统'基本上是可以生生不息的，如果我们不破坏这个'生态系统'的话。一个'生态系统'有春夏秋冬，就像非洲草原有旱季和雨季，只要是个生命，就有生长、成长、发展、繁育和重新恢复的过程。说到我们这个生态系统的'爆发点'，我觉得不如这样理解：重要的不是我们能从这个'生态系统'里赚多少钱，而是这个'生态系统'里面的企业能在这里挣多少钱，因为只有它们挣得越多，我们才越有机会挣钱……阿里巴巴的使命决定了公司不会成为一家商业帝国。我们坚信只有打造一个开放、协同、繁荣的商业生态系统，令生态系统的成员有能力充分参与其中，才能真正帮助到我们的客户，也就是小微企业和消费者。作为这一生态系统的运营者和服务者，我们倾注了我们所有的心血、时间和精力，用以保障和推动这个生态系统及其参与者更加蓬勃发展。我们取得成功的唯一方法是让我们的客户、我们的合作伙伴成功。"

要调整，就要先从内部调整，只有把内部生态系统建设好，才能建设好外部的生态系统。随着使命的调整，一系列的组织变革也在同步发生。

组织拆分

在互联网的冲击下，市场变得更复杂多变，大军团进攻的模式有些跟不上时代，必须进行组织拆分，进行小单元作战，才能充分发挥组织的灵活性，让组织更加敏捷。在2011年的时候，淘宝就先行做了"一拆三"的拆分尝试，将淘宝拆成淘宝集市、一淘和淘宝商城，分别服务不同的客户。2012年，阿里先是耗资近200亿港元将B2B进行私有化，从港股退市，离开资本市场，进行商业转型升级，后又将六家子公司拆成七大事业群

（见图5-1），俗称"七剑下天山"。

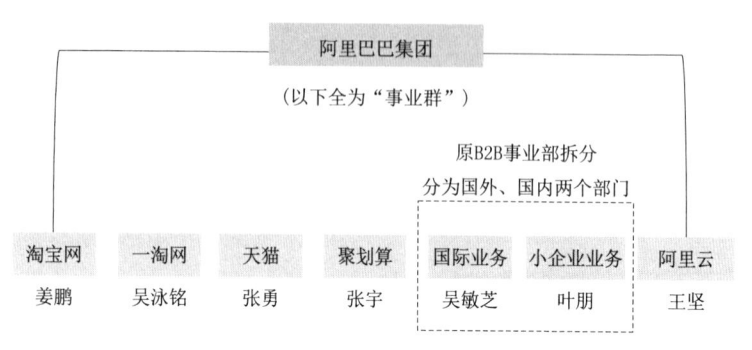

```
                        阿里巴巴集团
                      （以下全为"事业群"）
                              原B2B事业部拆分
                              分为国外、国内两个部门
                              ┌─────────────┐
  淘宝网   一淘网   天猫   聚划算  │国际业务  小企业业务│  阿里云
  姜鹏    吴泳铭   张勇   张宇   │吴敏芝    叶朋   │  王坚
                              └─────────────┘
```

图5-1　2013年的阿里七大事业群及负责人

2013年，七大事业群又被拆分成25个事业部（见图5-2），事业部之间彼此赛马。这次组织拆分被马云称为"阿里成立13年来最艰难的一次组织变革"。当然，这是有重大意义的，只有这么大规模的自我变革，才能重新激发组织内生力，才能应对剧烈的外部竞争以及即将崛起的移动互联网。在调整中，资源被重新分配，更多的机会出现了，年轻的管理层得到提拔和训练，建立起比较丰富的人才储备，应对未来的竞争。

当一个组织发展到一定规模之后，管理内耗就会大幅度增加，组织创新力就会降低，对市场的敏感性、对客户的服务效率都会下降。所以，组织分化是组织发展到一定程度后的必然结果。2023年，阿里进行的"1+6+N"组织结构调整依然是这一思路、趋势的应用。

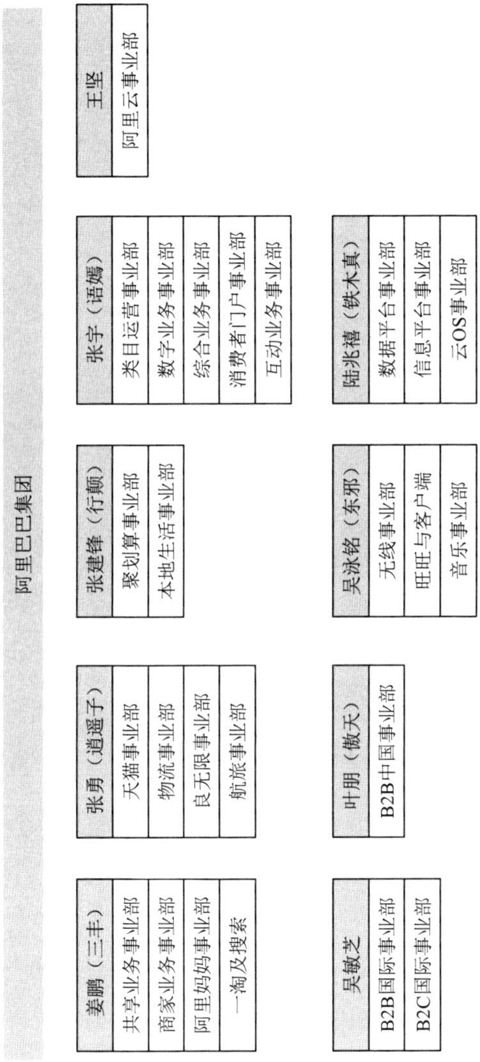

阿里巴巴集团

王坚
- 阿里云事业部

张宇（语嫣）
- 类目运营事业部
- 数字业务事业部
- 综合业务事业部
- 消费者门户事业部
- 互动业务事业部

张建锋（行颠）
- 聚划算事业部
- 本地生活事业部

张勇（逍遥子）
- 天猫事业部
- 物流事业部
- 良无限事业部
- 航旅事业部

姜鹏（三丰）
- 共享业务事业部
- 商家业务事业部
- 阿里妈妈事业部
- 一淘及搜索

昝兆禧（铁木真）
- 数据平台事业部
- 信息平台事业部
- 云OS事业部

吴泳铭（东邪）
- 无线事业部
- 旺旺与客户端
- 音乐事业部

叶朋（傲天）
- B2B中国事业部

吴敏芝
- B2B国际事业部
- B2C国际事业部

图 5-2 阿里继续拆分后的 25 个事业部

第五章 破与立：企业生生不息的不二秘诀

指标调整

在商业竞争下，淘宝长期处在一个以 GMV（商品交易总额）为导向的目标管理中，在业绩高压下，淘宝的生态环境逐渐趋于不健康。2012 年，马云提出"双百万目标"，即三年之内，淘宝上要有 100 万卖家年营业额超过 100 万元。双百万目标倒逼淘宝调整流量分发模式，加强搜索管理，让小卖家也能被看见，从而帮助和扶持小卖家成长。

治理方法

做生态平台，就要用治理生态的方法来治理企业。经历过 2011 年的本命年之劫，以马云为核心的阿里管理团队深刻认识到阿里不只是一家营利性企业，还是一个社会性企业。阿里的规则会影响到无数家庭、企业的生活与生存，所以要用治理社会的模式来治理阿里。为此，阿里开始学习社会机构的治理模式。用"公民社会"原则，让商家、消费者参与到淘宝的生态规则建设中来，共同制定、维护平台规则，用以弥补淘系生态市场机制的缺陷。

在内部治理上也采取了同样的思路。阿里在 2010 年开始尝试合伙人制度，此时称之为湖畔合伙人。2013 年，在进一步学习了一些社会组织的建设制度之后，阿里在原有的合伙人制度基础上，设立战略决策委员会与战略执行委员会。战略执行委员会带领最年轻的一代，负责执行业务；战略决策委员会代表中间一代，负责战略管理；合伙人作为价值传承者和守护者，决定董事会成员等重大事项。如此不仅可以扩大议事参与范围，让不同职级的人都能得到锻炼，又能适度隔离大范围人事变动的副作用，还能让价值观传承下去，因为选拔合伙人最核心的标准就是价值观。

同年 5 月 10 日，马云正式卸任阿里巴巴 CEO 一职，退居二线，以降低创始人对企业的影响。2014 年，阿里重新在纳斯达克上市，合伙人制度作为阿里最高权力机构正式对外运行（为此，阿里巴巴放弃了在港股上市，因为港股要求同股同权，按照股份比例，阿里的合伙人就不能发挥决策能力）。上市当天股价上涨 38.07%，达到 93.89 美元，市值突破 2300 亿美元（约合 1.6 万亿元人民币），创下美国市场上有史以来按市值计算的最大 IPO（首次公开募股）交易。

而随着阿里的重新上市，"不做帝国，做生态"的调整也告一段落。调整是痛苦的，但正是这种痛苦，才能刺激组织的内生力，使组织再次焕发出新的动力与创业精神，迎接新的挑战。

企业的成败固然有很大部分是社会经济发展的外因造成的，但归根结底是经营者的素质所决定的，企业经营大多数是看自律性，而不是看他律性，所以创始人的天职就是要保持冷静和克制，时刻观察企业的发展有没有偏离航线。企业家要始终关注企业是否还在正确的航道上，是否还在做正确的事。

永远记得为什么上路，永远记得要去哪里。

文化的分蘖与破立

我们在上一节的案例里提到了阿里的本命年危机，以及通过回归初心的方式重新回到正轨上，同时也提到了企业发展的第三个阶段"成熟期"。企业的发展是变化的，经营重心也是不断变化的，相对应的文化体系也要及时迭代，与业务保持一致。旧地图找不到新大陆，落后的文化推不动业务的新发展，只有打破人的思维认知，才有能力去做业务上的跨越。就像我们在第一章第一节提到的那两个想要变革的企业，它们变革失败不是因为不会做业务，而是思想没拐弯，只重视业务的发展，而忽略了文化的建设与迭代。所以随着企业的发展，文化体系也要迭代。文化迭代根据场景的不同又可以分成两个部分：分蘖与破立。

文化分蘖，多元发展

分蘖是生物学名词，指的是一些植物在生长过程中进行的分枝现象。在组织的发展过程中，随着业务的多元化，组织也会进行分化，形成若干个子公司，这种现象我称之为组织的"分蘖"。

那么要让新业务、新组织存续下去，就要回到业务的支撑点，回到企业初始价值观，阿里叫作"客户第一"、华为叫作"以客户为中心"。不同的业务意味着我们要面对的是不同的客户，或是同一个客户的不同需求。业务特性发生变化，需要用不同的思维逻辑、不同的侧重点为客户提供服务。相应的人才结构和行为准则也会发生变化，最终，这个新组织会有新的味道、新的文化。文化是业务创新的支点，旧文化里跑不出新业务。

在杭州有很多消费品公司，前些年这些公司都想做同一种转型——转战"年轻人"市场。大家都觉得年轻人会消费冲动，购买力强，市场空间大，但有几个转型成功的？失败的核心原因不是能力不行，而是思维不行，不懂年轻人的文化。既不懂年轻人的流行梗，也不懂年轻人的行为追求，不知道什么是二次元，不知道什么是年轻人眼中的"美"，还是用老掉牙的审美与情绪去做，自然俘获不了年轻人的心。所以要搞定新业务，核心是要形成新文化。但新文化不是孤立的，而是要在集体的土壤里长出新的枝条，也就是文化"分蘖"。

以阿里为例，最早的一次子文化的衍生就发生在淘宝（见图5-3）。早期服务于个人和小卖家、以网络运营为核心业务的淘宝与服务于外贸商家、以地推为核心的B2B在业务模式上有天壤之别。如果淘宝没有做文化的衍变，还是用B2B的文化驱动业务，必定是死路一条。所以在经营淘宝的时候，我们形成了与B2B不同的文化。

比如B2B的战略业务目标和实施路径都比较明确，所以更强调纪律严明，强调勤奋、执行力，追求过程业绩。而淘宝成立的时候战略路径尚不明确，市场的大头已经被eBay占据，必须走一条截然不同的路。所以淘宝强调的是创新、好奇心，追求的是积极的变化，要与eBay走不同的路。

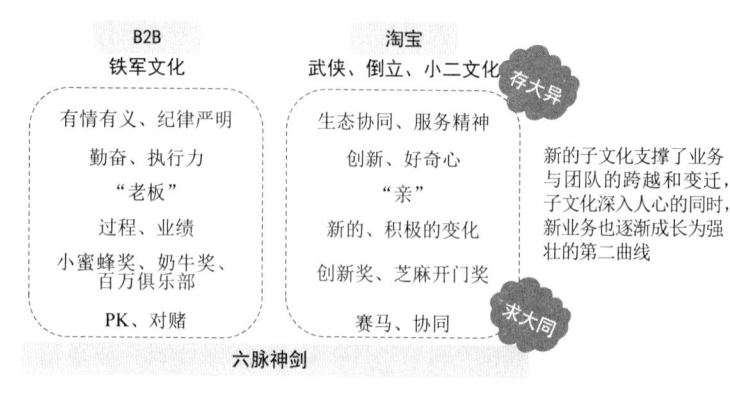

```
        B2B                    淘宝
      铁军文化          武侠、倒立、小二文化   存大异

   有情有义、纪律严明      生态协同、服务精神
      勤奋、执行力          创新、好奇心        新的子文化支撑了业务
        "老板"                "亲"            与团队的跨越和变迁，
        过程、业绩          新的、积极的变化    子文化深入人心的同时，
    小蜜蜂奖、奶牛奖、     创新奖、芝麻开门奖   新业务也逐渐成长为强
      百万俱乐部                               壮的第二曲线
      PK、对赌              赛马、协同        求大同

                        六脉神剑
```

图 5-3　淘宝子文化的衍生

对待客户也有所不同。B2B 的客户都是工厂的老板，希望得到尊重和面子，所以喊他们都是喊"老板"。而淘宝的客户都是个人买家、个人卖家，希望得到的是认同和亲切，所以都是叫"亲"。

奖励方式上，B2B 的奖励都是以业绩为核心的：小蜜蜂奖是奖励比较勤奋的、拜访量比较高的；奶牛奖是奖励业绩利润比较高的；百万俱乐部是指业绩过百万的。淘宝则奖励创新，芝麻开门奖是奖励给最具创新性的团队。

氛围上，B2B 是搞团队 PK、业绩对赌这些很直接的方式。淘宝则是搞赛马和协同。

这些让 B2B 和淘宝看起来是两家截然不同的公司，但两家公司不同的背后又有相同的东西，都追求客户第一，都信奉敬业、诚信，在"六脉神剑"这个底层价值观上是一致的。所以这是"存大同，求大异"，在底层上大同，在表达方法上大异。而就是因为淘宝建立了属于自己的子文化，才能支撑团队业务进行跨越，长出第二条曲线。

后来随着业务越来越多，蚂蚁金服、阿里云、菜鸟等业务相继出现，每个子公司业务有差别，文化痕迹不同，如果全部套用"六脉神剑"，文化在子公司很难落地。所以我们最后创新性地建立"子橙文化"，将各个公司的子文化与阿里整体的文化结合起来，既有整体性，又有特殊性。在子橙文化里，整个集团的"六脉神剑"作为橙心，而不同业务的橙肉、橙皮是不一样的（见图5-4、图5-5）。"六脉神剑"是大的基石，在这个基石上每个子公司有独立、区别于其他子公司的文化分支，从而实现文化的分蘖、业务的分蘖。

图5-4　淘宝子橙文化与淘小宝

第五章　破与立：企业生生不息的不二秘诀

图 5-5　支付宝盾牌文化与盾盾

注:"牛 P"指厉害的专家,P 为 profession(专业)的缩写,为阿里职级体系中的技术序列;"Moer"表示牛的叫声,代表专业;"Wow"为赞叹词,意为欣赏;"Go！Go！Go！"表示团队合作,全力以赴。

大破大立,先破后立

迭代升级的第二种场景就是"破立"。大破大立,先破后立。

有些企业因为没有及时迭代升级文化,在进行新业务的时候没有长出新的文化,就会造成文化与业务脱钩,文化不再引领业务、保障业务发展,从而导致业务衰退,企业随之进入衰退期(见图 5-6)。企业进入衰退会有几个常见表现。

一是流程僵化,效率低下。企业衰退,首先会从内部先开始。第一个常见现象就是流程僵化,比如审批流程越来越多,审批时间也越来越长,极大地影响业务效率,错过战机。比如某电商公

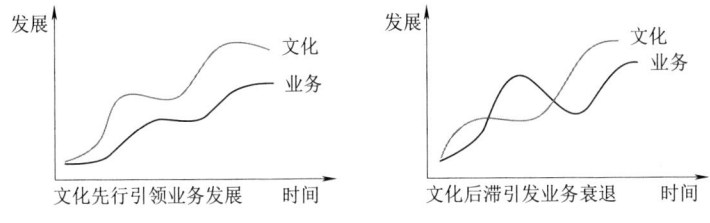

图 5-6　文化与业务的紧密关系

司在冬季备货的时候，因为审批流程层层卡顿，在旺季来临前没有完成选品备货，直接错过了一整个旺季，好不容易打下的市场被竞争对手瓜分殆尽。

效率低下也会反映在"房间里的大象"上。企业进入衰退期后，"房间里的大象"会越来越多，有很多公开的问题大家都熟视无睹，每个人都在忙，但都不知道在忙什么，无论是客户的反馈，还是内部流程问题，都不能得到有效解决。

二是文化被逐渐忘却。组织内谈业务的时间越来越多，谈文化的时间越来越少。行事得过且过，不再考虑事情是不是符合企业价值观，对一些擦边行为睁一只眼闭一只眼。使命愿景谈得越来越少，业绩利润谈得越来越多。这就是文化被逐渐忘却的表现，它代表着组织内不再认为文化是企业的灵魂，是企业生存的本源，所以大家就会说得少，做得也少。

三是人才开始离开。前两种表现还不能用直接的指标来衡量，但有一些表现可以反映在客观指标上，比如人才流失率上涨，特别是核心人才和作为文化传承者的老员工流失得越来越多。

当组织开始放弃对文化的坚守，开始允许擦边行为存在的时候，最不适应的人就是已经将文化融入骨子里的老员工。他们无法容忍那些有悖于文化准则的事与人，如果他们无法制止这些事情的发生，就会对这家公司存在的意义、自己工作的意义产生怀疑，最终会选择离开。如果组织没有因此开始警醒，没有做系统性思考，做出变化和调整，那么接下来人才流失率会迅速上升。

因为在人才结构里有一个效应叫"死海效应"。当组织开始变坏，最先离开的往往是更有才能的人，因为这些人通常不太可能容忍愚蠢或不"道德"的行为，同时他们也更容易获得新的机会，所以更容易离开。而那些才能一般、"道德"低下的人，因为外部机会少，加之他们也善于在"污秽"中生存，所以即使心中有各种不悦，他们也会倾向于留下来，同时会用一些"不道德"的手段让自己的味道和文化逐渐成为组织的主流，让组织乌烟瘴气，更适合自己生存。这种情况又会加剧人才的流失。当这个比例到达一个临界值之后，即使再招一些有能力的人进来，他们也会因不适应这个环境而无法留存。反倒是那些工于心计的人会如鱼得水地留下来。久而久之，人才像水分一样蒸发，组织的"盐度"越来越高，正常生物无法生存，最终整个组织就会变成一片死海。

所以组织开始出现人才的非正常流失时，一定要引起重视，去看一看是不是系统出了问题。如果放纵这种现象的发生，那么组织会迅速地萎缩、垮台，进入企业的癌症晚期。

四是用户不再热爱。当企业进入癌症晚期的时候，最核心的标志就是"用户不再热爱"，用户特别是老用户开始离我们而去，不再与我们合作。他们会感受到组织的产品、服务、理念与之前大不相同，不再是他们内心想要的，问题反馈上去始终得不到真正的解决。复购率、转介绍率、客户口碑大为下降。企业被迫花更高的成本去拓展新客户，但此时内部的人才能力、组织效率已经大不如前，不再具备扩张精神，很难再打赢攻坚战，获取足够多的新客户。最终新老不济、内忧外患夹击，企业一命呜呼。企业衰退看似是一刹那的事情，但就像螃蟹变质一样，是自内而外的过程，当我们在外部能看到企业衰退的时候，其实内部早已经坏透了。

当企业出现以上征兆，特别开始出现人才流失、用户不再热爱的时候，已经到了衰退期，常规的文化复盘优化、业务上的战术调整都只是打补丁的做法，无法阻挡洪水决堤。所以必须通过文化的"破立"重建文化，用大破大立的撕裂感激活组织。我们称之为"破局文化"，先破再立。

像大家所熟知的萨提亚对微软的改革就是一个成功的案例。

微软成立于1975年，早期的使命就是"让每个家庭、每个桌面都有一台电脑"，我们在第一章就讲了使命和愿景的定义，大家看这个使命是不是更像一个愿景、一个确切的商业目标？当时提出的时候觉得还挺难达成的，但随着时代的发展，这个目标起码在发达国家已经基本完成了，电脑走进千家万户，成为人们生活工作的重要组成部分。2000年，创始人比尔·盖茨卸任CEO一职时，微软的Windows操作系统的市场份额已经达到了97%，而微软的第二任CEO鲍尔默接任之后，依然忠于使命，所做的商业决策都是以 Windows 为核心的。他认为"在微软，没有什么产品比 Windows 更重要"。但此时的互联网已经从 PC 时代发展到了移动时代，云计算、人工智能也登上了历史舞台。微软因为在 Windows 上的坚持，没有投入足够的资源在新市场，在新业务上表现极为惨烈，移动端的市场份额连 4% 都不到，股价也因此大幅度下跌。

直到萨提亚成为第三任 CEO，情况出现改变。萨提亚进行了两年左右的调研，走进客户、走进员工、走进供应商，去深入了解微软到底怎么了。调研之后，他发现微软的使命已经过时了，不能再引领微软前进。所以他开始了一系列的改革，重中之重就是调整了微软的使命，将"让每个家庭、每个桌面都有一台电脑"改为"予力全球每一人、每一组织，成就不凡"。萨提亚认为："一个公司的使命是它的灵魂的表述，公司的灵魂是什么？它是一种最自然的表露、内心的声音。我们必须回答：这家公司是做什么的？我们为什么而存在？"

调整之后的使命更像一个意义、责任与价值，而不是一个商业目标。在新的使命下，Windows 不再是公司发展的核心。微软根据使命形成了新的战略"云为先，移动为先"，推出了与市场上其他产品有差异的云服务和移动服务体验，并根据战略重构了内部的业务流程。我们现在所看到的彩色的微软 logo（标识）也是在这时调整的，之前都是黑白色的。在种种变革发生之后，微软的业务开始重新增长，股价从最低的 17 美元增长到 100 多美元，市值从 2000 亿美元升到了 1.5 万亿美元，重新回到了全球市值第一的位子。这就是一个文化破立的案例。

萨提亚认为 CEO 中的字母 C，首先代表的是 culture（文化）。首席执行官可以说是一家组织的文化管理者。他在《刷新》里边提到云业务让他得到的深刻教训是："领导者必须同时看到外部的机会和内部的能力和文化，以及它们之间的所有联系。并在这些洞察变得众所周知之前率先反应，抢占先机。这是一种艺术，而不是科学。"

微软的每一次转型都是艰难的挑战，但是萨提亚始终认为，如果拥有了正确的价值观和设计原则，如果我为人类所需的技能做好了准备，那么在改变世界的同时，人类和社会也会蓬勃发展。他还提到，微软并没有真正的成功秘诀，因为即使在今天，微软也依然在蜕变之中。由此可见，文化的迭代升级是一个成熟型企业长期且主动的目标。

除却微软，已经存续半个世纪的星巴克也经历过这样的破与立。

星巴克成立于 1971 年，于 1987 年被霍华德·舒尔茨收购，并于 1992 年上市。2000 年舒尔茨退出经营一线，将公司交给职业经理人管理。其后星巴克一路狂奔，2006 年市值达到 200 亿美元。但为了追求业绩，达到每季度 20% 的增长目标，星巴克犯下了很多增长之"罪"。比如盲目开店，忽略了选址的长期性；比如忽略用户体验，很多店铺没有做到星巴克所提倡的"第三空间"的氛围；比如盲目开展多元化业务，做了很多跟星巴克使命、愿景不相符的业务。这些举动让星巴克内患丛生。在 2006 年市值达到顶峰之后，星巴克股价开始暴跌，两年市值缩水 197 亿美元，跌破了上市时的市值。在此危难之际，创始人舒尔茨重回星巴克，提出"一路向前，重回初衷"的号召，开始一系列的变革，裁掉一些互不相关的产品、业务，加深星巴克的咖啡产品升级和"第三空间"的文化体验，让所有的组织与业务都围绕着星巴克的使命"激发并孕育人文精神"。最终，舒尔茨让星巴克回到正轨，回到良性的增长。2019 年，星巴克市值突破 1100 亿美元。

最后，我们再来看看阿里的几次文化发展历程：

2001 年，阿里提出了第一版的文化"独孤九剑"；

2004 年，阿里对"独孤九剑"进行了升级，提出了"六脉神剑"价值观；

2019 年 9 月，阿里升级价值观为"新六脉神剑"。

马云在 2019 年阿里巴巴二十周年的全员公开信中说："过去二十年里，'独孤九剑''六脉神剑'帮助我们在一次次挑战中，始终坚持住使命和文化的方向，在关键的时刻始终做出正确的决定……'新六脉神剑'将帮助我们在茫茫人海中一眼就识别出志同道合的伙伴，也将引领我们不断用新的实践赋予使命新的时代内涵。"

2024 年 4 月 10 日，阿里重组一周年之际，马云发了一封内部信，提到"改革要承认、纠正昨天的问题，更要面向未来"。由此可见，优秀企业的组织文化战略的变革一直在路上，从未停歇。

企业要想在成熟期避免组织僵化与衰退，做到生生不息，就必须时刻关注企业业务发展是否与文化相匹配，文化是否还能引领业务发展。如果两者已经不相匹配，文化与业务脱钩，甚至阻碍了业务发展，我们就要自我破立，做自己的破壁人。此时要重新梳理文化体系，看有哪些是落后的、需要被替换的，有哪些是重要但被忽略的，就像面对沉睡的兔子，我们要唤醒它，让它回到业务的前端，重新引领业务。在这个过程中，我们就要把前文讲到的文化落地六部曲再跑一遍，重新访谈对话，提炼共创，形成新的文化体系。然后，根据文化体系调整组织机制与业务战略，找到新时代的增长地图，聚焦力量，通过打赢关键战役，激发组织生力，让新文化融入新业务，激活组织。

在过程中要格外注意的，就是要有换血意识。前文讲"死海效应"的时候提到过，衰退期的组织会有大量的人才"残渣"，他们会影响新人才的进入、新机制的变化，特别是在他们的既得利益会受损的时候。所以这时候就要有换血意识，不换思想就换人，把阻碍变革的人换掉。如果不及时把他们清理掉，他们就会像黑洞一样再把企业拉回到衰退中去。

只有进行企业文化的迭代升级，才能让企业发展更健康、更持久，生生不息。

企业文化是组织之"道"

感谢读者和我们一起走了一趟企业文化之旅，现在我们要从地球的表面，坐着飞机上升到 1 万米的高空，以纵观全局的视角，去看看文化在组织系统中的位置，它跟其他的组织系统又是什么关系。

企业的两个产品

思考一下，如果说企业有两个产品，是哪两个产品？

其中一个相信大家肯定能猜到，是为客户提供价值的产品，它包括有形的产品和无形的服务，有形的产品如苹果公司给客户提供的手机，无形的服务如理发服务。那么第二个产品是什么呢？字节跳动的张一鸣曾经说过，企业的产品一方面是给外部客户使用的产品，另一方面则是人才，且这个产品非常重要。我也有类似的看法，我把第二个产品定义为组织，组织是支撑企业愿景与战略的最重要的产品，是一个无形的发动机，但它在企业当中很容易被忽视，若你能认知到这个产品，你可能就已经在成为一流企业家的路上了。

那谁是组织这个产品的首席产品官？是 CEO 还是高管，是 HR 负责人还是其他人？当然，可能大家各有各的答案，但以我这么多年的经历去看，组织的首席产品官，理所应当是 CEO，有的公司叫董事长。也就是说，每家公司的一把手是为组织负责的人。

那么，高管是什么呢？高管也是非常重要的。组织为什么存在？为了让企业生存和发展而存在。高管是做业务的人，是组织最重要的需求方。我们根据公司有什么样的业务，倒推组织应该有什么样的人才，应该搭建和完善什么样的招聘体系、培训体系、绩效体系，所以高管是组织这个产品的需求方。同时，高管也是全程参与产品设计的一方，还要去用这个产品，最后还要对这个产品进行反馈。

那么HR干什么呢？HR是个多面角色。

第一，HR是组织这个产品的设计者，为此HR必须懂业务。如果HR不懂业务，怎么了解业务团队的需求，怎么知道什么样的产品和人才是匹配的？

第二，HR的一个很重要的身份叫项目经理。身为HR，不仅要参与组织从构建到运作的全过程，也要在企业内外部环境发生变化的时候带着团队去做组织更新。这就像一个产品经理要从产品研发需求开始，参与研发、测试、运营等各个环节。

第三，HR也是组织这个产品的运营者。"孩子生了谁来养？"HR来养。要让组织效能发挥更大，让孩子从能爬变成能跑，能跑变成能跳，带动组织往前走。

只有搞清楚了各个角色在组织这个产品中的作用，高管才不会说"组织的事，不就是HR的事吗"，也不会有HR说"我只要做好人力资源的工作就行了，我不需要懂业务"。

工业时代最深刻的观察者和思考者德鲁克把过去两百多年的组织创新总结为三次革命。

第一次是工业革命，蒸汽机的改良促进了生产力的大大提高，机器取代了人力。在这个阶段，产生了一定形式的公司，但没有 HR 部门。

第二次是生产力革命，大致从 1880 年到第二次世界大战。电作为基础设施被普及，机械化大规模生产成为可能。这个阶段的核心是以泰勒为代表的科学管理的普及，工作被知识化，大家开始强调的是标准化、可度量等概念，公司这种新组织随着科学管理思想的发展而兴起，出现了有限责任公司。这个时候有企业，也有了 HR 部门，但以职能型为主（如负责招聘、培训、绩效管理、薪酬、员工关系等）。

第三次是管理革命，时间是二战后，知识成为超越资本和劳动力最重要的生产要素。相应的管理重心也从可度量的结果考核转向激励，特别是动机的匹配。期权激励是高科技企业大发展时期最重要的组织创新。这个阶段有企业，有 HR 部门，并在 1997 年产生了 HR 三支柱模型[1]。

此时此刻，我们正在进行第四次革命，也叫创造力革命。从互联网到移动互联网，再到物联网，从云计算到大数据，未来商业的一个基本特征已经非常清楚，那就是基于机器学习的人工智能将成为未来商业的基础。未来社会最有价值的人，是以创造力、洞察力、对客户的感知力为核心特征的。基于此，整个组织的重心在于赋能，变革核心就是激发创造力。这个阶段，有企业，

---

[1] HR 三支柱模型是戴维·尤里奇在 1997 年提出的，三支柱即 COE（专家中心）、HRBP（人力资源业务伙伴）和 SSC（共享服务中心）。以三支柱为支撑的人力资源体源于公司战略，服务公司业务，其核心理念是通过组织能力再造，让 HR 更好地为组织创造价值。

有 HR 部门，且在 HR 三支柱原型的基础上，2005 年以阿里为先锋的许多公司出现了"政委"体系，服务和赋能现代化的企业和员工。

所以，公司最早是没有 HR 的，随着企业的发展和分工的需要，HR 变成了职能化角色。后来，组织变革更强烈，人才变成了比资本更重要的东西，人是最宝贵的财富，基于对人才的重视，诞生了业务型 HR。伴随组织和 HR 的运营模式一直在迭代，战略型业务 HR（"政委"体系）在中国从阿里开始进入企业，与时俱进，不断创新。

组织系统建设三部曲：构建、运营、迭代

组织这个产品，最准确的定义是什么呢？是组织系统。

很多公司虽然有分层的组织架构，有很多岗位，有战略和目标，有部门协同，但彼此之间就像散落的珍珠，没有相互关联、相互作用，导致很多问题产生，流程与业务存在多处断裂。这样的组织不是一个系统，只是一些散落的支架。

组织系统是需要人为去构建的，它不会自己产生。要实现组织系统的完整建设，有三个步骤要走：第一步叫构建，从无到有地构建组织系统；第二步是要去运营组织系统这个产品；运营到一定程度，发现需要变化了，就到了第三步——迭代。

Savio 讲过一句很能代表组织系统建设重要性的话：一个人是干不过一个团队的，一个团队是干不过一个系统的！

无论是企业一把手、高管，还是 HR，都要有义务、有能力来构建组织这个产品，把它建成真正意义上的组织系统。那么接下来我们就来讲讲怎么构建。

我是从 Savio 那里学到了组织系统的构建方法，而 Savio 的组织系统理论来自美国通用，美国通用的理论逻辑一部分来自自己的实践，另外一部分来自彼得·德鲁克、吉姆·科林斯等大师，所以这些东西都是一脉相承的。

这个组织系统理论是值得学习的，但要学它的本质、底层逻辑，不要学表象，因为美国的公司、中国的阿里以及很多其他公司，它们的组织表象是不一样的。吃透了本质，就能够活学活用了，就能构建属于自己的组织系统。时间越久，就越能够"炖"出属于自己的味道。

很多人问 Savio 要怎么管理公司，他说有一个管理金字塔，如果用东方哲学来讲，就是《孙子兵法》里的 6 个字：道、谋、断、人、阵、信（见图 5-7）。"道"就是企业文化（使命、愿景、价值观），同样一个概念，东方称之为道，西方称之为企业文化。"谋"就是战略，三五年的规划。"断"就是一年的经营计划和目标。"人"就是人才的招募、培养、管理。"阵"就是组织架构，组织如何排兵布阵。"信"就是企业经营的各项制度、流程。

在为很多企业服务与赋能的时候，我又把这个管理金字塔进行了模块化，每个模块有不同的内容。金字塔顶层是文化体系，即公司的使命、愿景、价值观。金字塔的中间是战略、目标、业务、架构、人才体系。企业基于文化体系，通过共创会引导出战

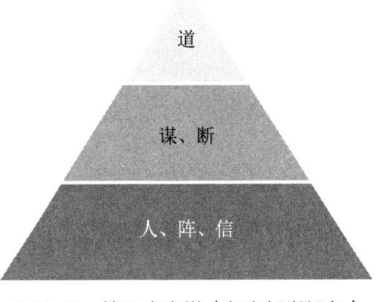

图 5-7　管理金字塔（东方哲学视角）

略与商业计划，通过决策会知道企业的组织模式是什么，断事用人还是用人断事，业务流与组织架构是什么。在理清楚业务与架构之后，就要进行人才盘点，这样才知道建立怎样的人才体系，才知道业务项目是否可以确立，要招什么样的人，要培养什么样的人，绩效考核维度是什么，薪酬、股权设计是什么样的，等等。人才体系的内容明晰之后，通过复盘，不断迭代，得到更多的结果。

金字塔的底部是公司最底层的东西，华为叫基本法，阿里叫四大机制，其中阿里的一个保障就是"政委"体系。最后，企业要跟上数字化时代，不仅业务要数字化，组织内部的管理也要进行数字化。工作数据实现一定程度的沉淀之后，可以变成模型，反向作用于组织，让组织效能更高。这就是我们讲的企业打天下的图（见图 5-8）。通过这张图，相信大家可以明白：文化在组织中属于"道"的层面，是一家企业的顶层设计。

最后再分享两个重要观点，不管对于建立文化体系，还是构

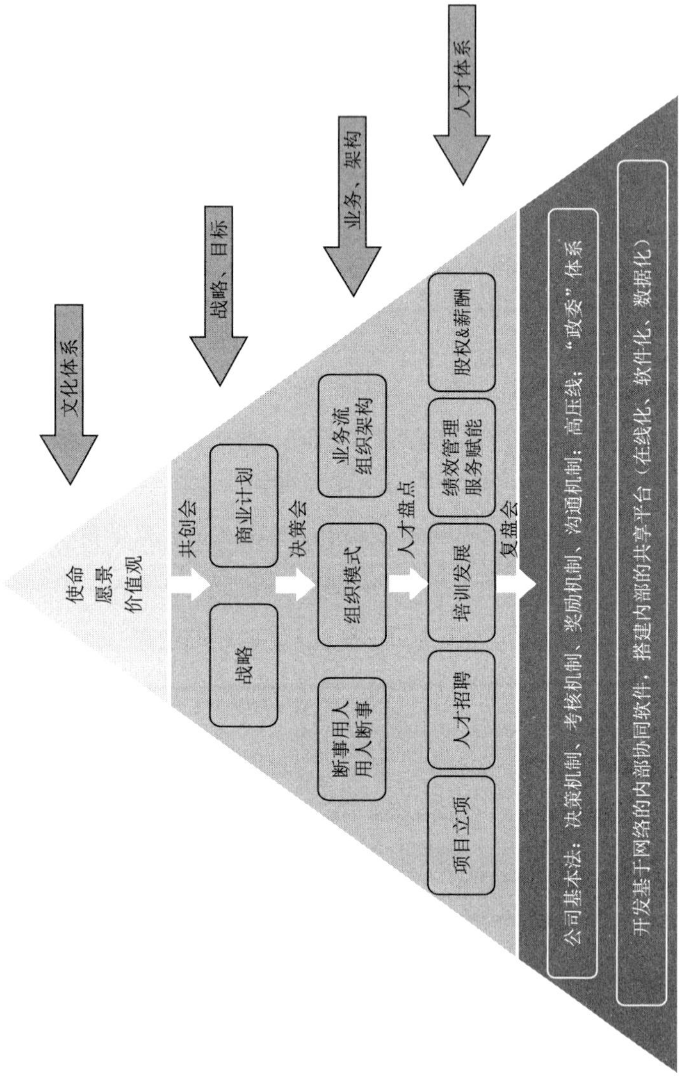
文化体系
战略、目标
业务、架构
人才体系
使命
愿景
价值观
共创会
战略
商业计划
决策会
断事用人
用人断事
组织模式
业务流
组织架构
人才盘点
项目立项
人才招聘
培训发展
绩效管理
服务赋能
股权&薪酬
复盘会
公司基本法：决策机制、考核机制、奖励机制、沟通机制；高压线；“政委”体系
开发基于网络的内部协同软件，搭建内部的共享平台（在线化、软件化、数据化）

图 5-8　企业打天下图

建整个组织系统，都非常重要。

第一点，真理都是简单的，没有什么玄机奥妙可言。很多人兴冲冲地跟着我学，在学的过程说："天哪，这么简单吗？"我说："对，就是这么简单。"但是很多人不愿意相信这么简单的逻辑能解决复杂的问题。大道至简，唯有至简，才能让人看清问题的本质，发现最正确的道路。

第二点，简单的是正确的，但正确的都是最难的。我们都知道产品品质很重要，但在利润面前能不能坚持对产品的要求？我们都知道坦诚很重要，但面对我们的下属，能不能真的放下面子、解下心防去沟通？我们都知道本分很重要，在巨额收益面前能不能坚守本心，不走"捷径"？我从开始做企业陪伴的第一天起，一直在讲的一句话是："组织建设只有8个字：一步一步，脚踏实地！"

为什么？因为做组织这个产品没有任何捷径，没有任何窍门，就是认认真真地去做。一个群体努力做到一定程度，才能看见水滴石穿的力量，关键是我们相不相信，相信了有没有去做，去做了能不能持续地做。只有持续地做，我们才能成就一个伟大的组织，最后才能成就一家伟大的公司。

我们相信一个组织最好的状态就是：因为相信，所以看见。因为信任，所以简单。

附录　对谈：被文化逼出来的长期主义

中国的电商行业从兴起到发展用了大概二十年时间。二十年时间里，电商创造了很多致富神话，也提高了很多人的生活效率和生活水平，让人足不出户就能买到多种多样的产品。二十年对一个人的成长来说是漫长的，但对于一个行业的建设而言是短暂的。特别是在快速发展的阶段，对于如何去建设一个前所未有的新行业，平台治理方也没有经验，没有参照物。一边是巨大的市场机会、商业机会，一边是还处在摸索期的治理规范，事后来看，用野蛮生长形容这个行业并不为过。水大鱼大，前所未有的市场机遇吸引着一大批掘金者加入，巨大的红利又让其中不少人被利益冲昏了头脑，开始采用一些"灰色手段"甚至违法行为，通过刷单、贴牌、卖劣质产品、卖假货等各种方法牟取利润，大赚一笔，而循规蹈矩、诚信经营的商家深受其害。在某些时期，劣币驱逐良币的趋势大为明显。

但时至今日，我们发现主流电商的生态环境比当初干净了很多,好的产品依然生存着,良币并没有被驱逐。究其原因,有国家的重视,制定相关法律法规;有消费者意识的觉醒,愿意为好产品付费,愿意因买到假货维权;也有平台经营者的不断自我完善;同时还有良心商家的坚守,在劣币甚嚣尘上的时候,在常规经营不能获得对等回报的时候依然坚守本心,坚持合法经营、坚守产品质量,不利欲熏心,为客户提供优质、真实的产品和服务,撑过行业发展的混沌期,最终守得云开见月明。

在全书的最后,我们选择了一位企业家进行对话,他的企业成立于2014年,自成立之日起,他们就立下了"不刷单、不贴牌"的经营原则,即使处于亏损状态,也从未突破底线,并且根据消费者的需要不断提高产品质量,提高自我能力,生长出了自己的商业能力、组织能力,形成了自己的文化价值观、经营原则。所以我们希望通过这样一家发展中企业的案例,让大家一窥文化在企业经营中的实际作用,为有意坚守文化的企业家、创业者们提供一些参考经验,让大家看见对文化的坚守虽然会让人短期内不那么舒服,但坚持长期主义,终将获得成功。

因为这家企业比较低调,所以我们在文章中会对企业的名字、业务属性做一些处理,但这位企业家的案例、故事与心路历程都是真实的。为了方便行文,以下我们简称受访者为"CEO"。

笔者:您好,感谢您抽出时间,我们做一个随性的对话,我随性地问,您随性地答,我们聊到哪里算哪里,随着心流走。首先请您介绍一下您的创业史和这些年的创业历程。

CEO：我是在 2013 年（毕业之后没多久）开始接触电商行业，当时跟着朋友在广州做服装生意。那个时候做服装以广东广州、福建莆田等几个城市为主，经营方式以贴牌、刷单为主。贴牌就是买别人的成品，把牌子剪掉，换成自己的。这样就不用管供应链了。对于电商而言，供应链是死穴，是件很繁重的事情。有不少公司看起来业绩很好，最后一看库存是亏损的，但贴牌就不会有这个问题了。刷单就是做一些虚假交易，刷销量，这样就会获得更好的排名，从而获得更多的流量。当然平台也会排查，查到了会进行相应的处理，有处理就要去申诉。所以 2013 年我基本干的都是这样的事情。很麻烦，但赚钱，一年就赚了几十万元的样子。对于一个刚毕业的人来讲，这算是非常多的钱。但我内心却觉得不对劲，很不舒服，这件事情不应该这样干，再赚钱我也不想干了。所以我在 2013 年底就离开广州，回到老家的省城开始自己成立公司做电商。

从成立公司第一天开始，我就定下了两个基本原则：第一，不刷单；第二，不贴牌。这两个原则定下来之后，我们的行业选择面就缩小了很多。像我之前在的服装行业是个重灾区，肯定不能干。选了一圈，最后我们选择了生活用品这个赛道，一直干到现在。

笔者：是因为刷单对这个赛道的影响不大吗？

CEO：并不是，相反，影响很大。当时我们这个类目的头部电商一天不过卖几十单，不到 100 单。而服装电商一天做上万单的都有。如果我们这个类目有人刷单,只要稍微刷一下,排名就可以很靠前了。

笔者:那您为什么还选择这个类目?

CEO:因为别人看不上。我们这个类目有个特点就是"市场大、产品线多",但每个产品的容量都不大。所以那些想赚快钱的人看不上这个类目。对我们来说,只要把一个产品做到一天几十单,就可以成为这个品类的头部,然后再去拓展另一个产品。打个比方,服装这种大类目就像城市,市场集中。我们这个类目就像农村,市场广大但很分散。所以事后来看,我们一开始走的就是"农村包围城市"的路线。

笔者:那应该比较容易做起来吧?

CEO:并没有,依然很难。我们从 2013 年底开始做,整个 2014 年都是亏损的,没有赚到钱。那时候,不刷单根本没有什么生意。一天的流量就只有三十几个,也就是说,进店来逛逛的一天就三十几个,成交的就更少了,一天也就两三单,甚至没有单都很正常。我既要养团队,又要付场地费、运营成本,根本养不活自己,整个 2014 年特别难熬。

笔者:那当时您的团队有想过暂时放弃原则,刷一下单吗?因为在这个类目刷单会比较容易做起来。

CEO:会有的。但当时我是负责运营的,我自己就坚持不刷。这也是我的本性所决定的。我自己的性格是比较执着的，喜欢做长期投入的事情。像刷单那种短平快的事情我打心底就不喜欢。所以作为运营负责人，我坚持不刷单。我们团队里有人在这期间离开了，因为太难了，看不到希望，我们做的又是"农村市场"，即使做成了也赚不到太多的钱。

笔者：即使这样，您还是坚持不刷单、不贴牌吗？

CEO：是的，我一直认为，一个原则如果认定了，又放弃，做企业这件事情就没有意义了。我当时算了一下，按照这样的亏损，我之前赚的钱大概就能撑到2014年底。亏完了，也没有多余的资金来翻盘。当时就定了个计划，钱花完了，还没有生存下去，这个项目就结束了，那我就凭着自己的专业知识，回归职场。我自己是学技术出身的，可以去做技术相关的工作，也不会饿死。但我绝对不会放弃我的原则，放弃了就没有意义了。原则是用来坚守的，不是用来突破的。

我们干了十年，其他人尝试各种玩法，三五年就起飞了，发展得比我们快多了，这对我们是有一些冲击的。当我们开始松动的时候，我们会回到我们的初心，回到我们作为人的本质。作为一个人、一个组织，要去哪里，要成为什么样的人和组织。重新想想这个问题，我们就会看得更清楚，知道自己要什么、不要什么。

尤其是当业务和组织受到比较大冲击的时候，我还得有定力，要做决策，要找到方法和路径，这还是比较令人痛苦的。既要有定力做正确的事情，又要有能力和方法把事情做正确。

笔者：您的这种坚守特别难得，那您后来是怎么转危为安的？有哪些做法可以分享给大家？

CEO：我们定下这个原则的时候，已经消除了我们尝试短平快做法的可能性，但我们还要活着，就只能去探索长期正确的方法。所以我们就沉下心来仔细地研究市场，研究用户的需求。我们开始在客户容易搜索的关键词上找到突破口。我们根据客户真正的需求去做关键词优化，而不是根据我们认为的需求去提炼关键词。这是一个比较大的转变。我们的原则开始倒逼我们生长出真正有竞争力的能力，所以当时我们的 SEO（搜索引擎优化）能力就长出来了，真实的流量越来越多，销售额也就上来了。之后我们就开始做视觉优化，去杭州学习如何通过视觉表达我们的价值主张，以及做产品研发、做供应链改革，等等。我们会组织团队去外面学习，比如后来上了观因老师的课，我们就知道"不刷单，不贴牌"就是创业初期生存文化里的"高压线"。我们也总结了一句话，就是我们这个文化的底层原则会让你不做不对的事情，当你坚持不做不对的事情，你还要活下去，那你必然会长出做对的事情的能力。这就是理想主义与务实主义的结合与平衡，你要有坚定和长期的信念，相信这件事情一定是做得成的，同时你还要有务实的精神和能力去解决这个问题。

笔者：我还想了解一下，您对企业文化的认知是如何建立的，您毕业一年就创业了，当时也没有丰富的职场经历和经营经验。

CEO：这要从几个维度来讲，第一个就是我的父母。我出生在一座大山里，那里经济条件很差，属于贫困地区。而我家又是贫困县里贫困村的"首负"。之所以是"首负"，不是因为我爸妈能力不行或不够勤奋，而是因为我爸妈的观点是一个人再怎么穷，也一定要读书。在那个年代，很多同龄人基本上到中学就去打工了，这样可以赚一些钱，家里会有些积蓄，生活可以得到改善。但我家没有。我有两个姐姐，加我总共三个孩子。最后我们家是村里面唯一一家出了三个大学生的。而且我们三个是同时在读大学，我大姐读大三的时候，我和我二姐在读大一。同时供三个大学生，对一个贫困县的农村家庭来说是莫大的压力。村里人其实也不认可我家里的做法，觉得不如早点把孩子送出去打工，补贴家用。但是我父亲顶着这些压力，一直坚持即使砸锅卖铁也要把我们送出去，所以我们家就成了村里的"首负"。这对我产生了极大的影响。后来我经营企业，做一些艰难抉择的时候，我就会想到我父亲，他在那样困难的情况下依然要送我们去读大学，现在再难也没有那个时候难。所以后来我们在提炼第一版价值观的时候，就提炼了一条"精进"，人一定要积极向上，不能躺平，要终身学习。

同时我们还有一个价值观叫"本分"，也是受我父母影响产生的。我们家即使是村里的"首负"，生活很辛苦，我父母也一直在坚持一种品质，就是善良。人活着就要善良本分，不要想着去害别人、做违背道德的事情。一定要做个善良的人，不要太计较一些短期得失，即使吃一些亏也不要违背本心。所以我在做服装生意的时候，对刷单这件事情感觉很不舒服，这也跟父母从小对我的教导有关系。后来我们提炼价值观，考虑到经营企业要员工做一个高尚的好人要求太高，我们就把底线设好，也就是本分。我们不要做危害别人的事情、虚假的事情，要做对的事情，而不是因为考虑得失而做本不该做的事情。

有几个案例。一个是我们从来不拖欠供应商的货款，甚至不会拖长结款周期。到了后期我们出货量很大的时候，新的供应链的伙伴就跟公司讲，其实可以拖长一下给供应商的结款周期，因为我们出货量足够大，这样我们的资金周转情况就会好很多。但我们没有这么做，因为供应商准时给我们发货，我们准时结款，这是理所应当的事情。如果我们拖长结款周期，就是伤害了人家应得的利益，有违本分，这样的事情我们是不能做的。那怎么降低我们的压力呢？我们要提升自身的供应链管理能力，我们建设了数据管理体系。通过数据分析，相对精准地做销售预测，做库存管理。把压力留给自己，最终也会把能力留给自己。

还有个案例是我们为了方便员工住宿租了一些公寓，后来要换房子退租。在与房东商议退租时间时，我们的行政人员感觉到房东很有可能会以各种名目抵扣押金。在这种情况下，一般人的反应可能是剩下的租金就先不支付了，以降低损失。但我们还是按流程提前支付了剩下的租金，并且在退租前做好卫生。因为我们认为租房先付钱，是我们的本分，会不会扣押金那是房东的事。所以我们不能因为别人的行为影响到自己应当做的事情。这就是父母对我的影响。

我上大学的时候喜欢看一些电影、演讲,当时马云和俞敏洪的演讲分享比较多,我就经常看,甚至看到后半夜。他们在演讲的过程中会讲到团队文化,开始给我播下一些文化的种子。后来我又看稻盛和夫的一些书,他会提到"何为正确",也对我有一些影响。榜样的力量让我进行思考,搜寻答案。一个人的价值观跟他的生命相比,哪个更为重要?很多人会回答,我都活不下去了,还要价值观干什么。但我认为,在世界上有很多品质优秀的人,他认为价值观是高于物质、生命的。这些种子、理念让我在那时候就有了一些概念:做企业,赚钱只是一方面,还有很多更重要的精神、理念上的事情。

所以,要说我什么时候对企业文化有认识,我认为这其实是一个过程。父母对我的影响,这些名人和企业家的演讲、著作给我种下了一些种子,等到自己去实际经营的时候,这些种子开始萌发。自己有一些体会,也会有些正向的反馈,让我们企业的文化越来越有生命力。

笔者:我看到您公司的第一版价值观在 2017 年就形成了,那您是从什么时候开始想要总结公司文化的?目前贵公司的价值观已经是第四版了,平均 1.5 年就迭代一次,您可以分享一下为什么要进行如此密集的价值观迭代吗?

CEO:整个过程应该是不断摸索、尝试、迭代的过程。我们一直知道文化非常重要,但一开始不得法,所以落地效果怎么样都不太满意。不满意我们就会重新迭代。因为文化对我们来说，不是挂在墙上、写在文章中去宣传的，而是放在心里、体现在行动上的东西。如果我们觉得不满意，心里面就会塞塞的，行动上也会不舒服，所以必须迭代。我们在2017年形成第一版价值观"客户第一、团队合作、实事求是、精进、激情"，其实就是把我们当前做得好的品质提炼出来。到了2018年的第二版，其实没有大的改变，只是变了一些词。像我们把"客户第一"改成"成就客户"，更加突出要为客户解决问题；把"团队合作"改成"团队协作"，更加突出团队在一起要各尽其才，发挥各自的长处。之后公司逐渐有利润，我们开始组织外部学习，学习阿里、华为等很多大公司的组织文化建设。我们受到了一些启发，我们的能力上了一个台阶，组织也上了一个台阶，还有很多新的管理问题。所以在2019年底的时候，我们就准备迭代新的价值观。

然后在2020年的时候，刚好发生疫情，业务不能正常开展，在整个2月，我们就在密集地开会，迭代我们的价值观，讨论到最后，大家相对比较认可，就形成了3.0版本。但大的方向是没有变的，以"客户为中心、团队合作、实事求是"没有变，其余几条跟之前的也是一脉相承的。最近一次迭代价值观是在2021年，这是受段永平的影响。有个朋友推荐我们看段永平的书，一本是《段永平投资问答录（商业逻辑篇）》，一本是《段永平投资问答录（商业投资篇）》。这两本书我们所有管理层都看了，深受它的影响，有了一些体系的概念。于是我们将自己多年坚持的经营哲学，结合段老师的体系开始进行新一轮的文化迭代。我们每年都会开年中会议，而年中会议中很重要的议程就是对企业文化进行复盘。我们在2021年中邀请40多个管理者开会。当时我们拿了很多案例出来讨论，对于一个案例是不是符合我们的价值观，大家会有不同的意见。然后也会提一些新的问题，如何用文化来解读。最后我们再一条条过我们的价值观，要不要增加，要不要删掉。最终生成了我们现在看到的4.0版本。这样充分的探讨让我们整个管理层的认知都非常深刻。

但其实我们公司多年以来就是这么认为的，也是这么干的。比如说"长期主义"，我们在这个行业，一干就是十年，没有换过赛道。"诚信""本分"也是这样，我们从创业初期就在坚持。这十年期间我们也发现了一些机会，如果我们去做的话，凭借我们的能力一定可以大有作为。但我们没有去做，就是因为我们一直坚信长期主义，一定要先在当前的赛道做好、做扎实，为客户创造最佳价值。

所以总的来说，首先，文化的重要性一直是融在我们血液里的，我们从心底里认可。其次，我们的核心价值观一直是被坚持的，只是没有用文字去体现。最后，我们在不同阶段会有不同的经营状况，同时我们也会学习新的知识、新的体系，再用这些体系将我们内心的经营哲学不断体现、不断迭代改进，以更适应我们现在的阶段。

笔者：从刚才的讲述能够看到您是如何形成企业文化的，那您又是如何让文化落地的呢？

CEO：我们将文化落地的方法也是不断迭代的。最初的方法就是我们每天在早会上读一遍价值观。后来我们加上了读书会，会共读一本书，每周写总结。通过读书会，我们会看到彼此的思维逻辑和看事情的出发点。然后颁奖、标杆案例分享这些也都开始做了。后来我们也做过一段时间的考核，但因为当时的能力还支撑不了，阶段还没到，我们就阶段性暂停了。但跟经营相关的事情做得就越来越多。像前面讲过的每年年中会议的重要环节就是复盘价值观，我们每个月也会固定进行事件复盘，以及日常发现问题我们也会及时地拿出来探讨，做决策。

之前有条产品线，业绩占我们整体业绩的 30%，但因为产品材质的问题影响了客户体验，客户差评率很高，所以即使这个产品线为我们贡献了大量的营收，我们还是决定把这个产品线的全部产品下架了。后来更换了面料，解决了使用体验问题，才重新上架，并且管理层在年中会议上做了深刻的检讨。但经过这件事情，我们也长出了一些能力，就是面料的开放替代能力、品质把控能力、接待客户退货能力。

我们内部也有这样的案例。有一年年会，当时设计了很多抽奖的小游戏。有个同事就用两个微信号参与了游戏，后来被我们发现了。虽然这是无意识的行为，但我们还是做了相应的处理，取消了这名员工当年的晋升资格，本来我们是准备要晋升他的。不过后来他没有被打击，继续很努力地工作，之后重新获得了晋升。

而我们在人才选用上也从来不是只看能力，我们有两个标准，合格性与合适性，能力合格，价值观合适。特别是核心管理层，我们会把合适性放在首要位置，因为核心高管在一起都不合适，那公司就会充满矛盾。而对于基层或者专业岗位，我们会有底层原则，要符合底线我们才会选用进来，然后再慢慢磨合。

当然很重要的是我们提倡"以奋斗者为本"，我们会给符合我们价值观、持续给客户创造价值的员工足够的回报，让他们在物质上有足够的保障，起码要超出我们所在城市的平均水平。我们有句话叫作"三年买车，五年买房"，公司每年都会做价值奖励，按照价值贡献给员工提供回报，同时我们也会提供无息贷款。目前在公司工作3～5年的骨干贡献者，均已实现买车买房的个人梦想。

笔者：您刚刚提到落地过程中有一些正向反馈，可以分享一下吗？

CEO：首先还是生存下来了，整个2014年都很难熬，压力也挺大的。直到2015年，我们才开始慢慢摸索一些长期主义的事情，如SEO、视觉优化，这才慢慢好起来。当然，这个过程也不是一帆风顺的，伴随着希望与失望，也不知道会不会有光明的未来。但我们还是坚守我们的原则，坚持做长期主义的事情，继续熬下去，虽然不知道需要熬多久。大概一两年的光景，我们逐渐掌握了正确的方法，营收开始持续地正向增长。客户也会跟我们反馈。因为那时候我自己除了做运营，还做客服，跟客户有很多接触，看到我们帮他们解决问题之后，他们会给我们反馈，会给好评。这给了我们很多力量。我不知道怎么表达，就是过程很痛苦，很煎熬，但坚持下来了，最后有好的反馈，这种感觉令人很舒服。

笔者：这种感觉是不是有点像那句"轻舟已过万重山"？

CEO：对，有点这个感觉，没有这个过程是绝对不行的，如果说没有坚守的过程，直接有个好结果是没有意义的。我们一定要经历很痛苦、遇到很多挫折的这个过程，知道结果来之不易，才会明白原则、文化、价值观的重要性，文化才能深入我们的骨髓。

笔者：除了在营收上的反馈，还有其他维度的反馈吗？

CEO：其实我们的客户也是非常重视企业文化的，我印象很深刻的是一位江苏的客户。当时产品体验没有达到他的要求，他就给我们留了一个差评。于是我就联系他，想问问他能不能删掉差评，客户回复说："可以，没有问题，但我这里有本书，你要把书看完，并且写一千字的感悟给我。如果写得深刻，我就删掉差评。"这本书就是《以客户为中心》。所以，其实我们的客户也非常重视一家企业是不是有文化，而客户的这种重视与反馈更加坚定了我们的信念，引领我们前进。

除了客户反馈，内部团队也给了我们很多正向的反馈。比如我们还在发展早期的时候，也没有太多钱，依然有人才愿意加入我们，就是因为我们的理想主义、长期主义。其实比起短期利益，很多优秀的人更在意公司是不是有追求、是不是有理想，只有我们自己是理想主义者，是有追求的人，才能吸引有理想、有追求的人。我们就是一堆理想主义者互相吸引在一起，共同去创造未来的价值。而我们在职的小伙伴也非常认同并且践行公司的企业文化，都会觉得我们所做的事情是正确的。由于一些客观原因，有些员工没能跟公司接着合作，离职后去面试或加入其他公司，我会收到同行们的反馈，那些员工对我们公司的评价是氛围、人品都比较好，同行还会问我们是怎么做到的。这些都让我们觉得自己做的事情是值得的。

我们也看到了整个生态的变化。2013年我在学做电商的时候，同期有几十人在学习，后来也各自开了自己的店铺，但都是用的刷单、贴牌这些方法。但后来他们就做不下去了，大概到2016年的时候几乎都做不下去，因为平台规则越来越严格，打击力度越来越大。所以从2015年开始，他们觉得日子越来越难熬，2016年就完全不行了。而我们则是从2015年开始转危为安，2016年就已经可以赚不少钱了。如果我们当时没有坚持自己的原则，也许前期会很舒服，但估计也跟他们一样，活不了两年就倒闭了。

那时我们做一个新的产品，刚开始的时候整个行业都是下单七天后发货，所以大家都不做库存，日子过得很舒服，做得好的话，一年可以有几千万元。如果做库存，可能一下子就把钱全部搭进去了。但我们觉得客户的需求就是要当天发货，越早拿到货越好，所以我们就决定要解决当天发货的问题。但如果盲目做库存，我们也可能会死。于是我们就建立了自己的数据体系，通过大数据来分析如何备货，最终我们做到了一个相对比较低的库存值，同时也能保证当天发货。

那么其他经营者一下子就很难受，对我们又爱又恨。恨的是他们也必须做库存，风险很大，也会累很多。爱的是其实大家觉得本来就应该做库存。

所以后来我们总结了一个道理，就是我们在选择大赛道之后，再碰到具体的问题，就要把这些问题当成机会。如果行业没有难点，大家做得都挺好，你就没有机会；但是你如果把难点当成机会，就一定会干成这件事情，因为这是客户需求，而且你不干成就没有退路了。

我们有个电商的圈子，都是坚守长期主义的，都不刷单，不贴牌，谁要刷单，我们都会鄙视他。这个圈子的人数也越来越多，越来越多的企业走正道，走向长期主义。

笔者：接下来您对于企业未来的发展有没有什么蓝图规划？文化可以在其中起到什么样的作用呢？

CEO：我们未来还是要专注在为客户提供美好生活的事业上，我们已经干了十年，还可以再干十年、二十年、三十年、五十年，为客户创造美好的生活体验，这是我们的选择，也是我们长期奋斗的目标。因为我们坚持以客户为导向，坚守长期主义，所以我们在赛道、品类的选择上一定是极为理性的，要选择一个长坡厚雪的赛道。"长坡"就是赛道长，长期存在，"厚雪"

就是有足够的利润支撑我们活下去。如果我们坚持长期主义，但赛道是一个短期的赛道，没办法长期发展，我们肯定是生存不下来的。所以这也是理想主义和务实主义的结合。要有策略，有理性思考。而当我们选择了一个长期赛道之后，虽然里面有很多困难，但我们把它们当作机会，同时也知道这个赛道的未来和客户的价值，就能坚持下去，这样也会逼我们长出新的能力。

我们在刚进入这个品类的时候，产品都很便宜，五块八、六块八，都是用量堆出来的。但这样无论是对自己的长期发展，还是对客户的长期价值都是不利的。要保持低价，只能用次等原材料，提供很一般的服务，那客户的体验如何提升呢？所以我们入行的时候就定了一个相对高的价格，是别人的四倍。那么我们何德何能定如此高的价格？就只能提高服务、产品的质量，给客户提供超越期待的服务。我们在第一个品类坚持了十年，直到我们觉得在这个品类做得差不多了，能力都磨炼出来了，可以为客户提供满意的产品了，我们才选了新的品类。新的品类市场规模足够大，生命周期也长，有充足的生存空间让我们坚守自己的长期主义，让我们生根发芽。那么我们未来就要像这样深耕一个个市场，在一个个市场里面为客户提供更好的服务，就像建立根据地一样，星星之火，可以燎原。

笔者：好的，祝愿您的事业越来越辉煌，能为客户提供越来越棒的美好生活体验。

CEO：好的，谢谢。

后记

附录中的这个案例体现了一个企业从初期只有生存文化，即只有简单的规则，到历经数次迭代，拥有相对成熟的文化体系的全过程，我们也看到了坚守文化的不易和坚守文化带来的强大力量。

有人问我组织的战斗力是如何建立起来的，通过这个案例，我想说，组织的力量就是在对文化的一次次坚守上锻炼出来的。对文化的坚守会让你面对抉择时做出难而正确的决策，正是这样难而正确的决策一方面会倒逼你长出正确的能力，一方面也让你真正感受到本心的力量。对文化的坚守所带来的是"心、脑、体"三力的提升，这是任何培训都做不到的。

同时，我们也可以看到文化一定是与经营结合在一起的，这就是文化的虚事实干。我们在第三章提到的阿里组织升级的案例，就是文化落后于业务的场景。所以我们一定要将企业经营视为一个整体，在业务中练组织，在组织中练文化，在文化中孕育新的业务。如此循环往复，才会有无限的可能。同时我们要相信文化的力量，相信长期主义。我们之所以焦虑、慌乱，是因为我们不知道自己做的事情是不是对的，是不是我们真正想要的。如果一件事情是我们这辈子真正想要做的，我相信我们是不会急的，因为只要做的事情是对的，一两年也好，十几年也好，终有一天可以获得最终答案。而在过程中遇到未知的事情时，我们的文化会让我们在混沌中看到正确的力量，这是本心的力量，也是天道的力量。

我说的本心，是根植内心的自觉，什么样的种子就会开出什么样的花，这份本心会指引我们一直走在正确的道路上。企业发展也是在本心的基础上去致良知、明天理。企业创始者和管理人员因为利益诱惑迷失本心的不在少数，只有像访谈案例里的这位 CEO 那样时刻提醒自己回归到正确的方向，才能最终为企业、为社会做出贡献。当企业遇到困境的时候，本心可以唤起变革的力量，最终帮助企业起死回生，我们可以称之为战略上的冷静，只有冷静下来才能看到未来的正确方向。

谢谢你能读到这里，不厌其烦地看完我在书里分享的一个又一个案例和一个又一个与企业文化相关的实战方法。我也想在这里聊聊写这本书的本心。

我是阿里第一代"政委"之一，也是阿里第一代组织文化的负责人之一。现在更是一位创业者，同时还陪伴了很多企业，陪伴创业者们一起经历企业经营和发展的各个阶段，对他们在企业生存期的无助、发展期的迷茫、稳定期的焦虑感同身受，深深地懂得企业文化在他们的企业经营发展中的重要作用。就像医生看病一样，我可以清晰看到他们的组织战略文化中存在的问题，但我又不似医生，医生是直接开药的，而我不会给这些遇到问题需要解决的企业直接开药方。我会采用逐一访谈、带着他们共创等方式，在与个体的沟通中了解个体的优势和提升点，在团队的共创中了解集体的优点和问题，然后分享一些思维认知和方法论，再引导他们自己抛出问题、共创解决问题的方案。我坚信每个组织本身都是最好的组织，人人都是高手。这是一个持续沟通迭代，直到真相浮出水面的抽丝剥茧的过程。药方在他们自己身上，最终的答案和真相是他们自己寻到的，而我在其中的作用就是通过我自己的本心引导他们发掘自己和企业内在的本心，直到他们走在正确的道路上，这是双方的探索之旅。当文化的探索完成，我看到他们豁然开朗的脸庞，就是我最开心的时候。

　　我内心很感恩可以遇到那么多支持我的企业客户，大多数时候是我去他们的企业做落地服务，也有些时候是我的客户在百忙之中来到我的办公室畅聊，有时一聊就聊到半夜，这是因为我们对业务有一致的热情，更因为他们对我的充分信任。与其说是我帮助客户成长，不如说我们是互相成就，因为他们的信任让我信心满满，让我与他们的沟通和协作心无芥蒂，只有在双方充分开放的状态下，文化土壤里的种子才会慢慢萌芽长大，且长势喜人。

在工作中我逐渐积累了很多关于帮助不同生命阶段的企业破局的经验和案例，在这本书里，我归纳了一些简单又普适的原理、方法论和工具，也有一些我自己的独特体验和经验。热爱分享是我从小到大一直有的性格特点。小到物件，大到各种经历、收获，我都喜欢与人分享。在我给他人做分享的时候，热情洋溢的我的眼中能看到对方眼中的光，这种彼此照亮的过程，我很是喜欢。

撰写此书的初衷也是源于此，我想把自己长期积累的经验或教训分享给众多的创业者，帮助他们了解企业文化的重要性，走进企业文化，尝试去创建适合各自企业土壤特点的企业文化并加以迭代更新，帮助他们跨过经营过程中遇到的一个个困境，实现企业的不断增长。

俗话说，一叶障目。很多时候，我们之所以无法前进，是因为认知的视野达到了自己的天花板。这个时候，一方面，我们需要敢于打开自己去看外面的世界，听外界的声音；另一方面，更需要正确的声音来精准地帮助自己提升认知。企业需要有慈悲的格局，要在企业内部从不同视角去发掘问题、解决问题，也要从企业和外部环境之间去发现问题、解决问题。我说的"慈悲"不只是看见后的包容与协作，也是雷厉风行下的慈悲——心要慈，刀要快。除了看见，还需要杀伐果断地做决策与执行，企业的成长需要慈悲的阴阳两面来推动企业文化的落地。

我们的本心是我们做人做事的原动力，它就像抬头看到的星光，熠熠生辉。努力往前走，让我们去发光，去照亮，去遇见，去相信，去坚持，相信它一定会成为"夜空中最亮的星"。

最后，感恩我们彼此遇见，彼此看见，彼此照亮。

致谢

这本书能成,一路走来,得到了很多良师益友的帮助。

有Savio,他从2004年给我们上第一课,到我创业期间经常与我见面并辅导我,始终说我们不是师徒,是同事、家人、朋友。他的思想智慧和人格魅力,让我无比敬佩,他这样的人是我最想成为的人。

有很多一路共事的同事,带我做业务的孔雪屏,豪迈大气、经常鼓励我的老贺,推荐我做"政委"的敏芝,与我并肩作战、信任互助的俞头,一直点拨我成长的白雪,教我各种技术的余瑾,聪慧好学的黄晓红,儒雅同频的令狐冲,包容大气的小宝,提升我格局的戴珊,经常启发我思考的关羽,积极推荐我转岗的阎利珉,一直信任我、帮助我的邬强强,与我探讨创业机会的罗西,铿锵玫瑰莫世凤和丁丹……我有太多的好同事。

有创业路上的投资人申珺女士、李丰老师、吴晓波老师等。

有培训咨询路上的顾问老师张丽俊、安平、赵冬存、樊登、程虹、李善友、姚晴、徐莉俐、袁志洁、刘枫、王康、爱民、刘宏英、房晟陶、朱仁华、玄慈、如意、陈欢、长生等。

有认真负责、给予本书专业指导的编辑李嘉琪、付颖玥、宣佳丽、潘虹宇等。

还有信任我、给我机会的早期客户杨怡、彭林明、乔峰、石达等，帮我一起打磨产品的 CEO 容长斌。客户们的信任，成就了我们。

（以上名字以认识时间为序。）

最后，感恩生命中给我阳光的光源：教导我要真善美、要独立思考、要勇敢做事的外婆陈冬卿女士，上过越南战场的英雄老爸陈金高先生，改革开放的先锋万元户老妈吴寿姣女士，陪伴我成长的大姐陈英、二姐陈林英、妹妹陈淑英，睿智大气的顶梁柱大姐夫常达，勤勉孝顺的大后方二姐夫阿刚，看见我、发掘我的任小平老师，让我从学渣转型为学霸的吴国建老师，指导我用阳明心学积极创业的陈世伟老师，严厉博学又爱护我的朱绍良老师，精通中西又有大爱的江依法老师，让我们可以做自己的黄建东老师，时时给我照镜子反馈的儿子不落。爱和思想，是你们给我的最好的礼物。

观因

2024 年 12 月 2 日